古代歷史文化 研究 輯刊

二八編

王明蓀 主編

第22冊

中國語境的王賡武
——王賡武學術論文與演講報告（1970～2020）（中）

王賡武著、莊園編

國家圖書館出版品預行編目資料

中國語境的王賡武——王賡武學術論文與演講報告（1970～
2020）（中）／王賡武著、莊園編 -- 初版 -- 新北市：花木蘭
文化事業有限公司，2022〔民 111〕
目 2+206 面；19×26 公分
（古代歷史文化研究輯刊 二八編；第 22 冊）
ISBN 978-626-344-096-8（精裝）
1.CST：王賡武 2.CST：學術思想 3.CST：史學 4.CST：文集
618   111010299

ISBN-978-626-344-096-8

9 786263 440968

古代歷史文化研究輯刊
二八編　第二二冊　　　　　　　　　ISBN：978-626-344-096-8

中國語境的王賡武
——王賡武學術論文與演講報告（1970～2020）（中）

作　　者　王賡武
編　　者　莊　園
主　　編　王明蓀
總 編 輯　杜潔祥
副總編輯　楊嘉樂
編輯主任　許郁翎
編　　輯　張雅淋、潘玟靜、劉子瑄　美術編輯　陳逸婷
出　　版　花木蘭文化事業有限公司
發 行 人　高小娟
聯絡地址　235 新北市中和區中安街七二號十三樓
　　　　　電話：02-2923-1455／傳真：02-2923-1452
網　　址　http://www.huamulan.tw 信箱 service@huamulans.com
印　　刷　普羅文化出版廣告事業
初　　版　2022 年 9 月
定　　價　二八編 27 冊（精裝）新台幣 80,000 元　　版權所有・請勿翻印

中國語境的王賡武
——王賡武學術論文與演講報告（1970～2020）（中）

王賡武著、莊園編

目 次

從歷史中尋求未來的海外華人〔註1〕

錢江譯

　　我曾有幸參加過多次有關海外華人的學術研討會，然而，這一次前來馬尼拉赴會，卻令我格外傷感。自從 1994 年年底我們在香港聚會以來，東南亞地區大多數國家的經濟形勢都發生了巨變，其中絕大部分受到金融風暴摧殘的國家都一蹶不振。但是，我們怎麼也沒有料到印尼華人會在今年五月遭受到如此慘絕人寰的浩劫。對印尼發生的這場悲劇，或許我們不該這麼驚訝。因為，在 1997 年年底時，已經有種種跡象表明印尼的經濟正面臨崩潰。及至今年年初，許多印尼人已在擔心類似 1965 年的動盪局面或許會在印尼重現。先是印尼盾的幣值一落千丈，物價騰飛，通貨極度膨脹，繼而是糧食和藥品日漸匱乏，全國各城鎮數十萬人口失業，舉國上下籠罩在一片惶恐不安的騷動之中。人們普遍有種預感，覺得這個國家隨時將發生巨變。緊接著，便是腥風血雨的五月。在短短的三天時間內，四名大學生飲彈喪生，成千上萬的群眾湧上雅加達、梭羅、棉蘭、泗水、巨港等城市的街頭示威，社會秩序完全失控。隨之而來的是一連串的燒殺擄掠和猥褻強姦，而受害者絕大多數是印尼華人。

　　本屆大會期間，我們將召開一次專題會議來討論印尼華人問題，因此，對印尼華人在五月暴亂中慘遭迫害的事件，我也就不準備在此詳細論述。總之，許多印尼華人被迫再次親身經歷往昔的悲痛，親眼目睹家園化為灰燼，

〔註1〕 此文係王賡武 1998 年 11 月在馬尼拉「海外華人國際研究學會」年會上所作的主題演講。譯者係香港大學亞洲研究中心研究員。譯者指出，在翻譯之前，王教授對原文英文發言稿的部分段落曾加以修改。文章刊發在《華僑華人歷史研究》1999 年 12 月（第 4 期）第 1～11 頁。

親人陳屍街頭，自己商店裏的貨物被洗劫一空。不過，與印尼歷史上歷次類似的排華暴亂相比較，這次暴亂至少有兩個重要的區別之處。首先，在這次暴亂中，所有的印尼華裔受害者都是印尼公民；其次，在這次暴亂中，部分華人的妻女竟然慘遭強暴。婦女遭人強暴，是任何民族都最難以承受的暴力行為。而對於華人來說，自從令人髮指的南京大屠殺之後，華人就未曾遭遇過如此大規模的迫害。我們都知道，南京大屠殺事件給所有的華人留下的是多麼痛苦的回憶。這一次，印尼的華人被迫從另一個完全不同的基本立場來重新體驗歷史的創傷，一批華人受害者為此付出了特別慘重的代價。這一切，促使我近來不斷地反思：東南亞地區的華人（或許世界上其他地方的華人亦如此）必須面對這樣一個問題，即今天的海外華人究竟應該認同人類歷史長河中的哪一段歷史？如果海外華人無法確定某段歷史為自己的歷史的話，那麼，他們應當選擇誰的歷史來認同呢？海外華人是否能夠拋棄既有的歷史而重新譜寫自己的歷史？

我們首先必須提出一個問題：什麼叫做認同歷史？有趣的是，印尼著名作家普拉穆迪亞・阿南達・杜爾（Pramoedya Ananta Toer）上個月就印尼華僑問題發表演說時，也提出了類似的考慮。他是在其名著《印度尼西亞的華僑》一書再版發行時發表自己的想法的。在這部完成於 1960 年的著作中，普拉穆迪亞敘述了印尼仇視華人的政策是如何在漫長的荷蘭殖民統治時期逐漸地形成、發展和實施的。他之所以要回溯這段歷史，目的是要抗議蘇加諾總統時代的印尼政府在 1959 年通過實施排斥華人的第十號總統法令。普拉穆迪亞將該法令稱之為「正式的種族主義政策」。他的這部著作當時馬上被當局禁止發行。他在十月份發表的那場演說雖然很簡短，但他在結束演講時仍呼籲眾人以史為鑒，共同制止類似印尼五月暴亂的「反人性的罪行」。他當時演講的題目是《以史為鑒睦鄰相處》。〔註 2〕

〔註 2〕 現年七十四歲的普拉穆迪亞・阿南達・杜爾（Pramoedya Ananta Toer）為印尼
著名作家，曾創作、發表多部小說。在印尼作家中，普拉穆迪亞・阿南達・
杜爾是個相當矚目的人物，作品被爭相翻譯成各國文字而在外國出版數量最
多的是他，作品遭印尼政府封禁最多的也是他。不僅如此，他還曾數次被統
治當局投入牢獄。早在印尼獨立戰爭時期，他就曾被荷蘭殖民政府拘押幾個
月。1960 年，他因出版《印度尼西亞的華僑》一書，遭印尼軍部拘審一年。
1965 年「9.30 政變」之後，他又遭蘇哈托當局逮捕，未經審判被監禁長達十
四年。普拉穆迪亞在身陷囹圄之前曾為印尼左翼文聯「印尼人民文化協會」
的主席。1995 年，他獲得菲律賓麥格賽賽文學獎，並曾被推選為諾貝爾文學

　　對普拉穆迪亞的主張，我深表贊同。我本人對海外華人歷史的研究亦使我深信，一個族群若要生存和發展，就一定要面對自己的過去。在早期，當飄洋過海的華人絕大多數是商賈或短期寓居者時，情況相對比較簡單。後來，當這些僑居異鄉的華商成了「華僑」，而且應祖國的要求必須成為愛國華人時，情況就開始變得複雜了。這是因為他們效忠的對象是 1911 年滿清王朝崩潰之後新興的中華民國。自此之後，海外華人的聲音變得日趨混雜，眾說紛紜。有的人認為，既然作為新興獨立國家的少數民族，海外華人就必須在二者之間作一抉擇：他們要麼效忠、順從於居住國政府（即便如此，他們還是經常被人懷疑是否忠誠），要麼以某種方式繼續維持華人的特性。可是，連海外華人自己也不清楚究竟該以何種方式來維持華人的特性。他們是否只應該專注於賺錢而避免捲入政治風波？抑或只需要埋頭苦讀，冀望他日成為學者或科學家？他們應該從中國的歷史裏尋求自己的根呢？還是乾脆將中國歷史一股腦兒全盤拋棄，轉而只認同其海外新家園的歷史？

　　讓我把話題轉回到剛才所提的問題上來。對海外華人來說——我這兒指的不僅是那些印尼華人，而是所有居住在中國本土以外的華人，將自己的未來與歷史相聯繫究竟意味著什麼？倘若海外華人的未來必須要有一段歷史的話，那麼，這該是什麼樣的一段歷史？迄今為止，海外華人基本上只有兩種選擇：要麼傾慕、認同於中國歷史，要麼接受所定居的國家的歷史。我將簡要地概述這兩種選擇的特徵，同時對這兩種選擇由於二者只能擇其一之前提而造成的緊張狀態加以探討。

　　海外華人慾將自己的未來和歷史相聯繫，有兩條主要的途徑可選擇。

　　一、通過復述為眾人所認可、接受的那些史實，海外華人將自己族群歷史中既有或已知的部分予以確認，並盡可能地將這段歷史向前回溯。這種認

獎的候選人。其印尼文名著《印度尼西亞的華僑》（Hoakiau di Indonesia）一書於 1960 年在雅加達初版面世，但隨即就被蘇加諾當局查禁，直到哈比比政府開放黨禁、報禁之後，這部被禁三十八年之久的著作才獲准在 1998 年年底再版。該書以一組致北京一位陳姓友人的書信組成，共分為九章，以較豐富的史料論證歷史上華僑對印尼社會、經濟、文化發展所作出的巨大貢獻，駁斥印尼政府捏造的種種排華、污華的錯誤言論。據作者本人表示，他寫這部書的主要動機是為抗議蘇加諾政府於 1959 年頒布的第十號總統法令。該法令禁止印尼華僑於 1960 年之後在縣級以下的地區經商，後來更發展為不准華僑在縣級以下的地區居住，從而導致五十餘萬原來居住在鄉村地區經商的印尼華僑突然失去生計，流離失所。——譯者注。

同歷史的方法可以有多種不同的形式，不過，最常見到的形式就是到中國歷史的各個層面去追根尋源，然後擇取出中國歷史中的某些部分予以認同。

二、海外華人與所居國的其他國民一道尋求一種新的歷史，而這些擁有不同文化和歷史背景的同胞也正在努力詮釋自己國家的歷史。這種現象在東南亞的某些國家比較普遍。不過，更為常見的是這些國家通過重新撰寫自己國家的歷史來塑造出一種新的歷史。

除此之外，另有兩條更具包容性的尋求歷史根源的途徑，這兩條途徑不僅都不強調種族和民族國家的角色，而且在現代社會中更為可行。這兩條途徑包括：

三、為了跟上全球化時代的步伐，世界各地的海外華人均跨越各自的國界而認同一種全人類所共同擁有的歷史。

四、海外華人以某種較具包容性的方法來編寫各自的歷史。由於現代教育和科技的普及。

這條途徑應該行得通。

我將依次論述以上所提到的這四條途徑，看看海外華人可以如何利用過去來更好地瞭解自己的今天和未來。我相信，我所要談的對世界上大部分地區已定居的海外華人來說都將是適用的。不過，我此處將主要討論居住在東南亞的華人，並將討論重點放在以下這兩類海外華人身上：

（A）那些通過借鑒歷史經驗來規劃自己未來的華人；

（B）那些已經認同於某種歷史，而且他們的未來已經為該段歷史所決定的華人。

海外華人族群自身既有或已知的歷史

前兩條可供選擇的途徑是由海外華人族群自己創造出來的。所謂海外華人族群，指的是居住在外國的華人群體。無論海外華人族群的規模是大或是小，也不管他們在居住國總人口中所佔比例是多或是少（例如在新加坡，華人占總人口中的比例高達 75%，而在亞洲以外的許多國家或在北美，華人占總人口中的比例甚至不到 1%），關鍵在於他們如何運用歷史來向本族群成員以及向非華人同胞或居住國政府表達自己的願望和身份。換言之，關鍵在於海外華人族群是否有能力促使絕大多數的成員認同本族群，抑或認同於居住國，或是二者皆予以認同。

　　在海外華人中間有一種根深蒂固的傳統，即像第一代移居海外的華人先輩那樣，盡可能完整地將家鄉的文化傳統移植到海外僑居地，從而締造出該華人族群自身既有或已知的歷史。這是最顯而易見的做法，也是廣大海外華人長期以來最易於瞭解和認同的途徑。在十九世紀末葉之前，正是這些飄洋過海的華人先驅，而且往往是他們，責無旁貸地到中國家鄉的家族、村落或社區中尋找出一些必不可少的族群標誌，以便為華人在海外的新生活增添榮耀。早期的海外華人多是商賈或手工工匠，他們通常是結伴而行，並通過共同的宗教信仰和不同形式的互助組織把自己組織起來。他們絕大多數都沒有受過正規的教育，因此對中國歷史作為一種統一的民族性的概念基本上沒有什麼認識，可是，他們至少還知道自己家鄉的名字，而且對各自家族的傳統習俗相當熟悉。他們記憶中的歷史，實際上主要是一部以男性為中心，父子相承、綿延不絕的家族史。其中部分人或許在家鄉還有家室，故而即使他們在海外僑居地已另外建立家庭，他們還是會定期匯款回鄉，贍養家小。他們通常會繼續遵行華人的傳統節日習俗，也會以最繁縟的傳統禮儀來祭悼亡友。大多數的這些早期海外華人希望能夠沉緬於自己所熟悉的往事之中，除非僑居國的歷史影響了他們賴以為生的商業活動，否則他們是不會費神去關注當地歷史的。

　　降至十九世紀，一些能夠斷文識字的新僑民加入了以男性為主的海外華僑社會。這些新僑民從家鄉帶來了許多有關中華民族英雄的可歌可泣的故事，他們不僅知道《三國演義》中那些故事的梗概，瞭解這部內容豐富、知識廣博的著作，更熟悉書中所歌頌的那些為國捐軀、為社會獻身的男子漢英雄氣概。除此之外，《水滸傳》中所謳歌的那些「四海之內皆兄弟」的故事也深深地印在他們的腦海中。可以說，中國的每一個男子，在他年輕的時候，都曾經聽到過這些故事。這些故事不但為漂泊異鄉的華人移民提供了身處逆境時爭取成功的策略和奮鬥的楷模，而且也直接或間接地向他們灌輸了與儒、佛、道三教傳統一致的道德價值觀念。毋庸置疑，所有這些都是他們在異鄉奮鬥時所需要的行為準則。

　　許多長期僑居在海外的華人漸漸地在當地結婚成家，有些人更生兒育女，開始在當地扎根定居。那麼，他們的這些子女應該擁有怎樣的一種歷史根源呢？只要能力許可，海外的華人父輩們一定會竭盡全力地讓自己的子女受教育，讓孩子們學習中華傳統文化。因為，他們認為，無論是對華人族群而言，

還是對華人所從事的社會行業來說，中華傳統文化都是至關重要，必不可少的。倘若家境富裕，或是家庭人丁興旺，他們還會為家中的男童們延聘私塾先生，教導孩子們學習中文，以便孩子們日後能夠像真正的華人那樣生活和工作。關於當時的私塾先生具體教導些什麼知識，我們所知甚少。不過，有一點是很顯然的：孩子們通過學習基本的中文閱讀和寫作知識，勢必對中國歷史上有關善行義舉的典故，以及中國神話、傳奇故事、甚至於當時清朝的一些聞名的史實均會有所接觸瞭解。隨著十九世紀末從東南亞回中國家鄉的交通大為改善，一部分家境更為富裕的孩子還能夠回祖國深造。至於那些中文程度較差、尚無法閱讀中文原著的孩子，可以用他們自小就掌握的當地語言來閱讀那些已翻譯成越南文、泰文、高棉文或馬來文的中國古典故事。正是通過這種途徑，他們不但把一部分中華神話歷史傳遞給了自己的下一代，同時也把中國文學和一部分中華傳統價值觀念介紹、傳播給了當地讀者。克勞汀‧沙爾夢（Claudinesalmon）主編的那部論述「文學遷移」的論文集中，就有大量的實例說明海外華人是如何非常成功地以這種方式保留了自己的文化。〔註3〕

到了二十世紀初，隨著現代民族主義思潮在中國的興起，所有這些對中國歷史的粗淺認識開始發生變化。在西方殖民政權公然歧視當地民族和華人的地方，以及在華人族群規模較大、有能力自己籌辦新式華文學校的地方，這種轉變尤為明顯。海外華人創辦的這些現代華文學校，均以民族主義的中華民國的學校為榜樣。與此同時，中國與諸列強（包括日本）之間的緊張關係，進一步促使海外華人同心同德，同時令他們確認自己的新的效忠對象是中國。中國不再由可恨的滿族人統治，而是由海外華人所熟悉的廣東人或福建人來治理，自然大大地加速了海外華人對祖國認同的過程。因為，執掌中華民國政府的廣東人或福建人對祖國的抱負和熱望，得到了絕大多數海外華僑的理解和擁護。接著，由於軍閥混戰，國民黨人執政失敗，導致中國國內戰火頻仍，政權更迭。可這更激勵部分滿腔熱血的華僑矢志返鄉，為中國而奮鬥。當然，另外也有一部分華僑因此而卻步不前，不願意再支持腐敗、混

〔註3〕克勞汀‧沙爾夢（Claudine Salmon）是法國著名的研究海外華人歷史及文化的歷史學家。王賡武教授此處提及的由沙爾夢主編的這部論文集，原名為 Literary Migrations: Tr aditional Chinese Fiction in Asia, 17~20th Centuries。——譯者注。

亂的政權。然而，即便當這些愛國華僑之間的分歧日漸擴大之時，對那些願意認同中國歷史的海外華人來說，沉浸在中國歷史之中，意義仍然是非常重大的。

　　在二十世紀的上半葉，眾多的華文學校在東南亞各地湧現，而且大多仿傚中國國內的學校，所使用的教科書也是在中國國內出版的。於是乎，在長達五十年的時間內，華校將中國歷史極其有效地傳播給了自己的學生們。儘管當地政府時不時地會堅持把一些本土的歷史編寫入華校的教科書中，可中國歷史、中國人物傳記、中國詩詞和小說仍然是海外華人族群生活的主流內容。華校學生所學習的教科書中還包括了中國那些年所蒙受的國恥歷史。海外華人對這些奇恥大辱均耿耿於懷。對那些長期生活在海外、因為祖國的貧困衰弱而備受欺凌的華人來說，感受尤為強烈。這種經過選擇的不太完整的中國歷史就這樣很好地溶入了大多數海外華人的意識中，並且至少影響了整整兩代海外華人。於是，當地的報章不僅轉載曾在中國國內刊登的文章，同時也發表由本地華人撰寫的文章，宣揚一個更為富強繁榮的中國，一個所有海外華人都引以為榮的中國。

　　對那些接受當地教育的海外華人來說，當然還得學習其他國家的歷史。例如，泰國的華人就必須懂得泰國郤克里王朝（ChakriDynasty）的歷史；〔註4〕而居住在西方殖民地的華人或在殖民地學校就讀的華人還得學習大量有關英國、法國、荷蘭及美國的歷史，有時甚至還要學習一些居住國國家的歷史。不過，對注重歷史的海外華人來說，學習這些外國歷史畢竟是次要的，他們對中國光輝燦爛的歷史文化的新認識，才是最重要的。那些受過華文教育的海外華人對中國國內的知識分子、政黨領袖、作家和藝術家尤為欽佩、仰慕。在他們的心目中，這些人不僅正在復興中國的傳統歷史文化，而且正在創造性地發揚光大這種歷史遺產，創造出一種全新的充滿活力的中國歷史，以回應現代社會的需求。令海外華人興奮的是，這股推動現代化的力量能夠重新塑造中國歷史，從而有助於下一代年輕的海外華人摒棄傳統歷史文化中過時的或迷信的內容，轉而接受進步和科學的事物。

　　在約半個世紀的時期內，如果海外華人願意的話，他們當中的絕大多數人確能為中國的繁榮進步做出貢獻，通過重溫祖國光輝燦爛的過去來描繪其

〔註4〕郤克里王朝，即曼王朝，係泰國歷史上的第四個王朝，始建於1782年，一直延續至今。——譯者注。

未來的新藍圖。日本侵略中國的時候，海外華人對祖國的貢獻達到了頂峰。儘管當時東南亞本土亦被日軍所佔領，大多數海外華人所能奉獻的極為有限，可他們對全民族的抗日救亡運動所給予的種種支持有史為證，足以令海外華人引以為榮。中國的歷史，無論是古代的歷史還是近現代的歷史，就這樣與海外華人自身的歷史融為了一體。正是因為具備了這樣的一種歷史觀念，海外華人才充滿了自信。值得注意的是，這種對中國歷史和現狀的認同觀念是先經由家中的父母、親友或海外華人族群的領袖們進行傳播，然後再通過學習教科書以及教師們的傳授而得以強化，形成正統的觀念。我們不可低估口述傳統在傳播歷史知識過程中所發揮的作用，但使年輕一代的海外華人能夠根深蒂固地接受中國歷史傳統的主要渠道，卻是正統的華校教育，更為重要的是通過華校中那些具有高度政治意識的教師所灌輸的知識。正是通過不斷地復述這麼一種途徑，海外華人族群常常重溫本族群歷史上的某段特定或已知的經歷。除此之外，以華文教育為基礎而形成的華人經濟網絡的某些特徵，以及血緣、地緣紐帶所產生的社會與文化上的力量，均使得至少兩代的海外華人有能力再造自己的歷史文化。他們所移植、創造出的這一歷史文化，不僅為海外華人族群所認同，而且被公認為是有利於華人族群未來的成長與發展的。海外華人族群對中國的歷史文化抱有特殊的感情，這是十分自然的。廣大海外華人因追隨本族群的自然傾向而熱愛中國的歷史，也是無可厚非，可以理解的。不過，若然不慎，有可能失之過度。倘若海外華人族群一味地強調中國歷史傳統，以至於到頭來凡事都得依賴中國，則海外華人族群就會喪失自己在異鄉他國適應新環境、自學新東西、以及不斷創新和創造的能力。在形勢急劇變化的東南亞國家，這種令人擔心的情況尤易發生。若果真如此的話，未來的海外華人族群便再也做不到獨立自主，而可能變得完全被動和仰賴他人，繼而與自己所定居的國家漸行漸遠，成為陌路人。

定居國家或其他民族的歷史

在過去的數十年內，海外華人對中國歷史的熱愛受到了嚴重的衝擊和考驗。這一方面主要是因為中華人民共和國在建國後的前三十年裏內部動盪不安，另一方面也因為海外各定居國家中民族主義的崛起，以及世界在不斷地進步和變化，這些變化都對海外華人提出了新的要求。在新的形勢下，世界各地的華人不得不做出種種不同的抉擇。在大多數情況下，海外華人所能夠

做出的最直接的抉擇，就是認同於那些新興國家的歷史，而這些新興國家的歷史無一不是以本土歷史為基礎構建起來的。

當時，因過度沉醉於中國歷史而引致的弊端，已很明顯地顯現了出來。那些傾心仰慕中國的海外華人對所居國的本土歷史竟然漠不關心。倘若這種情形發生在短期寓居的華僑身上的話，尚情有可原，因為他們在短暫逗留一些年頭之後，畢竟還是要返回中國去的。可是，那些打算在海外定居的華人如果由於某些政治上或文化上的緣故而全心關注中國歷史的話，則往往會因此變得漠視所居國的本土歷史。其結果，造成這部分海外華人只對直接影響他們日常生活的本地事務感興趣，而對當地人民所重視的本土歷史毫不關心，甚至認為這些本土歷史與自己毫無關係。

第二次世界大戰之後，東南亞地區發生了翻天覆地的變化，各國民族主義紛紛崛起，西方殖民政權相繼撤離，而中國共產黨在中國大陸也獲得了勝利。於是，東南亞各新興獨立的國家開始期望在當地定居的海外華人能夠認同東南亞各國的本土歷史。我在前面曾提到過泰國的例子。在泰國，經過一段時期後，當地的華人似乎沒有多大困難就接受了泰國王朝的歷史，並將之與海外華人的歷史融為一體。可對於那些定居在東南亞的西方殖民地的海外華人來說，欲將兩種歷史很好地融合在一起恐怕就沒有那麼容易。在這些國家的殖民地學校裏，教師更多地是教授西方歷史，向學生宣傳西方文明偉大、勝利的光輝形象。這一切，加上當時正在蓬勃復興的中華文明，使得海外華人愈加瞧不起那些曾被西方人征服的本地民族的歷史和文化。

海外華人之所以會忽視所在國家的本土歷史，其根源在於歷史上的一個十分重要的環節。歷史上，海外華商在尋求發財致富的過程中，或在為當地國家謀求某些其他利益的活動期間，多與當地社會上層的政治、經濟精英密切合作。可是，貿易往來及狹隘的經濟利益並不足以令海外華商認同於當地國家的歷史。這種無法融入當地社會的現象是完全可能出現的。就像如今我們可以清楚見到的那樣，某些經濟實力雄厚的大公司（如許多跨國公司）為所在國家創造了大量財富，可這些公司卻始終被當地人民視為是外來的、高高在上的外國公司。倘若這些投資者不參與當地的政治或文化，那麼，無論他們對所在國家的經濟發展做出了多大的貢獻，單憑經濟投資是絕對無法融入當地社會的。換言之，欲真正地融合進一個國家的歷史，所要做的遠較發財致富複雜，它要求有關人士首先必須把當地民族的歷史當作是自己的歷史。

在東南亞民族獨立建國的初期，絕大多數的海外華人處於彷徨、不知所措的狀態，其背景即上述的選擇認同當地歷史的問題。當時，許多海外華人都曾希望，他們所從事的經濟活動以及在金融方面所做出的諸多貢獻，即便不為當地人民所感恩戴德，至少也該足以令其為當地人民所接受。至於那些純粹接受華文教育的海外華人，事實上根本就不懂得該如何去看待本土歷史。即便是那些曾和當地社會精英或富商大賈的子女一起在殖民地學校接受教育的海外華人，也沒有多少人會認真留心那些對當地同學來說具有特別意義的本土歷史。如果說，這部分曾接受殖民地學校教育的海外華人與當地同學之間在某些問題上確持有共同看法的話，那就是他們對歐洲歷史有著一致的認識，以及對歐洲人的統治或許皆滿懷憎恨。但是，他們從來就沒有機會將各自所可能瞭解的當地歷史和中國歷史融為一體，以便彼此能從一個新的角度來共同緬懷過去。

由此可知，當時的海外華人可以通過兩條不同的途徑來使自己認同於當地民族的本土歷史。一條途徑是投身加入當地的民族覺醒運動，與當地人民同呼吸、共命運，在新一代民族主義領袖的領導下共同反抗殖民政府；另一條途徑則是通過在新興的民族學校中接受教育，並有意識地在課程設置中側重對當地歷史的認同。

第一條途徑尤其重要，並多見於那些曾發生激烈反抗行將撤退的殖民政權的東南亞國家中。在很早的時候，例如在本世紀初，菲律賓的華人就曾積極地參與當地的政治活動。我們還看到，在 1945 年之後，印尼的華人不僅全力支持印尼民族解放力量反抗荷蘭人，而且還親身投入，與印尼人民一起並肩作戰。不過，總的來看，海外華人在參與當地民族解放運動中的表現並不都是這麼積極的。例如，當時的馬來亞華人（包括今天的馬來西亞和新加坡）和法屬印度支那的華人就不是如此。在一段相當長的時期中，這兩個地方的海外華人覺得，他們所提出的反殖民統治的豪言壯語及所從事的反殖民統治的活動與中國國內民族主義運動或共產主義運動中所提出的反對帝國主義的口號是一致的，二者很難區分開來。更何況中國國內所興起的這些聲勢浩大的政治運動所代表的是一種國際性的反對資本主義的力量，並且聲稱是世界歷史進程中的一個重要的里程碑。正因為如此，海外華人參與東南亞各國反殖民鬥爭及民族建國等歷史性的變革的程度是很不平衡的，而且往往因時而異，變化甚大。

很明顯，海外華人在積極參與當地人民的政治社會活動的過程中，發覺這種參與符合華人自身的利益。於是，他們就會比較容易地認同於當地歷史。在這方面，泰國是一個最佳的例子，這是因為泰國從來就沒有什麼殖民政府插手干預華人和當地人民之間的關係。但是，在另外的一些國家，即使殖民統治當局刻意將定居當地的華人與當地居民分隔開來，仍然阻止不了有部分海外華人與其當地的朋友及鄰居密切來往，同甘苦、共患難。諸如此類的事例在緬甸、越南和柬埔寨等國均可發現，而人們也可以從中學到許多寶貴的經驗教訓。這些事例說明，只要海外華人有意識地積極參與其海外定居國的活動，與當地人民一起共同譜寫該國的現代歷史，他們就能夠認同這個國家的整個歷史。正因為他們曾和當地人民一道共同參與當地的政治或文化組織，所以他們不僅會以同情、支持的態度看待當地民族飽經滄桑的歷史，而且願意和當地人民分享一個共同的未來。

至於東南亞地區的其他國家，菲律賓與馬來群島地區的另兩個國家——馬來西亞和印尼略有不同，這是因為菲律賓很早就劃定了自己的疆域。本世紀初，美國人的殖民統治令菲律賓具備了自己的歷史焦點，而大約九十年前由艾瑪・布萊爾（Emma Blair）和詹姆斯・羅伯森（James Robertson）聯合編輯的那部五十五卷本的珍貴的史料彙編，更進一步鞏固了這一歷史焦點。〔註5〕對於菲律賓華人來說，與這一歷史焦點認同比較容易，這也因為強大的天主教教會四百餘年來在菲律賓奠定了十分堅實且統一的基礎。在這樣的歷史環境下，絕大多數的早期菲律賓華人社區都成功地尋找到了自己的位置。而菲律賓所獨有的這些社會條件不僅確保當地的華人混血兒被社會承認，而且使得他們很容易地就融入獨立後的菲律賓社會。然而，由於中國民族主義的興起，以及美國將其本土實施的排華移民法律延伸、推行到這個新殖民地，故而使得新來的華人移民遭遇到較大的困難。不過，即便如此，在這些初抵菲律賓的華人新移民中，也不難找到一些願意認同菲律賓民族歷史的十分明顯的先例。

但在馬來西亞和印尼，由於種種不同的原因，海外華人與當地歷史的認

〔註5〕王賡武教授此處提到的這部史科彙編，係研究菲律賓歷史的學者所必須參考的一部基本著作。該書正文五十三卷，最後兩卷為全書的索引。全書按照年代順序，翻譯、收集了菲律賓群島自 1493 年到 1898 年的大部分原始史料，並於 1903 年至 1907 年間在美國逐步出版問世，馬尼拉有關書局曾在七十年代間根據原版影印再版。——譯者注。

同過程顯得格外複雜。華人在這兩個國家的認同之所以會遭遇到困難，其最重要的原因或許就在於這兩個國家都是新興的國家。而且，在五十年前，沒有一個國家稱得上是一個擁有明確疆域和連貫歷史的獨立政治實體。就印尼而言，直到 1963 年西伊利安（West Irian）被併入印尼版圖後，印尼才開始有其固定的疆界。倘若我們把東帝汶也考慮在內的話，印尼疆界形成的開端就得再向後挪到七十年代中期。至於馬來西亞，也只是在 1965 年之後才形成了今天的疆界。這些歷史距今不過三十餘年的時間，因此，海外華人在這兩個國家中認同當地歷史的途徑主要是上述的第二條途徑，即通過在國立學校接受教育，與當地的人民一起學習本土歷史。以這種方法來使海外華人認同所在國家的歷史當然需要一段較長的時間，有的時候甚至需要等待整整一代人或更長的時間，海外華人才能真正地做到與當地人民一道共同分享該民族的標誌，並將其徹底地吸收、消化，繼而能以當地人民的觀點來看待所有的問題。不過，在華人認同問題上，印尼和馬來西亞兩國之間還是存在著明顯的不同之處。在馬來西亞，海外華人所參與的社會活動自一開始就不限於經濟領域。英國人鼓勵華人的這一做法，而大多數馬來西亞華人也認為積極參與政治活動是十分重要的。正因為如此，自建國伊始，馬來西亞華人就積極參與由十三個州組成的馬來西亞聯邦之建國奮鬥，從而也就接受並認同了馬來西亞聯邦之簡短的歷史。也正因為曾經積極地參與當地的政治活動，馬來西亞華人才能不無自豪地回首往事，更加認同馬來西亞獨立前的那部分早期歷史。馬來西亞華人認識到，他們在經濟上所做出的貢獻是馬來西亞國家發展過程中的不可分割的一部分。故而，儘管馬來西亞華人對政府實施的一些帶歧視性的政策頗有怨言，可他們中的絕大多數人似乎還是願意將華族社群的歷史與該國的整個歷史融合在一起。

印尼的情況卻不是如此。早自本世紀三四十年代起，部分印尼華人就積極地投入印尼民族主義運動，林群賢及其印尼中華黨（Partai Tionghw a Indonesia）的同僚即為範例。其餘的部分印尼華人則在印尼獨立革命戰爭時期與當地民族愛國志士一道並肩作戰，普拉穆迪亞·阿南達·杜爾在其著作中曾提及這些華人。他們中的一些人後來還隨著印尼民族解放運動的領袖們進入新政府，擔任要職。至六十年代初，大多數的印尼華人都已願意將自己當作是印尼民族的一分子，印尼國籍協商會（Baperki）的主席蕭玉燦即為其典型代表。

　　然而，1949 年到 1965 年之間，印尼、中華人民共和國及臺灣國民黨政府三方之間的錯綜複雜的關係，使得印尼華人參與當地政治活動的進程漸趨緩慢。後來，到了 1965 年之後，印尼政府的政策改為鼓勵當地華人將自己侷限在經濟活動的領域內，不得在政府或軍隊中擔任任何官職。這一切均阻礙了印尼華人將自己認同於印尼的歷史。如果說，這就是近幾個月來印尼華人遭受迫害的悲劇因素之一，則未免將問題看得過於簡單。不過，華人未能真正地以印尼公民的身份參與到印尼社會中去，確實使得印尼華人被迫處於主流社會的邊緣，而無法參與印尼的未來。這樣的一種狀況，導致絕大多數的印尼華人淪為一個沒有中國歷史根源的族群，他們所擁有的只是一個既不完美、也不完整的印尼本土歷史的經歷。這種狀況還轉而招致社會輿論不公平地指責印尼華人，批評他們對國家沒有歸屬感。類似的不公平的指責，或許會逼使印尼華人重新回到僑居者的心態，變得心灰意懶，毫無熱情。

　　對所有那些關心印尼前途的人士來說，自印尼傳來的消息必定使他們沮喪不已。在後蘇哈托時期的這半年裏，唯一令人高興的好消息恐怕就是印尼華人如今已經決心在各個層面上參與到印尼的社會中去。倘若這個好消息可以解釋成是印尼華人開始審慎地接受印尼的歷史，並和當地人民一起探索如何為這段歷史下定義，那麼，印尼華人為自己在印尼社會中尋找一個屬於自己的新的空間還為時未晚。但是，在很大程度上，這還得取決於印尼華人能否被視為是印尼的一個合法的族群（suku-community）。

　　需要補充說明的是，環顧世界各地海外華人的經歷，印尼華人的經歷似乎的確是一個罕見的例外。在世界的其他地方，華人族群一再地向人們證明：一旦他們在海外某地長期居留，瞭解了當地的社會狀況後，華人是十分願意參與當地社會事務的。當海外華人有機會享有公民權時，這種參與當地社會事務的意願尤為明顯。

　　認識並關心自己所定居國家的歷史（我指的是東南亞所有國家的歷史），其本身就是一個自然的歷史過程。如果這一歷史過程能夠逐漸地、和諧地、自然地促使海外華人走向同化，相信無人不為之高興、欣慰。倘若海外華人所居國能夠在平等和自由的環境中日益富強的話，華人與當地社會的同化就更令人欣喜了。最終，海外華人族群自身的歷史將會與其定居國家的歷史完全地融合在一起，海外華人與東南亞本地居民亦皆將因此而受惠獲益。

全人類共同擁有的歷史

以上我所描述的這兩種選擇，不僅使得海外華人與當地族群之間出現矛盾和摩擦，甚至在海外華人之間也因此而產生分歧或離齟，之所以會如此，主要是因為這兩種選擇帶有排他性，而且老是互相衝突。不過，這兩種選擇導致出現困難重重的局面，還在於他們往往被視為是整個族群所做的選擇。我現在要轉而討論另外兩種看待歷史的選擇，一種是小部分人所做的選擇，另一種是個人所做的選擇。由於這兩種選擇較具包容性，所以在當今世界中比較行得通。第一種選擇多見於一些海外華人身上，他們希望能夠超越國界的限制，進而認同全人類所共同擁有的統一的歷史，在全球化的時代，這一選擇是適宜的。我曾提及教育、科學發展以及人們所擁有的共同經歷在邁向現代文明過程中所扮演的角色。換言之，任何人都能夠認同於自己國家的歷史或其本族群的歷史，或同時認同於兩者的歷史，這並不排除我們同時可以認同於人類的發展史，也不意味著我們無法比我們的先輩做得更好。當然，我們必須在此假設說，所有關於歷史的詮釋都不是排他性的，而是可以共存的。倘若對某個國家的歷史之定義問題已經得到圓滿的解決，國民的身份亦已得到保障的話，那麼，這樣的一種選擇當然是有所裨益的。倘若海外華人族群並非陷於恐慌、混亂的狀態之中，而是在其各自所歸化的國家中已經取得了自主權的話，選擇走這一條路無疑會更加理想。

我以為，在這個世界上，少數族群一般都不滿意自己在其國家中的地位或現狀。至於東南亞各國的少數族群，他們在建國初期時，所面臨的首要任務是確認自己的身份及共同的命運。在這樣的歷史階段中，欲從人類發展的角度來討論他們的未來，似乎言之過早。可是，如果東南亞各國總是從狹隘的民族主義的視野來考慮問題，則其眼光未免失之短淺。對任何開明的政府來說，鼓勵其國民放眼世界，胸懷全球，到頭來一定獲益非淺。東南亞各國及其華人族群也應該如此，為全球性的現代發展作出自己的貢獻。我想，至少可以列舉出兩方面的理由，來說明追求全人類的發展進步與各文明國家的自身利益是相一致的。

首先，如能圓滿地對某個國家的歷史作出定義，便可讓該國的多數民族和少數族群一道共同分享一個國家的歷史，這將能確保該國充分利用國內所擁有的人才。大量的事實說明，海外華人所展現出的各種聰明才智不僅能為全人類的福祉做出卓越的貢獻，而且可以裨益於其所在國家的發展。有關政

府不應該僅僅因為海外華人是來自他國異鄉而將他們的聰明才智棄之不用，恰恰相反，應該更加廣泛地善加利用他們的才幹，並有系統地鼓勵此類海外華人掌握各學科最前沿的知識，以及各種難能可貴的技能。這些海外華人所取得的成就最終可以被用於服務其所在國家的利益。許多事例表明，效忠於其所在國家的海外華人在學習、掌握了國際上先進的科學知識或其他知識財富後，往往都會將這些知識財富帶回來，從而對其所在國家有所貢獻。

　　其次，認同於一個範圍更為廣泛的全人類的歷史，並不意味著無法再效忠於自己的國家或族群，現代教育的好處就在於使得人們有能力從多個不同的層面來審視這個世界。東南亞各國的政府或許會要求定居在各國的華人優先關注參與其所在國的國家事務，而後才關心華人族群內部的事情。與此同時，有關政府也應該更加開明，允許當地的華人自由地到國外去學習或工作。無論如何，即便這些海外華人得不到有關政府的支持，他們中的許多人也會自行接受現代化的挑戰。所謂現代化的挑戰，亦包括認同於某段全人類所共同擁有的世界歷史，從而使得海外華人可以融合進入類發展的主流中去。

個人的選擇

　　請允許我從另一個不同的層面來進一步探討個人的選擇。在當今這個現代教育昌明、通訊科技飛速發展的世界裏，人們完全能夠以一種兼容並蓄的方法來編織各自個人的歷史。編織個人的歷史的方法多種多樣。人們可以側重撰寫有關個人回憶的部分，而以十分靈活的手法從昔日的歷史中擇取自己認為適合的部分，將之編入自己的個人歷史中。對於東南亞的華人而言，他們可以擇取部分中華文化的遺產作為自己文化方面的歷史，再擇取部分中國歷史或某段他們可以接受的東南亞本土歷史來構成自己在當地的歷史。諸如此類的選擇甚至可以延伸到包括其他國家或大陸的歷史。至於為何要擇取不同種類、不同階段的歷史，選擇的標準如何確定，則仁者見仁，智者見智，莫衷一是。譬如，這種選擇可能純粹是一種對人類歷史上的某種特徵之美學上的反應，也可能是對某項科學發明的驚歎，或可能是對某種令人難以置信的勇敢行為之欽佩，甚至可能是對另一個國家的民族歷史的高度讚賞。問題的關鍵在於，一部兼容並蓄的個人歷史必須是開明的和自由的，而且不會影響到個人對其族群或國家的效忠。

　　像這樣的一種個人選擇可不是容易做到的。倘若不為他人所諒解的話，

很可能會釀成悲劇。由於我們現在是在馬尼拉開會，這使我想起了一件涉及個人歷史的往事。大約在五十年前，我聽說了一個有關菲律賓混血華裔詩人兼畫家何梅諾‧張‧維羅索（Homero Chiong Veloso）的故事。我從未遇見過這個菲華混血藝術家，因為早在我於 1950 年初訪菲律賓之前，他已在當地的基督教青年會大廈內割脈自殺，因流血過多致死。據我當時瞭解，他之所以選擇自殺，既因為無法使自己的個人回憶適應於新的社會現實，也因為在菲律賓及菲華社會面臨巨大變革的前夜，無法承受個人生活所帶來的痛苦。他以死來解脫自己，並通過自殺這種方法來向人們訴說他當時所承受的那種難以忍受的痛苦。他所處的時代是一個轉折性的時代。當時，菲律賓剛剛從 1945 年的太平洋戰爭中重生，新興的菲律賓民族主義與中國的民族主義正在相互爭奪著類似何梅諾‧張‧維羅索這樣的菲律賓華人的身份認同。我從未忘記這個故事，而且仍在思索著他走上絕路的原因，我想要知道的是：他無法面對的究竟是他個人歷史中的哪些東西呢？

中國人一向都沒有進行個人反思的傳統。我相信，海外華人也是如此。中國人中間從未見到有什麼偉大的自傳或人物傳記，以記述某個人自己的往事或經歷。除了喊冤叫屈或尋求公道之外，中國人也從未有向外人披露個人私生活的習慣。對自己的所作所為始終保持沉默方為君子之道，若獲得了成功還能保持緘默，就更令人敬佩了，聰明的中國人從不向他人訴說自己的失敗，因為那只會招人厭煩。在過去的這兩個世紀中，東南亞地區華人所撰寫的個人傳記寥寥無幾。不過，就是從這幾本屈指可數的傳記來看，也不難發現海外華人已經把中國人的這一寧甘淡泊、默默無聞的傳統帶到了海外。

隨著教育的普及，特別是通過現代媒體的傳播，人們得以讀到其他人所寫的傳記，從而使得上述的這種情形正在發生變化，儘管其變化的速度還相當緩慢。近數十年來，所有的海外華人都可以讀到那些公開而又坦白地訴說自己個人生活的作品。此類現代的作品不僅強調個人的價值，著重剖析每個生命所獨有的特徵，而且還引入了弗洛伊德的心理學來解釋每個個人之需要的普遍性，說明詩歌和小說中的「我」，事實上遠比中國傳統歷史中的任何東西都更具滲透力，也更具自我分析能力。除此之外，現代法律中所蘊含的自由、對個人人權的保護以及形形色色鼓吹民主體制的呼聲，均有助於年輕一代的海外華人從其棲息、眷戀的個人歷史中解脫出來。

這種個人的解脫能否成功，還得取決於海外華人所居住的具體環境。在

東南亞，華人普遍不願意多發表意見，當地人民和政府對華人的猜疑及敏感，使得他們更加沉默寡言。這種狀況導致現代的海外華人也不願意以具有創意的方式來探討自己個人的歷史。

然而，時代畢竟已經是不同了。無論是族群還是國家都必須更加開放，個人與個人之間應該要有更多的接觸。越來越多的海外華人希望能夠選擇自己的未來，而讓海外華人瞭解可供他們選擇的各種不同的歷史，勢必有助於他們作出自己的抉擇。

我在世界各地旅行時，常常會遇到居住在不同地方、生活在不同的歷史條件下的海外華人。這些海外華人中間曾作出個人選擇的人數之眾多，每每令我大為驚訝。令我驚訝及佩服的不是何梅諾·張·維羅索之類決定自尋短見的海外華人，而是像林群賢、蕭玉燦以及普拉穆迪亞·阿南達·杜爾筆下所描述的那些為印尼革命奮勇鬥爭的海外華人。這些海外華人參與當地政治活動的動機或許各有不同，他們各自的命運肯定也有所不同。可是，他們都以這樣或那樣的方式來選擇自己個人的歷史，並通過這種選擇來尋找自己的未來，今天的海外華人——我指的不單單是東南亞的海外華人，而是全世界各地的海外華人——均比那些早年的海外華人有著更多的選擇，因而也就能夠在爭取自己的未來方面比當年的先輩們作出更大的貢獻。換言之，今天的海外華人一定能夠做得更好。

單一的華人散居者〔註1〕

趙紅英譯　劉宏、陳文壽校

　　我首先感謝里德教授和他的同事建立這個研究海外華人的新中心。它源起於紀念我們難以忘懷的朋友詹尼弗‧庫斯曼的系列講座。這個系列講座幾年前由托尼‧里德結集為《僑居者與定居者》出版。〔註2〕他不滿足於此，策劃建立這個中國南方散居者研究中心（Chinese Southern Diaspora Centre）。他和他的同事確信向南方移居的華人這個課題是值得認真研究的，而澳大利亞國立大學恰是設置這種中心的理想場所。我同意這種看法。澳大利亞確實需要鼓勵這個領域的教學和研究，而且澳大利亞具備開展這項工作的良好條件。如今看到它已經起步，這是最令人欣喜的。我非常高興托尼邀請我發表開幕演講。我沒有必要更多地強調這是一個我想與之交往的中心。今天晚上我必須對為創建這個中心而努力的群體略表慶賀之情。

　　在座各位如今可能已經對中國南方散居者這個詞耳熟能詳，因此也許會

〔註1〕 本文是王賡武教授 1999 年 2 月在澳大利亞國立大學中國南方散居者研究中心成立儀式上的演講，徵得作者同意譯為中文發表。譯者趙紅英為中國華僑華人歷史研究所副所長，譯文由新加坡國立大學漢學研究中心劉宏博士和中國華僑華人歷史研究所陳文壽副研究員審校。譯者指出，英文作"A Single Chinese Diaspora ?"，Diaspora 原指散居世界各地的猶太人，在用於居住世界各地的華僑華人時尚無定譯。現暫譯作散居者，合適與否尚請方家指正。

〔註2〕 Anthony Reid, with assistance of Kristine Alilu-nas Rodgers, Ed., So journers and Settlers Histories of South east Asia and the Chinese, in honour of Jen- nifer Cushman (僑居者與定居者：東南亞歷史與華人——詹尼弗‧庫斯曼紀念論文集), St. Leonard's. NSW: Allen & Unwin and Asian studies association of Australia. 1996.

對我要在這裡就散居者一詞的用法發表反思感到奇怪。無論如何，我將王靈智與我最近合編的兩卷本書集稱為《華人散居者》。〔註3〕我不得不對此進行某些內心的反省。長期以來，我始終主張海外華人應該被置於他們各自的國家背景下進行研究，需要擺脫占主導地位的中國中心論。每個海外華人社群都需要面對比較研究，不僅與他們內部的社群比較，而且與其他移民社群比較。我們的兩卷本書集強調定居（如「落地生根」〔註4〕一詞所反映）和六大洲社群間的差別，35篇論文強調了在世界不同地方找到新家的華人的多樣性。

我依然對使用散居者一詞有些不安，不是因為在英語中這個詞直到最近依然只用於猶太人（參見《牛津英語辭典》），不是因為這個詞指流離失所（希伯萊語）或散居異鄉（希臘語）——它們都是關於僑居和移民現象的特定概念。〔註5〕當然將東南亞華人與穆斯林世界的猶太人進行比較不僅誤導人，而且在政治上是敏感的。但如果現實促成這種比較，就聽之任之吧。

我的保留意見來自華人由於華僑（so-journer）這個概念以及中國和敵對國政府從政治上利用這個詞而遇到的問題。從中國的觀點來看，華僑曾是一個關於單一的海外中國人群體的頗具力量的名稱。它被公開地用於造就國內和海外的所有中國人的族群的（如果不是民族的或種族的話）團結。在華人少數民族數量較多的國家，這個詞是懷疑華人少數民族永遠不會效忠居住國的主要根源。經歷大約30年的爭論，如今華僑一詞已不再包括那些持外國護照的華人，逐漸取而代之的是其他詞，如（海外）華人和華裔，這些詞否認與中國的正式聯繫。我心中揮之不去的問題是：散居者一詞是否會被用於復活單一的華人群體的思想，而令人記起舊的華僑一詞？這是否是那些贊同這個用詞的華人所蓄謀的？倘若這個詞廣泛地付諸使用，是否可能繼續將其作為社會科學中的一個技術性用詞？它是否會獲得將實際改變我們關於各種海外華人社群性質的觀點的感情力量？

托尼・里德知道我的保留意見，他鼓勵我回顧並反思迄今為止的海外華人研究歷史以及過去的方法對現階段研究的貢獻。這同樣給了我一個考察自

〔註3〕 Wang Ling-chi and Wang Gung wu, eds., The Chinese Diaspora: Selected Essays (華人散居者:論文選編), Two Volumes, Singapore: Times Academic Press. 1998.

〔註4〕 「落地生根」是加州大學伯克萊分校王靈智和他的同事1991年在舊金山主辦的會議的題目。

〔註5〕 參見 1970 年前後各版本的 Oxford English Dictionary（牛津英語辭典）及 Webster's Dictionary（韋氏英語辭典）等書。

己觀點的機會。我早期對海外華人歷史的興趣來自三個主要的學術源流。第
一個是中國學者和日本學者，他們賦予海外華人以單一的認同——華僑，即
中國僑居者。這始自 19 世紀末的滿清官員，接著是 20 世紀初的中國改革者
和革命者及其日本支持者。〔註6〕最後，李長傅、劉思慕、溫雄飛及上海暨南
大學的群體開始研究這個課題，他們在 1920 年代建立第一個華僑研究的重要
中心。隨著他們而來的是陳達、張禮千、許雲樵和姚楠，後面三人 1940 年在
新加坡幫助建立了南洋學會。〔註7〕

　　第二個源流是殖民地官員及其鼓勵和委任研究東南亞不同地區的華人的
學者。這是由他們早期與各種華人的貿易經歷發展而來的。隨著葡萄牙人、
西班牙人、荷蘭人和英國人擴張他們在東南亞和中國沿海的貿易利益，他們
與這些中國人進行了交易。後來，荷蘭、英國和法國殖民地行政官員分別對
他們特別關注的華人群體進行了研究。〔註8〕他們既將中國人看作潛在的同
盟者，又將其視為對其統治的可能威脅。在 20 世紀，維克多·巴素從 1930 年
代開始嚴肅地撰述華僑華人，他在 1951 年出版的關於東南亞的綜合研究，成
為這個群體的最佳榜樣。〔註9〕第二次世界大戰後,英國殖民地事務局（British
Colonial Office）資助優秀的學者如莫里斯·弗雷德曼（傅利曼）和田汝康，

〔註6〕 Wang Gung wu, "A Note on the Origins of Hua-ch'iao（華僑起源考）", in
Community and Nation: Essays on Southeast Asia and the Chinese, selected by
Anthony Reid（社群與民族:東南亞與華人論文集）, Singapore and North Sydney:
Heinemann Educational books and George Allen& Unw in for Asian studies
Association of Australia.1981.該文最初於 1977 年發表於 Lie Tek Tjeng,ed.,
Masalah-Masalah International Masakini,vol.7, Jakarta, Lembaga Research
Kebudayaan Nasional, L.I.P.I, pp.71~8.

〔註7〕 1920 年代和 1930 年代暨南大學學者的大量論著篇目收入許雲樵編輯的書目
《南洋文獻續錄長編》，新加坡：東南亞研究所，1959 年。陳達關於僑鄉名著
《南洋社會與閩粵僑鄉》出版於南洋學會建立的 1940 年。

〔註8〕 某些早期的例子是 J.D.Vaughan, The Manners and Customs of the Chinese of the
Straits Settlements（海峽殖民地華人的方式與習俗），Singapore, 1879; Gustav
Sch legel, Thianti Hwi, the Hung League or Heaven and Earth League（天地會），
Batavia，1866. 法國學者，如保羅·伯利奧 (Paul Pelliot) 和亨利·馬斯佩羅
(Henri M aspero) 更注意的是中國歷史和文化，而不是海外華僑，但他們的著
作確實闡明了中國與印度支那國家關係的重要方面。

〔註9〕 Victor Purcell, The Chinese in Southeast Asia（東南亞華人）, London: Oxford
University Press, 1951 (2nd edition 1965). 他的更詳細的研究《馬來亞華人（The
Chinese in M alaya）》初版於 1948 年，數十年來同樣是權威的著作。

他們的田野研究確立了文化人類學研究的新標準。〔註10〕

第三個源流是晚近的田野學者的著作。這些學者包括社會學家和文化人類學家，他們原想研究中國，但在 1949 年共產黨勝利使其不可能在中國從事研究後被迫轉向海外華人。這個流派的開先河者是研究泰國華人的比爾·史金納（施堅雅），其他學者研究印度尼西亞、馬來亞、菲律賓以及柬埔寨各具特色的社群。〔註11〕後兩個學者群的中國傾向性是顯而易見的，弗雷德曼和史金納領導實施了著作豐富且意義重大的倫敦-康奈爾項目（London-Cornell project），這個項目將香港和臺灣作為非華人學者唯一能夠進入的華人社會進

〔註10〕 莫里斯·弗雷德曼的《新加坡的華人家族和婚姻（Chinese Family and Marriage in Singapore）》（1951 年），最初是作為報告提交殖民地社會科學研究委員會（Colonial Social Science Research Council）和新加坡殖民地政府的。田汝康的《沙撈越華人：社會結構研究（The Chinese of Sarawak: A Study of Social Structure）》（1953 年）是在倫敦經濟學院的一項學術分支研究，同樣是英國政府資助的。他們二人均為雷蒙德·費茲（Raymond Firth）的學生，費氏 1948 年提交關於在馬來亞進行社會科學研究的報告，為他們的田野研究準備了基礎。其他著名的學者是阿倫 J.A.埃略特（Alan J.A. Elliot），他提交了關於新加坡華人精神信仰的報告（1955 年）；馬周莉·托普萊（Marjorie Topley），她提交了關於新加坡婦女彩堂的社會組織的報告（1958 年）。

〔註11〕 G.William Skinner, Chinese Society in Thailand: An Analytical History（泰國華人社會的歷史分析）(1957) and Leadership and Power in the Chinese Community of Thailand（泰國華人社群的領袖與權力）(1958), Ithaca Cornell University Press; Donald E. Willmott, The Chinese of Semarang: A Changing Minority Community in Indonesia（泗水的華人：一個印度尼西亞華人少數民族社群的變化）, Ithaca: Cornell U niversity Press, 1960. 關於馬來亞，著名的研究是 Lucian W. Pye, Guerrilla Communism in Malaya: its social and political meaning（馬來亞的游擊隊共產主義：它的社會和政治含義）, Princeton: Princeton University Press,1956; William H.Newell, Treachous River: A Study of Rural Chinese of North Malaya（背信的江河：北馬來亞鄉村華人研究）, Kuala Lum pur: University of Malaya Press, 1962.
喬治.H.懷特曼（George H. Weightman，康奈爾大學）關於菲律賓華人的、雅克斯·阿莫伊特（Jacques Amyot，芝加哥大學）關於馬尼拉華人家族主義的兩篇博士論文均完成於 1960 年。另外還有埃德加·威克伯（魏安國，Edgar Wickberg）優秀的歷史研究 The Chinese in Philippine Life,1850~1898(菲律賓生活中的華人：1850～1898 年). New Haven: Yale University Press, 1965. 關於柬埔寨，威廉.E.威爾莫特（William E. Willmott）的著作是在倫敦經濟學院完成的，此即 The Chinese in Cambodia（東埔寨華人）, Vancouver: The University of British Columbia Publications Centre, 1967 和 The Political Structure of the Chinese Community in Cambodia（柬埔寨華人社群的政治結構）, London: The Athlone Press, 1970.

行研究。第二和第三個流派造就了新一代的學者，包括華裔東南亞人。〔註12〕

　　重要的是他們都有所保留地採用強調海外華人認同的一致性的華僑一詞，而沒有人使用散居者一詞。莫里斯‧弗雷德曼是《猶太人社會學學報》的編輯，最熟諳散居者的猶太人含義，他並不認為這個詞適用於華人。相反地，非華人學者熱衷於兩種各具特色的方法：首先是關於不同環境裏的各類華僑及其保持的中國特色的研究，其次是關於華人能夠同化並接受他們作為東南亞新的民族國家的公民地位的研究。〔註13〕

　　我們知道本世紀早期華人被與歐洲猶太人進行了比較。〔註14〕在納粹迫害和大屠殺後，晚近學者對直接運用比較方法裹足不前。第一個對我提出這個問題的人不是海外華人研究者，而是印度尼西亞研究者。他就是已故的哈里‧本達。他的家庭是捷克斯洛伐克大屠殺的犧牲者，他在荷屬東印度群島生活多年，轉向研究印度尼西亞這個新國家。〔註15〕1959年我們會面時，他

〔註12〕例如，Tan Giok Lan, Mely, The Chinese of Sukabumi: A study in social and cultur alaccommodation（蘇加武眉的華人：社會和文化適應之研究），Ithaca, NY: Southea st Asia Program, Cornell University, 1961; Anthony S. Tan, The Chinese in the Philippines: A study of their national awakening（菲律賓華人：他們的民族覺醒研究），Quezon City: R.P. Garcia, 1972. 廖建裕的諸多著述始自1969年在莫拿什大學的碩士學位論文：《爪哇土生華人政治的三個主要流派：1914～1942年（The Three Major Steams of Peranakan Politics in Java, 1914~1942）》（後於1976年出版）。陳志明在康奈爾大學的博士論文完成於1979年，出版時名為《馬六甲的巴巴：馬來西亞一個土生華人社群的文化和認同（The Baba of Melaka: Culture and Identity of a Chinese Paranakan Community in Malaysia）》（Petaling Jaya: Pelanduk Publications, 1988）.

〔註13〕弗雷德曼的報告、史金納早期的論著以及威爾莫特兄弟和懷特曼的著作是第一種類型的很好例子；而巴素和後來的史金納屬於第二種類型。

〔註14〕最初的比較被歸因於泰國的Vajira wudh親王。他在歐洲民族主義刺激下，尋求發展泰國的民族主義。從他對泰國華人的觀察出發，他描繪了泰國華人與歐洲猶太人的相似之處，並實施促進華人同化的教育政策。Walter F. Vella, Chaiyo! King Vajiravudh and the Dev elopment of Thai Nationalism（C：V國王與泰國民族主義的發展），Honolulu: University Press of Hawaii, 1978.

〔註15〕哈里‧本達（Harry Benda）對印度尼西亞政治，特別是將華人視為對手的穆斯林土著貿易商的潛在政治力量具有敏銳的眼光。The Crescent and the Rising Sun: Indonesia Islam under the Japanese occupation, 1942~1945（新月與旭日：日本佔領下的印度尼西亞伊斯蘭），Den Hague: Van Hoeve, 1958。儘管他未曾撰寫關於華人社群的論著，但他對印度尼西亞和馬來亞（當時的西馬來西亞和新加坡）的華人社群興致盎然。在1969年他就任新加坡東南亞研究所首任所長前，我們曾就這個課題交談幾次。

指出東南亞華人的命運類似德國猶太人的命運，我不同意他的看法。事實上，就我所知，他在著述中儘量不使用散居者一詞。這可能是因為他確實認為每個華人社群都在形成它自己與眾不同的認同，這種認同與民族主義的中國學者和官員以及某些當地社群領袖試圖強加在他們身上的單一認同相異其趣。他知道 1950 年代東南亞新的政治條件迫使重新考慮在中國以外民族主義對他們意味著什麼。

　　我原來並沒有打算研究海外華人。我的興趣始終是在中國歷史。這在某種程度上是因為我是作為一個中國僑居者——華僑而開始生活的。假如條件許可，這種人最終是要回歸中國的。我也不例外。我的父親來到這個地區，曾在新加坡、吉隆坡和馬六甲的高中教書，後來擔任我的出生地泗水的第一所華人高中的校長。他離開泗水後，成為霹靂州怡保華人學校的助理監督。怡保是華人居多數的城鎮，而馬來人則住在附近的郊區山村，多數印度人住在歐洲公司或政府機構提供的住房。在華人中，堅打（Kinta）山谷的礦工多為客家人，城鎮的商家多為廣東人。此外還有福建人、潮州人、海南人以及少數講其他方言的人。簡言之，這是一個英屬馬來當局統治下的多社群的城鎮，在馬來亞四個馬來人聯邦州中是頗為典型的。

　　我很早就意識到許多與我共同成長的華僑家庭將在某一天回到中國，其他家庭則處在矛盾之中。他們樂於住在中國之外，擁有相當安穩的生活，而且似乎滿意並不過多干涉他們生活的當地政府。然而，在我上英文學校所交的朋友中，我發現許多中國對他們幾乎沒有意義的人。他們的家庭完全適應了當地的生活方式，通常是說、讀、寫馬來語和英語，而不是華文。對他們和多數教師而言，我對中國事態及中華事物的關心是難以理解的。

　　對我而言，突出中國認同的事件是日本對中國的入侵，日本的侵略隨著1937 年全面入侵而達到登峰造極的程度。此時，多數華僑已經習慣於海外華僑居民中華民族主義情緒的興起。中國政治在 19 世紀和 20 世紀之交已經波及到海外華僑中間。〔註16〕它吸引華僑的興趣是因為世界各地反華的歧視性

〔註16〕一些歷史學家將其追溯至 1877 年滿清帝國第一任駐新加坡領事之任命，而另一些則認為中國政治是從康有為和孫中山的追隨者向從日本、東南亞和北美洲的海外華僑尋求財政援助開始的。從涉及大量華僑的現代政治活動的角度而言，我贊同後一種觀點。關於前者，參見 Wen chungchi, The Nineteenth Century Imperial Chinese Consulate in the Straits Settlements（19 世紀帝制中國在海峽殖民地的領事），新加坡大學碩士論文，1964 年；關於後者，參見 Wang

案件，惡性的案件發生在美洲、澳洲和南非的移民國家。〔註17〕總體而言，這類案件在東南亞較少傷害性，因為殖民地當局與歐洲移民國家的勞工階級相異其趣，他們發現華人對於他們的貿易和工業企業不無裨益。

　　華人民族主義在學校和報刊中迅速傳播，這些學校是在1910年代和1920年代雨後春筍般出現的。在這種情況下，華僑研究獲得中國的公開支持。通過家父及其教師和記者朋友，我知道了這類研究書刊，但沒有多少想法。確確實實的是某些人進行的號召海外華僑從日本的鐵蹄下挽救中國的宣傳。1937年後，成群結隊的人到處游說，為中國的戰爭募捐金錢，奉勸所有華僑購買國貨，抵制日本的一切。〔註18〕各方齊心努力，勸說海外華僑從單一華人民族的角度思維，這種單一華人民族在某種程度上恰似單一和統一的華人散居者可能意味的。他們的成就包括努力募集龐大的捐款幫助戰爭和召募年輕的華僑和學生回國參戰。〔註19〕

Gung wu, "Sun Yatsen and Singapore"（孫逸仙與新加坡），《南洋學報》，第15卷第2期，1959年；Yen Ching-hwang, The Overseas Chinese and the 1911 Revolution, with special reference to Singapore and Malaya（新馬華僑與辛亥革命），Kuala Lumpur: Oxford University Press, 1976.

〔註17〕Tsai shi-shan, Henry, China and the Overseas Chinese in the United States, 1868~1911（中國與美國華僑：1868～1911年），Fayetteville: University of Arkansas Press, 1983. Edgar Wickberg, ed., From China to Canada: A History of the Chinese Communities in Canada（從中國到加拿大：加拿大華人史），Toronto: McClelland and Stewart, 1982. Charles A. Price, The Great White Walls are Built: Restrictive Immigration to North America and Australia, 1836~1888（白色長城：對北美洲和澳大利亞的移民限制，1836～1888年）. Canberra: Australian National University Press, 1974. Andrew Markus, Fear and Hatred: Purifying Australia and California, 1850~1901（恐懼與仇恨：純潔澳大利亞和加利福尼亞，1850～1901年）. Sydney: Hale and Ir emonger, 1979. Malanie Yap and Dianne Leong Man, Colour, Confusion and Concessio ns: The History of the Chinese in South Africa（膚色、毀滅與讓步：南非華人史）. Hong Kong: Hong Kong University Press, 1996.

〔註18〕Yoji Akashi, The Nanyang Chinese National Salvation Movement, 1937~1941(南洋華僑的救國運動：1937～1941年), Lawrance: Center for East Asian Studies, University of Kansas,1970. Stephen Leong Mun Yoon, Sources, Agencies, Manifesta- tions of Overseas Chinese Natioalism in Malaya, 1937~1941 (馬來亞華僑民族主義的源泉、機構、宣言：1937～1941年), 加州大學洛杉磯分校博士論文。

〔註19〕Yoji Akashi, The Nanyang Chinese National Salvation Movement, 1937~1941（南洋華僑的救國運動：1937~1941年），第113～158頁。在1999年2月於澳大利亞國立大學舉辦的一次關於馬來亞緊急狀態歷史的討論會上，1939年僅16歲的陳平（Chin Peng）坦言相告他在中日戰爭的早期就想回中國抗擊日本人。

　　在日本佔領時期，華人認同意識在每個華裔身上滋長。這是強加在他們身上的，因為他們被視為潛在的敵人.他們究竟是關注中國還是更忠於當地或殖民地政府是無關緊要的。這種背景解釋了為什麼許多人只是將自己看作中國人。他們應該學習中國的語言，像中國人那樣生活，假予機會還應該回國服務，這是自然而然的。就我自己而言，我準備在將來回中國，因此以與日俱增的興趣和責任促使我跟父親學習中文。〔註20〕

　　這並沒有使我遠離各種朋友。在學習、遊玩以及鄰里中，特別是在戰爭結束後，我與馬來人、印度人、歐亞混血種以及不講中文的華人鄰居和同學渡過的時間超過了與想法像我一樣的華僑在一起的時間。與日俱增的作為馬來亞人的意識是我所理解和同情的，因為顯而易見，一個新的國家將在某一天從英國人捏合在一起的殖民地保護國脫穎而出。這個帝國行將結束。一種當地民族主義感情在我的朋友中滋長著。〔註21〕我願意與他們分享這種感情，但我還有更重要的責任。1947年，我進入父親在南京的母校。〔註22〕

　　中國急劇的政治變化改變了我的生活。內戰即將推進到南京，大學關閉，這使我在 1948 年底回到怡保與父母團聚。〔註23〕翌年中國成為社會主義國家，我進入在新加坡的馬來亞大學學習，回到了在學校所交的各種朋友的中間。他們多數在華人居少數的城鎮長大，接受英語教育。〔註24〕我很容易將他們等同於華人，儘管他們多數未曾像我一樣是華僑。對他們而言，他們是

〔註20〕這並不是完全自願的。為了我，父親承諾向他的朋友的兒子教授古文，並時常要求我要比已經在華文學校上學並大我三四歲的男孩們做得更好。我兢兢業業學習，隨著中文水平的提高，開始為難度更大的文章所吸引。

〔註21〕在我回到怡保的安德森學院的最後幾個月──從 1945 年 9 月至 1946 年 12月，這種民族主義感情已經很強烈。我的同桌、已故的阿米努丁·巴基（Aminuddin Baki）增長著民族覺悟最令我難於忘懷，他 1968 年英年早逝，時任馬來亞聯邦教育局長。

〔註22〕我父親 1925 年畢業於南京的東南大學，他總是希望我進入他 1928 年更名為中央大學的母校。1947 年夏他帶我到南京參加入學考試。考試結果發表在1947 年 9 月 6 日的《中央日報》，我被外語系錄取。

〔註23〕我從 1947 年 10 月至 1948 年 12 月在中央大學上學，1948 年 12 月國民黨軍隊在淮海戰役被擊敗後，我決定回馬來亞與父母團聚。

〔註24〕馬來亞大學由愛德華七世醫學院和萊佛士學院（文理學院）構成，1949 年 10月 8 日建校。它是英屬馬來亞（新加坡和新近建立的馬來亞聯邦）唯一的大學，三分之二的學生來自聯邦。這所大學的學生幾乎都出自這兩個地區的英文學校。華人明顯占多數，錫蘭人、印度人、歐亞混血種為數不少。在這所大學的早期歷史上，馬來人寥寥無幾。

在祖國，規劃中的獨立的馬來亞國家充滿希望。對我而言，騷動的中國日益成為一個抽象的存在，它獻身於一種這個地區視為異端的意識形態。通過馬來亞流行的反殖民主義和英國式社會主義視角，我獲取了一種新的民族國家認同。這是從作為僑居者向自覺地決定定居在中國之外的第一步。我最終何去何從依然不得而知，但學做一個馬來亞聯邦的公民是一個開端。儘管如此，認知中國的責任感仍然保留了下來，這就是完成我已經開始的工作，理解這個古老文明可能出現的偏差及其依然具有的前途。在僑居和定居之間，我發現作為華人並不是障礙，而是支點。於是，轉向研究中國歷史看來是最自然不過的。

於是，我決心成為一個中國史學家。儘管馬來亞新的民族國家政治不無吸引力，但我堅持這條道路。但是，民族國家建設是微妙的，認識歷史需要新的方法。我和同事努力促進馬來亞歷史研究，特別希望能夠在我們的學生中培養出新一代的民族歷史學家。就我自己而言，我將致力於研究馬來亞華人，因為他們已經從僑居者變為公民，他們知道作為馬來亞人意味著什麼。1958 年我發表了一系列廣播談話，出版時題為《南洋華人簡史》。〔註25〕我對中國歷史的研究使我能夠結合中國與東南亞關係的開始——南海貿易、鄭和海軍遠征和防禦性朝貢體系，還有苦力貿易、南洋商人網絡和愛國華僑，闡述這個故事。我閱讀當地書刊、歷史文獻，並以更大的注意力閱讀關於變化著的華人社群的學術新著，尤其是 1950 年代西方社會科學家的著作。與此同時，這個國家發生最急劇的發展，包括 1961 年至 1965 年間採取步驟吸納幾個具有大規模華人社群的原英國領地組成新的馬來西來聯邦。〔註26〕這為我從事關於各種試圖適應新的政治現實的華人社群的比較研究提供了至關重要的起點。

馬來西亞的合併伴隨著與印度尼西亞的衝突，以失敗的試驗而告終，這威脅到華人與馬來人之間的良好關係。1965～1966 年成為我研究生涯的重要年頭。新加坡脫離馬來西亞是一個沉重的打擊。在這個地區，越南戰爭已經

〔註25〕Singapore: Donald Morre,1959.1992 年重新收入我的論文集 Community and Nation: China, Southeast Asia and Australia（社群與國家：中國、東南亞和澳大利亞）, St. Leonards, NSW: Allen& Unwin, pp.11~39.

〔註26〕我在同事的鼓勵下編輯了《馬來西亞概覽（Malaysia: A Survey）》呼應這一發展。該書 1964 年由紐約普雷格（Praeger in New York）和倫敦的巴爾‧莫爾（Pall Mall in London）出版。

真正爆發，蘇加諾政權以恐怖的流血事件而跨臺。〔註27〕這對東南亞的發展是一個轉折點。更為激烈的則是毛澤東的解放及其用「無產階級文化革命」鞏固中國革命的努力。在廣泛的無政府狀態下，沒有人指望這最終能夠闡明毛澤東的觀點。

　　關於中國的難以置信的報導修正了我對中國歷史的興趣。毛澤東的狂熱中是否存在著方法？革命是否必須擺脫中國根深蒂固的傳統？再者，我的中國歷史研究已經贏得注意。我必須做出困難的選擇。在這個變化關頭，我是應該留下繼續研究這個地區的華人；還是應該回歸我的初愛——中國歷史，因為中國歷史正在重新被考察和解釋，以迎合大陸的變革。對我而言，我希望在澳大利亞國立大學能夠兼顧兩者——在留在比較大的東南亞鄰國的同時研究中國。在澳大利亞，我至少從未遠離許多附近的海外華人群體。

　　1968 年我來到堪培拉，沉迷於各種書籍、傳單、學報、雜誌、報紙和各類文獻，這些材料來自從 1966 年瘋狂開始的「文化革命」。在我在吉隆坡工作的許多年頭，這些材料在馬來西亞是無從獲得的。我過了幾年才發現我已經為中國事務所吸引。然而，我在澳大利亞國立大學撰寫的最早兩篇論文是《馬來亞華人政治》和《馬來西亞：競爭中的精英》。〔註28〕如今，我既能夠研究中國，又能夠研究海外華人社群。因此，我總是將中國對這些社群的看法與海外華人的自我認識的互動放在心上。這種互動引導著我的主要著述，直到今日。

〔註27〕關於印度尼西亞 1965～1966 年事件的可靠敘述依然難於獲得。Benedict R. O' G. Anderson and Ruth T. McVey, 1971, A Preliminary Analysis of the October 1, 1965 Co up in Indonesia（1965 年 10 月 1 日印度尼西亞軍事政變試析）. Ithaca, N Y: Modern In- donesia Project, Cornell University. Robert Cribb. Ed., 1990, The Indonesian Killings of 1965~1966: Studies from Javaand Bali（印度尼西亞 1965 ～1966 年的屠殺：爪哇和巴鰲的研究）. Clayton, VIC: Centre of Southeast Asian Studies, Mo nash University.
　相反地，關於越南戰爭的著述很豐富。 Robert D. Schulzinger's A Time for War: The United States and Vietnam, 1941~1975（決定戰爭的時候：1941～1975 年的美國與越南）. New York: Oxford University Press，1997 提供了關於戰爭主要特徵的概述。

〔註28〕"Chinese Politics in Malaya"（馬來亞華人政治）, The China Quarterly（中國季刊）, London, No. 43, pp.1~30; "Malaysia: contending elites"（馬來西亞：競爭中的精英）, Current Affairs Bulletin（時務公報）, Sydney, Vol.47, No.3, Decembe r, 1~12. 這兩篇論文均發表於 1970 年。此外，我還對 1969 年西馬來西亞的暴亂做了評述，"Political change in Malaysia"（馬來西亞的政治變化）, Pacific Community（太平洋共同體）, Tokyo,Vol.1,No.4,pp. 687~696.

通過將兩種視角結合起來，我沒有接受中國的觀點，即唯有中國能夠給予海外華人以保持華人性所需的一切。中國官方總是低估海外華人已經能夠群策群力在他們中間培育新型華人性的能力。〔註29〕另一方面，還有一種文化自卑感經常困擾著中國以外的華人。在我看來，這似乎使他們對他們自己的成就格外謙虛，無論是在商業、教育、還是在技術方面。他們的自我估計從來就不是固定和正確的，他們習慣於從一個時刻的文化卑屈轉向另一時候的盲目自大。〔註30〕在中國與其游民微妙而不穩定的關係中，存在著許多層次和層面。

至於學術方法而言，我從未試圖系統地採用莫里斯‧弗雷德曼和比爾‧史金納的做法，即將研究海外華人所得的觀點用於解釋中國社會本身。〔註31〕我既沒有強調華人同化的許多歷史和當代模式，也不同意只是考察華人回應東南亞民族主義的新方式的研究。取而代之，我的研究總是在兩個充滿希望和含義模糊的立場之間運動。一個是中國的希望，中國希望最終將所有海外華人視為僑居者，是中國人大家庭的成員，他們的忠誠和愛國主義在切實需要時是可以指望的。另一個是華人移民和定居者的希望，他們希望他們的子女某種程度上在文化上依然是華人，而且至少確保幾代的血統。〔註32〕

〔註29〕所期待的華人性的質量導致了不同的估計。在中國者從海外華人在何種程度上依然喜愛中國的事物和忠誠中國代表的立場來衡量這點，而住在國外者通常滿足於講華文、遵循某些習俗和能夠卓有成效地動用中國的方式和關係。但是，重要的是他們的中國淵源得到尊重，而且他們作為華人沒有遭到歧視。

〔註30〕我只有軼事般的證據，但足以辨認華人的自卑，這種自卑是殖民地居民因他們的鄉下淵源而產生的。恰如澳大利亞的原英國殖民地居民，他們對來自「鄉下」的人也表現了類似的惱怒之情。對於某些華人而言，這與他們在沒有中國幫助的情況下而在中國以外功成名就的自滿是相伴隨的。這些極端的態度在任何地方都可以看到，而不僅僅在東南亞。

〔註31〕弗雷德曼著作中兩個最好的例子是 Lineage Organisation in Southeastern China （華南的血緣組織，1958 年）和 Chinese Lineage and Society: Fukien and Kwangtung（中國的血緣與社會：福建和廣東，1966 年）.其他重要論文收入 G. William Skinner. Ed., The Study of Chinese Society （中國社會研究，1979 年）.史金納對中國社會學貢獻良多，他的記錄同樣令人稱美：Marketing and Social structure in Rural China （鄉土中國的市場機制與社會結構，1964 年）及參考書 Modern Chinese So ciety: An Analytical Bibliography （現代中國社會：文獻解題，1973 年）。

〔註32〕Wang Gung wu. "Among Non-Chinese" (在非華人中間), Daedalus, Journal of the American Academy of Arts and Sciences (代達羅斯：美國藝術與科學院學報), Cambridge, Mass., Spring 1991, pp. 135~157; reprinted in The Living Tree The Changing meaning of Being Chinse Today (常青樹：當代作為華人意義的變化), edited by Tu Wei-ming, Stanford University Press, 1994, pp.127~146.

　　深入研究中國歷史有助於我理解中國在何種程度上為大量華人所排斥和迷戀，這些人由於生活在海外，由於許多人不想回歸的原因及使他們以異國情趣代替中國文化的事物，而頗為成功。與此同時，緊跟關於世界各國本地化華人的最新研究使我能夠從許多角度考察這些社群。一方面，許多華人總是期待著與中國重新開始的更密切的聯繫，這是顯而易見的。另一方面，其他許多人，特別是北美的，對於來自臺灣和香港的華人新移民愛恨交加。他們注意到這些新移民熱衷在中國之外生活，獲取外國護照，而且還依然打著他們的中國牌。對外部刺激和內部機遇的反應已經變得如此多樣化，以至這個課題不僅沒有變成許多人所期待的單一問題，而是變成一個充滿矛盾和可變性的課題。

　　我談論了讓我決定遷居澳大利亞繼續研究的關鍵年頭 1965～1966 年。這使我記起在 1960 年代和 1970 年代期間，關於東南亞華人社群的研究項目大為減少。倫敦─康奈爾項目已經將主要注意力轉向香港和臺灣。1960 年代以來關於中國事務的新研究基金集中於中華人民共和國本身。越南戰爭確實將注意力吸引到這個地區，但華人社群對學生沒有什麼吸引力。唯獨在澳大利亞，印度尼西亞和馬來西亞受到密切關注，來自這個地區的學生包括許多華裔，因此學術興趣得到了維持。顏清湟、楊進發、傑米・梅其、查爾斯・柯佩爾等學者燃起了烈焰，而其他地區只剩下餘燼。〔註 33〕在這個地區本身，只有新加坡的廖建裕不屈不撓，他不怕印度尼西亞官方不同意，使我們

〔註33〕在這些年，顏清湟出版了《華僑與辛亥革命》（The Overseas Chinese and the 1911 Revolution, 1976, 參見注 16）、1995 年結集為兩卷本書集──《社群與政治：殖民地時期新加坡和馬來西亞的華僑》（Community and Politics: The Chinese in Colonial Singapore and Malaysia）和《近代華僑史研究》（Studies in Modern Overseas Chinese History）的系列論文、《苦力勞工與滿清官員》（Coolie and Mandarins, 1985）和《星馬華人社會史：1800～1911 年》（A Social History of the Chinese in Singapore and Malaya, 1800~1911, 1986）。楊進發也紮實地發表論著，他的論文後收入《殖民地時期新加坡的華僑領袖和權力》（Chinese Leadership and Power in Colonial Singapore, 1992）。這個時期他的主要著作是《陳嘉庚：一個華僑傳奇人物的誕生》（Tan Kah- Kee: the making of an overseas legend, 1987）。1976 年，傑米・梅其（Jamie Mackie）出版《印度尼西亞華人：五篇論文（The Chinese in Indonesia: Five Essays）》，其中收入查爾斯・柯佩爾（Charles Coppel）的重要論文。1983 年，柯佩爾出版了他的權威研究《在危機中的印度尼西亞華人（Indonesian Chinese in Crisis）》。在 1970 年代和 1980 年代，這兩個作者均發表了若干關於這個問題的論文。

繼續瞭解情況。〔註34〕

　　學者們脫離將華人少數民族作為文化的和政治的社群加以研究的更根本的原因有二：其一，由於安全的或不信任的原因，新的建國過程中的東南亞國家政府不歡迎關於尚未被完全融合入所謂主流社會的華人少數民族的研究。它們不僅不鼓勵外國學者，而且不鼓勵本國學者從事這類研究；其二，中國 1966 年後處於動亂之中。「文化革命」轉而反對任何與生活在海外的華僑華人有關的人和物。關於他們的否定觀念包括資本主義傾向和資產階級方式、缺乏原則性、願意妥協而與仇恨中國的外國人親如兄弟。革命者甚至不相信愛國歸僑，放棄了他們早期勸導他們回國的政策──史蒂芬·菲茨傑拉德曾對這種政策做了仔細分析。〔註35〕結果，中國國內大約 15 年時間對這個課題沒有研究。就中華人民共和國以外的華僑華人而言，對「文化革命」的反應是否定性的，因此作為華僑華人成為一個痛苦的問題。多數人將眼光轉向革命造成的災難。

　　海外華僑華人只能再次依靠他們自己的資源。正如他們反覆證明的，他們是充滿活力且組織良好的，足以最大程度地發揮他們的技能和才智。他們的商業活動吸引了新的注意力。在他們在中國以外的整個歷史上，這畢竟是他們最擅長的。〔註36〕新鮮之處是日本在 1960 年代後期作為一個經濟大國重

〔註34〕廖建裕這個時期的著述包括:《土著印度尼西亞人、華人少數民族與中國：關於觀念與政策的研究》(Indigenous Indonesians, the Chinese Minority and China: A Study of Perceptions and Policies. 1975)、《爪哇土生華人政治：1917～1942年》(Peranakan Chinese Politics in Java, 1917~1942. 1976)、《印度尼西亞的華人少數民族：七篇論文》(The Chinese Minority in Indonesia: Seven Papers. 1978)、《著名的印度尼西亞華人：傳記素描》(Eminent Indonesian Chinese：Biographical Sketches. 1978)、《印度尼西亞華人的政治思想：1900～1977年》(Political Thinking of the Indonesian Chinese, 1900~1977. 1979) 和《中國與東盟國家：華族的層面》(China and the ASEAN States: the Ethnic Chinese Dimension. 1985)。其中若干著作自出版後已作增補。他還發表了系列的論文，後結集為《華人的適應與多樣性：印度尼西亞、馬來西亞和新加坡社會和文獻論文集》(Chinese Adaptation and Diversity: Essays on Society and Literature in Indonesia, Malaysia and Singapore.1993) 和《印度尼西亞華人少數民族的文化》(The Culture of the Chinese Minority in Indonesia. 1997)。

〔註35〕Stephen Fitz Gerald, China and the Overseas Chinese: A Study of Peking's Policy, 1949~1970 (中國與華僑：關於北京政府政策的研究，1949～1970 年). Cambridge: Cambridge University Press, 1972.

〔註36〕貿易促使普通中國人前往東亞和東南亞，最初是在宋代（960～1276）之前，人數不多〔Wang Gung wu (1958;1998), The Nanhai Trade: the early history of

新崛起。這使我們記起關於海外華僑華人的政治和文化已經論述很多，而關於他們的日常作為卻闡述得不夠。無論如何，他們的核心活動始終是貿易和交易，在感興趣的時候冒險和贏利，在政治條件極端惡劣的時候運用才智和勇氣。在 1960 年代，他們迅速地適應了東南亞新獨立的民族國家，為他們自己建立了商業網絡的新模式。他們中的膽大者還學會為這個地區及其外的全球性商業和工業城市服務。更前瞻的人還將子女送到西方接受教育，準備讓他們為未來沒有邊界的世界提供當地代理服務。

　　簡言之，印度尼西亞蘇哈托軍事政變、中國孤立、東南亞華人大規模歸化、印度支那華僑華人大批外逃，這些事件似乎永遠地終結了華僑的故事，但新的力量開始為各地華族造就了不同的條件。由於它們所建立的國際聯繫，香港和新加坡提供了這個變化的中心。「四小龍」──它們已經成功地對日本模式做出了反應──開拓了華人經濟作為的方途。新一代社會科學家被吸引到這個地區，他們將研究引入這個奇蹟般的現象。在早期闡述華人如何回應機遇的學者中，琳達・林、裏查德・羅賓森和吉原久仁夫湧上了我的心頭。〔註37〕他們與將日本、韓國和臺灣視為新的成長發動機的學者一起，激起了對華人在東南亞的作用的新興趣。

　　這個方途是與沒有邊界的全球化，最終與華人經濟活動的散居者特徵

Chinese Trade in the south China Sea（南海貿易：早期南中國海中國貿易的歷史）〕；接著人數增多，後來形成一個華商集團〔Wang Gung wu, "Patterns of Chinese migration in historical perspective"（華人散居者模式的歷史透視），in O bserving Change in Asia Essays in Honour of J.A.C.Mackie（觀察亞洲的變化：梅其紀念論文集），edited by R.J.Mayaand W.J.O 'M alley,Craw ford House Press, Bathurst, 1990, pp.33~48（最初在 1985 年用中文發表）；"Merchants Without Empire: the Hokkien sojourning communities"（沒有帝國的商人：福建人僑民社群），in the Rise of Merchants Empire: Long Distance Trade in th e Early Modern World, 1350~1750（商人帝國的興起：近代世界早期的長距離貿易，1350～1750 年），edited by James D. Tracy, Cambridge: Cambridge Univsersity Press, 1990, pp. 400~421.〕。

〔註37〕Linda Y.C.Lim and L.A. Peter Gosling,eds., The Chinese in Southeast Asia（東南亞華人）, Vol.One: Ethnicity and Economic Activity（族裔性與經濟活動）. Singapore: Maruzen Asia. 1983. Richard Robison,Indonesia: the Rise of Capital（印度尼西亞：資本的興起）. North Sydney, NSW: Allen& Unwin.1986. Yo shihara Kunio, The Rise of Ersatz Capitalism in Southeast Asia（東南亞仿資本主義的興起）. Singapore: Oxford University Press.1988. 最近的有影響的文集是 Ruth T. McVey. ed., Southeast Asian Capitalists（東南亞資本家）. Ithaca, N Y: Southeast Asia Prog ram, Cornell University. 1992.

相聯繫的，這並不令人奇怪。但是，高峰尚未來臨。毛澤東辭世後鄧小平的復歸猶如中國京劇中紅臉英雄的獲勝。中國在孤立 30 年後重新開放，掀起了舉世皆驚的經濟波浪。我們可以說中國打開前門、接著敞開窗戶、最後開啟後門的步驟，決定了香港和臺灣的中國人、東南亞地區的華裔、以及亞太地區的華人的新的行為模式。結果對這個地區的華人而言是如此巨大而難於計算，因此學術研究依然未能趕上變化。取而代之，他們推出諸多聳人聽聞的著述，從鼓吹華人經濟共同體的沙文主義呼籲，到新一輪「黃禍」的恐怖描繪。〔註 38〕

　　引人注目的變化之一是眾多大陸中國人隨臺灣和香港的中國人之後前往北美和澳洲，並選擇了滯留不歸。到 1980 年代中葉，中國再次出現了關於新華僑的學術論著。它尋求結合這些新僑民前往的各個國家的學者的著作。這次新活動的規模自 1930 年代和 1940 年代以來是空前的。這種激情與邀請海外華僑華人投資的熱情是密切相關的。在經濟機會向各地華僑華人開放的程度上，新的華僑綜合症應運而生。〔註 39〕與早期側重反帝國主義環境中的政治認同相異其趣，這種綜合症首先是與經濟活動、與扮演貿易散居者的華人社群相聯繫的。所謂經濟散居者，借用阿伯納·科恩被廣為引用的話，即「一

〔註 38〕　無論是華人經濟共同體、華人共同市場、華人共同體，還是大中華等等，一些作者正在擬想著一個行將到來的所有華人的團結。單一的華人散居者與中國大陸密切關聯則是其言外之意。David Shambaugh, "The Emergence of 'Greater China'"（「大中國」的出現）；Harry Harding. "The Concept of 'Greater China': Themes, Variations and Reservations"（「大中華」的概念：論題、變項與保留）and Wang Gungwu, "Great China and the Chinese Overseas"（大中華與海外華人）The China Quarterly,（中國季刊）No. 136, December 1993, pp. 635~659, 660~686, 926~948. 至於恐怖的描繪，這些包括最近日本作者關於華僑的若干著作、Sterling Seagrave, Lords of the Rim: the Invisible Empire of the Over seas Chinese（太平洋圈的領主：海外華人的無形帝國）. NY:Putnam's, 1995, 以及關於安全威脅的書籍，如 Richard Bernstein and Ross H. Munro, The Coming conflict with China（即將到來的與中國的衝突）. NY: A.A.Knopf,1997.

〔註 39〕　這正由少量捲入其中的人所塑造。再者，關於華僑華人的出版物迅速增加，如今不僅在南方省份，而且在全中國，任何與散居者或定居國外者的關係都得到系統的發掘。這類人對於僑務部門官員的價值獲得承認，如今追尋海外親戚既是人道主義的，又是有利可圖的。高等院校和學術團體建立研究中心和單位，在全國和地方兩個層次上進行認真而廣泛的學術研究。包括論文集在內的大量書籍以及數十種專業學報、雜誌和通訊提供了關於世界各地華人的日益廣博的研究。這對中國的發展及海外華人命運的衝擊還難以精確的估計，但緊張有效的活動意識乃是不可避免的。

個由在社會上獨立，在空間上分散的社群構成的民族」。〔註40〕

　　如今解釋中國奇蹟般成功的著述潮勢不可擋。它們多數以最包容的方式提及海外華人的作用，這與早期強調各種區域社群特性的政治和社會學研究大相徑庭。新的著述傾向於將香港和臺灣的中國人與分散在一百多個國家和地區的所有其他華僑華人相提並論。〔註41〕當代市場技巧的進步以及信用金融服務的性質已經模糊了早期的差別。政治認同日益被認為是不相干的，陳舊的詞彙受到了挑戰。如今許多社會科學家準備使用散居者一詞闡明華人現象的新層面，這同樣不會令我們感到奇怪。令人迷惑的是，這是否會再次鼓勵中國政府遵循早期所有海外華僑華人乃是華僑——僑居者的觀念思路，確認單一的華人散居者思想？使用散居者是否還會導致中國以外的作者，特別是以華文寫作的作者，復活更加熟悉的詞彙——華僑？華僑這個詞是東南亞各國政府及華人在過去40年中花費大量時間和精力試圖加以摒棄的。

　　潛在的修正主義是由若干相關的事態發展造成的。最近學術研究認為重要的三個發展根源於經濟集團行為，展示了其他散居者的特徵。

　　1. 在沒有官方贊同和支持的情況下，海外華人在幾個世紀逐漸形成了多層次和多類型的「非正式帝國」，他們運用現代通訊技術的能力使他們成為全球經濟中一支令人生畏的力量。在「賤民企業家」和「本質的局外人」的形象背後，他們已經建立了靈活的所謂「無根基帝國」。〔註42〕他們願意從強大的

〔註40〕我最初是在 Philip Curtin,Cross-Cultural Trade in world History（世界歷史的跨文化交易），Cambridge: Cambridge University Press, 1984 讀到這點。這裡我引自 Anthony Reid, "Entrepreneurial Minorities,Nationalism, and the State"（企業家少數民族、民族主義與國家). in Essential Outsiders' Chinese and Jews in the Modern Transformation of Southeast Asia and Centra l Europe (本質的局外者：現代東南亞和中歐變化進程中的華人與猶太人), edited by Daniel Chirat and Anthony Reid. Sea ttle: University of Washington Press, pp. 33~71.

〔註41〕在記者中尤其如此，特別是在《經濟學家》1992 年 11 月 21 日同意這種包容性用法後。倘若香港和臺灣的中國人被包括於這個集團裏，海外華人——他們多數是定居在外國的、憑藉他們在非華人政權下發達的能力而聞名的少數民族——的角色將容易被誤解和誤傳。一個明確的例子是 Constance Leve-Tracy, David Ip and Noel Tracy, The Chinese Diaspora and Mainland China: An Emerging Economic Synergy（華人散居者與大陸中國：崛起中的經濟協同體），NY：St. Martin's Press. 1966. 該書「散居者」主要包括香港和臺灣的中國人。

〔註42〕我最初注意到「賤民企業家」的概念被用於東南亞的華人是 1963 年 12 月和 Joseph P. Jiang 出席聯合國科教文組織在新加坡舉辦的一次會議。他在印第安那大學剛剛完成一篇關於這個問題的論文。他的論文後來發表於會議論文集

傳統貿易基地出發加以創新，這賦予他們以與西方競爭的實踐和理論的機體，高偉定及其同事將其提升為他們所謂的「華人資本主義」。〔註43〕這種觀念顯然支持了單一的華人散居者的思想。

2. 1991 年新加坡中華總商會成功地舉辦了第一屆世界華商大會，這證明全世界的華人企業家熱衷建立不遜色於猶太人和其他散居者少數民族的活躍和統一的全球網絡。1991 年以後，在香港、曼和溫哥華先後舉行了三次大會。溫哥華大會是在 1997 年亞洲金融危機開始的時候舉行的。1999 年，墨爾本第五屆大會將面臨第一次真正的考驗。〔註44〕倘若網絡規模顯示巨大的生命力並證明持續性，學術界將對它所代表的事物產生興趣。

3. 第三是超越已被賦予活力的商業之外的一系列互相加強的組織。例如宗親社團、同鄉團體和各種文化（如音樂、表演藝術、文學和學術）組織的國際大會，它們如今正常舉行國際大會，試圖加強華人的社會和文化聯繫。〔註45〕

Leadership and Authority, A Symposium（領導權與權威研討會論文集）. Singapore: University of Malaya Press, 1968, pp.147~162. 最近這個思想被提煉為「本質的局外者」（參見注40）。重要之處是認同並不是靜止不變的，如此稱謂者是間或具有就他們如何希望被認同進行探討的餘地。無根基的帝國（Ungrounded empires）是王愛華（Aihwa Ong）和 DN（Donald Nonini）編輯的論文集引人注目的書名，它的副標題是現代華人跨國主義的文化政治（The Cultural Politics of Modern Chinese Transnationalism）. New York and London: Routledge, 1997. 我在"The Study of Chinese Identities in Southeast Asia"（東南亞華人認同研究），in Changing Identities of the Southeast Asian Chinese since World War II（第二次世界大戰以來東南亞華人認同的變化），edited by Jennifer Cushman and Wang Gung wu, Hong Kong: Hong Kong University Press, pp.1～21. 探討了認同問題。

〔註43〕The Spirit of Chinese Capitalism（華人資本主義精神）. Berlin: Walter de Guyter, 1990. 資本主義在何種程度上可以定性為「華人的」是值得爭議的，但這個名份激勵許多華人企業家變得更加自覺，後來還促使學者探尋什麼使他們格外「華人的」。

〔註44〕1998 年決定世界華商大會的秘書處將在一個時期設在新加坡中華總商會。這項選擇是在香港和新加坡之間做出的。大會迄今為止是在中國大陸和臺灣以外舉行，但北京和臺北的機構均熱衷於將大會引進各自的城市。在大會最終在這兩個城市舉行的時候，「散居者」與母國的團結可能是完整的。但被驅逐者或散居者又從何而來呢？

〔註45〕Liu Hong, "Old Linkages, New Networks: The Globalization of Overseas Chinese Voluntary Associations and its Implications"（舊聯繫，新網絡：海外華人自願團體的全球化及其意義）, The China Quarterly（中國季刊）, No.155, September 1998, pp. 582~609.

這些活動採用現代形式，熟練地運用現代通訊工具。它們具備細胞的特徵，但經常是無定形和可變的，迅速形成，飛快分散。但是，它們斷言的華人認同並不是本質主義的，它們的成員漫無邊際地為他們需要什麼而爭論。然而，鮮有疑義的是它們形成一種達成目標的華人方式，而這是每個集團夢寐以求的。

這三個現象的潛在基礎是中國的影子和無言的假設，即中國在世界的地位對華人和非華人同樣重要。與日俱增的關於重新恢復的中國與海外華人的聯繫的論著，特別是關於涉及華人貿易集團的跨國網絡運作的論著，是需要考慮在內的。從這類文獻來看，散居者一詞的現代特色顯然是比較少，這與其說是因為貿易，毋寧說是因為全球散居者模式的急劇變化以及這些變化對融合和同化政策的衝擊。

在這裡密切相關的是對始自北美和澳洲移民國家的多元文化主義的試驗性步驟。它的起源與華人殊無關係。第二次世界大戰結束以後居民與移民之間的緊張關係迫使轉向種族主義和民族主義的同化觀。理想主義者堅決主張移民應該盡快同化於多數民族的文化。但是，大屠殺後反猶太人運動的恥辱、美國黑人─白人民權運動判決的撤銷、西方自由的人權價值的確認，這一切造就了代替所有國家認為必須傚仿的民族國家建設的舊「熔爐」原則的多元文化主義。這個轉換掃清了散居者一詞付諸普遍使用並運用於任何需要它的集團的道路。就華人而言，在北美尊崇猶太人散居者的凝聚力以及為以色列工作的猶太院外活動集團的成就的人與日俱增。〔註46〕他們認識到他們與猶太人之間的差別，希望遵循合適的模式。對他們而言，這意味著偏向單一的華人散居者的觀念。

我們已經脫離《牛津英語辭典》的狹隘用法，將這個詞擴展到過去的含義不會困擾我們的廣度。使用範圍越廣，定義將越模糊且不明確。除了希臘人和亞美尼亞人外，如今還有其他散居者如愛爾蘭人、非裔美洲人、印度人、巴基斯坦人、意大利人、阿拉伯人、伊朗人等等。即使英國人在他們曾是「主流」多數民族的前殖民地亦不例外，特別是如今散居者一詞也用於新加坡華

〔註46〕關於這個問題的公共討論很少，但在私下場合和社群團體會議卻經常就「全球性」華人與猶太人及其多方面活動進行比較。與東南亞不同，北美華人更清楚猶太實踐主義：Chriot and Reid's Essential Out-siders（注40）在那裡比在任何地區更受重視。

人。〔註47〕這可能意味著華人散居者與他們之間具有許多共性，但可能還意味著這個詞是靈活的，恰如其他許多社會科學和歷史用詞。接著學者們應該將每個散居者決定它可能是什麼的複雜方式分門別類。目前海外學者開始接受使用這個詞定義「分散的華人社群」，這說明他們肯定為將來多年造就了許多工作。我越是思考，越對這個詞已被用於華人而不快。我曾以極大的不情願和遺憾使用這個詞，我依然相信它帶有錯誤的含義，除非精心地避免描繪一個單一的華人散居者的形象，否則最終將給海外華人帶來悲劇。

　　讓我用兩項觀察結束演講。當去年五月強姦華人婦女的消息傳遍世界的時候，人權團體強烈抗議。此外，還有人努力建立全球網絡，呼籲所有華人支持政治抗議，尋求懲罰犯下獸行的罪犯。〔註48〕香港和臺灣做出同等強烈的告誡，某些是針對北京政府看似無力的反應。最終，大陸的中國人民知道了悲劇性事件，許多人以可以理解的憤怒做出反應。中華人民共和國政府接著決定公開評論這個事件，但對印度尼西亞政府而言是適度的。在東南亞地區，對不穩定的印度尼西亞政局更加瞭解的政府沒有做出反應。當世界各地的幾個華人社群就這個悲劇事件舉行抗議集會時，這是否是潛在的散居者凝聚力的先聲呢？抑或它使我們記起華人社群已經變得何等多樣，因此任何人，包括中國政府和臺灣當局，要組織一次散居者的反應是何等艱難？

　　我的另一項觀察是隨問題而來的。從過去的經驗來看，在中國積貧積弱而遭受外國侵略的時候，在中國以外的多數人是近期移民而沒有其他忠誠的時候，中國獲得了愛國的海外華僑的支持。如今海外華人之間的差別則要大得多。當代散居者包括許多類型的華人，對他們而言，名稱相異，認同

〔註47〕我從未見過「英國散居者」，而且總是認為這是由於英國人最熟諳他們自己的
　　　　語言，清楚「散居者」一詞的獨特性，既然這個詞已在某種程度上被廣泛地
　　　　付諸使用，我們談論在加拿大、美國、澳大利亞以及前英帝國的其他部分的
　　　　英國散居者還會有多長時間呢？
〔註48〕新聞傳媒積極支持香港和臺灣，但多數引人注目的消息是通過因特網的。一
　　　　些網址鼓勵復仇，但一些則比較積極並尋求「和解」。例如，世界華人聯合會
　　　　的聲明以關於華人散居者的強有力的闡述開篇。下列引文抓住了這個網上組
　　　　織的精神：「華人據估計居住在一百三十六個不同的國家，是世界上分布範圍
　　　　最廣的族群集團。這種多樣性確實是令人敬畏的。然而，造成人們之間隔閡
　　　　的是同樣的多樣性。」「我們經常遇到美國華人或加拿大華人，他們對其他地
　　　　方的華人知之甚少或毫不關心。這種毫無所知和漠不關心必須予以改正。我
　　　　們的使命是造就華人與華人次集團之間以及華人與非華人之間的和解，這
　　　　個使命無疑充滿了挑戰。」

不同。〔註49〕經過一個世紀的發展，海外華人不可能恢復他們與舊中國的關係，無論是滿清帝國、國民黨中國，還是毛澤東時代的中華人民共和國。變化是深刻的。再者，中華人民共和國目前尚未完全統一，而且中國政府和臺灣當局均能維持它們各自的海外支持者，並使之互不信任。倘若從歷史來判斷，是否會出現一個單一的華人散居者是充滿疑問的。更加可能的是，單一的華人一詞可能越來越難於表達日益多元化的現實。我們需要更多的詞，每個詞需要形容詞來修飾和確認我們描繪的對象。我們需要它們來捕捉如今可以看到的數以百計的華人社群的豐富性和多樣性。

我開始時指出在最近王靈智與我合編的論文集中，我接受了散居者一詞。我自己的著作傾向「海外華人（Chinese overseas）」，而不是華僑（overseas Chinese），1992 年舊金山會議後成立的國際海外華人研究學會（ISSCO: International Society for the Study of the Chinese Overseas）以及新近出版的潘翎編《海外華人百科全書（Encyclopaedia of the Chinese Overseas）》同樣如此。〔註50〕然而，根據內容，我依然相信我經常使用的華僑、（海外）華人和華裔這些詞是正確和有用的。在去年十一月你們有些人參加的馬尼拉會議，洪玉華使用了華族（Ethnic Chinese）一詞，我在發表主題演講時接受了這個詞。〔註51〕

我與他人是否不一致呢？我們是否會混淆我們的讀者呢？我希望如果我們沒有更精確地說明使用某個詞的理由及其含義，將會生產混亂。但是，在與這個問題共渡 40 年後，我不再認為必須有一個詞來定義這樣複雜的現象。作為一個歷史學家，我認識到條件變化，必須找到更多的名稱來說明更顯著

〔註49〕 華人一詞並非來自任何具備如今稱作中國的國家的人民的意義的語言的詞彙。中國人具備許多關於自己的詞彙。這取決於時間和地域，部落、族群或文化起源，以及他們對話的對象和場合。世界各地的海外華人同樣如此，甚至更為如此。「我們」具有許多次集團，只有面對「他們」，特別是他們感到被欺侮或被歧視的時候，才有一個共通的名字。例如，歸化的華人（美國華人等），以方言群和地名區別的華人（客家人和上海人），和以外國國籍區別的華人（土生華人、泰國土生華人）等等。

〔註50〕 1998 年在新加坡由群島出版社、在倫敦由科松出版社、在美國由哈佛大學出版社出版。中文版同時由香港三聯書店出版。

〔註51〕 1998 年 11 月馬尼拉會議是世界海外華人研究學會第三屆會議（繼舊金山和香港之後）。主題是華人的文化適應—文化改造（Intercultural Relations and Cultural Transfor mation of Ethnic Chinese）。我演講的題目是「海外華人：未來中的過去」（Ethnic Chi-nese: The Past in Their Future）。

的變化。我們需要的是以警覺和開放的心態，準備確定我們使用的每個詞的
含義範圍，預見為特定目的而使用每個詞的結果。倘若我們承認存在許多種
類的華人，而且有時華人比華族更可取，抑或華裔和華人比華僑更精確，那
麼，我們應該能夠接受在比較研究中散居者有時優於其他詞彙的想法。畢竟
已經存在許多類型的散居者（一個最直接的例子是你們中心名稱為中國南方
散居者研究中心），我們需要形容詞確認我們所指的特殊類型。在果斷地擺脫
將一個相當排他性的描述一種人的詞不加區別地用於幾乎每一個人後，我們
也許不難說沒有單一的華人散居者，但有許多不同類型的華人散居者。

中國革命與海外華人〔註1〕

張銘譯

　　反思中國革命對華僑（海外華人）的影響，此其時也。至於海外華人，我是指那些未居住在傳統上被視為中國領土之內的中國人，即不居住在中華人民共和國、臺灣地區和香港、澳門特別行政區的中國人。例如，香港和臺灣的中國人不能被視為華僑，儘管他們曾一度生活在外國勢力的統治之下。

　　去年（1999年）是中華人民共和國成立50週年。對於1949生活在中國之外的大多數華人來說，這本來可以成為他們經歷的第二次或第三次中國革命。許多老華僑經歷了推翻清王朝的1911年共和革命。許多人將記住完成孫中山反對各種軍閥的鬥爭以及1928年南京國民黨國民政府的成立。更多的海外華人積極參與了內戰、拯救中國的抗日戰爭及以共產主義的勝利而告終的一系列值得記住的事件。因此，海外華人並非中國革命的局外人。雖然看起來似乎有許多不同的革命，但對大多數海外華人來說，卻只有一個力圖將中國帶入現代世界的持續不斷的革命。需要強調的是，由於革命的原因不同，對革命的理解不同及所屬的革命黨派不同，海外華人一直處於分裂之中。此外，一些華人由於中國之外的所在國政府對生活在其境內的華人及積極參與中國政治的華人日甚一日的懷疑政策而進一步分裂。

　　海外華人的這些經歷與其他散居海外的族群有何不同嗎？我們應該看

〔註1〕本文係王賡武2000年3月28日在斯坦福大學的演講，是該校組織的慶祝中華人民共和國成立50週年系列演講的一部分。作者對「革命」等概念的理解和解釋與國內有所不同，作為一家之言刊出，供讀者參考。譯文經王教授親自審閱。譯者略有刪節。文章刊發在《華僑華人歷史研究》2001年6月（第2期）第40～47頁。

到，革命確實是近代以來才發生的現象。因此，革命與散居者之間的關係只有近代才可能發生。在離開故土遠赴海外的歐洲人之中，一些人也見證了各自國家發生的革命，如法國革命、德國革命及青年意大利革命。但是 20 世紀前，除了少數法國復辟主義者和一些意大利人外，很少有證據表明，這些居住在海外的人直接捲入了這些革命。直到 20 世紀散居者的政治活動才變得重要起來。其中最主要的有歐洲猶太人重返巴勒斯坦的猶太復國主義運動和海外愛爾蘭人對愛爾蘭脫離英國統治的獨立運動的支持。當然，還有 1917 年後一些海外俄國人的反共產主義活動及一些海外德國人對希特勒的同情，及至二戰後一些海外捷克人和波蘭人的反蘇聯活動、一些波羅的海人的反俄羅斯人活動和一些克羅地亞人的反南斯拉夫活動。在中國周圍，則存在著散居的認為其民族在西方人或在土耳其和以色列政府下遭受到不公平待遇的阿拉伯人、庫爾德人和伊朗人。海外散居者中也有一些從事政治活動的人。他們不惜一切想推翻將他們逐出境的國內獨裁政府。我們都瞭解這些散居者曾經怎樣的活躍。然而，大多數這些事例變得重要還只是二戰以後的事。

其他一些海外亞洲人的經歷與海外華人更有可比性。例如前歐洲殖民地的印度人、北美的日本人以及更近的美國和澳大利亞的越南人。在此，我不擬作更詳盡的比較。我提到這些只是想提醒大家，我們可以找到海外散居者與其國內革命變化之間的相似的聯繫。但最主要的區別在於，唯有中國在過去一個世紀的大多數時間裏，一直在進行革命；這一革命與內戰及外國的入侵相伴隨；海外華僑從一開始就參與其中。此外，中國是冷戰期間接受共產主義的最大國家，今天她仍被許多反共產主義的國家妖魔化，而海外華人不得不生活在其中。這些因素使中國革命與華僑之間的關係具有某些獨特的特點。在此，我想擇其要者，概括過去半個世紀來中國革命與華僑關係中的這些最主要的特徵。

我一直在使用「華僑」一詞，通常翻譯成「海外華僑」，意即僑民。就是說這些中國人只是暫時居住在國外並打算返回中國。這樣說是有根據的，因為正是他們認為中國革命是至為重要的，正如孫中山的名言所說「華僑是革命之母」。華僑一詞在 20 世紀初得到了普遍使用，並從一開始就承載著政治涵義。與愛國主義相聯繫時尤其如此，就如「愛國華僑」一詞所包含的意味一樣。但是，嚴格地講，儘管「華僑」一詞得到了普遍使用，但並非所有居住在中國之外的中國人都自認為是「華僑」，即使是在太平洋戰爭之前。如已成

為暹羅王國臣民的華人、菲律賓的許多華人天主教徒和已成為英、荷、法等殖民地臣民的部分華人等等。1950 年代以來，這類型的華人人數在增長，特別是東南亞地區的華人。他們發現，使自己遠離「華僑」這一既不準確且已過時的稱呼，是很有必要的，而用「華人」或「華裔」來取代這一稱呼。這些反映了這一地區新近的政治和社會變化。如果說「華僑」是指僑居的中國人的話，那麼「華人」就是指已加入當地國籍的中國人或華族，而「華裔」是指那些雖然文化上還未完全同化但政治上已認同於其所選擇的國家的「中國人的後裔」。雖然在究竟多少代以後才可被稱為「華裔」這一點上仍存爭議，但今天這確實代表了那些雖以擁有中國血統為榮、但認為自己主要不是中國人的人的態度。在這三個詞語中，第一個最明確，最後一個是自定義的。而第二個詞「華人」仍難以明確其含義而容易引起歧義。最大的困難在於，當用這一詞語指稱已成為非華人國家的公民或國民的華族時，其在英語中的字面含義為「中國人」。它常常與「海外」一起使用，因此，「海外華人」實際上被混淆為「overseas Chinese」。當許多作者不作任何區別，仍使用「overseas Chinese」來涵蓋中國之外的每一位可辨認的華人時，它毫無益處，或許還帶有種族主義的意味。

在這裡我詳細講述了這三個詞，因為它們的不同使用或許可以被視為中國革命影響的產物。當然，在東南亞，這是過去 50 年來這一地區有關中國的國際政治的產物。這些區別在北美不甚被理解，但我認為，在那裡，它們或許最終也會變得很有用。在此，為了方便，我將這三個詞歸納為：「華僑」是指僑民，「華人」是指華族，「華裔」指當地的公民。為此，我需首先指出兩點：第一，回溯至 20 世紀上半葉，海外華人社會內部已經存在這種劃分，這決定了他們對 20 世紀後半葉中國政治的不同反應；第二，在海外華人對中國革命的不同反應中，東南亞華人曾經而且仍舊與北美華人截然不同。這兩點是以中國共產黨 1949 年在中國大陸勝利為代表的中國革命影響的大背景。

要論及 1949 年以來中國革命的影響，我們必須要搞清楚有多少海外華人捲入其中。中華人民共和國成立之時，在中國大陸、港澳和臺灣地區之外究竟有多少中國人，並無確切的統計。最可信的估計是，1950 年代世界各地的華人大約在 800～900 萬人之間，其中 90% 居住在東南亞。今天，「海外華人」（華族），或說中國大陸喜歡使用的「華僑華人」（華僑加上華人少數民族）的數字也不見得更加準確。大多數估計認為，這一數字在 2200～2500 萬人之

間，其中約 80%居住在東南亞，其餘則大多數居住在以英語為背景的北美和
澳洲。在過去 50 年中，海外華人的數量增加了近三倍，然而，由於一些地區
有較高的同化與融合率，因此，並非所有具有部分中國血統的人都能被視為
華人，許多人會反對這種身份認定。另一方面，如果條件發生了變化，如中
國更加繁榮強盛、當地政府進一步與中國交好，那麼，這些華裔將有可能重
新確認自己的華人身份，哪怕僅僅是出於特殊目的。當然，這也無助於我們
確定海外華人的準確數字，我們不得不以這些粗略的估計為準。

然而，就我們的目的而言，總的數字並不重要。我們主要關注的是那些
分布在世界各地的華僑和華族，他們出於自身的需要而關心中國，他們在 1949
年時能被明確地稱為「愛國華僑」。從中國的角度看，所有的海外華人都可被
稱作「愛國華僑」，但我的估計是：在太平洋戰爭結束、日本戰敗和中國加入
聯合國常任理事會之際，所有的華僑和大多數華人華裔都願意被視作愛國者。
這並不是說他們將回國效力。大多數人將繼續生活在國外，並盡其所能地支
持國內的家庭和同鄉。共產黨在 1949 年的勝利，使一些長期以來堅持民族主
義的華僑的愛國熱情有所削弱，因為他們對中華人民共和國在國際馬克思主
義陣營中所負的使命持謹慎態度。特別是國民黨的追隨者，對中華人民共和
國持敵對態度。但在年輕一代的華人中間，大多數為有一個強大、統一的中
國而自豪，許多人真誠地同情革命事業。

海外華人的立場也乏可靠的數據。最早顯現的是，海外華人的立場受其
所在國政治傾向的影響。在東南亞，殖民統治的結束，產生了對居住在那裡
的華人來說全新的環境。現在他們面對的是正著力於民族建設計劃的獨立政
府。在那些承認北京政權的國家，大多數華人關注中華人民共和國；而在那
些拒絕承認中華人民共和國的國家裏，則存在著支持臺北當局的政治空間。
因此，當地華人對中國政治的態度，受制於他們不得不生活於其中的新興政
權的政策。大多數海外華人所關心的主要是外國政府對中國的尊重，以及由
此而產生的對他們作為一個族群的尊重，從而消除這些國家的多數民族對他
們的歧視。他們不希望當地政府將全球範圍內的意識形態對立作為變相歧視
他們的一種武器。在那些華人構成為少數民族的國家，尤其如此。例如，蘇
加諾執政時期的印尼政府傾向於中華人民共和國，中國駐印尼使館的官員保
護那些希望得到幫助的華人；而菲律賓追隨美國，承認在臺灣的國民黨政府，
上述例子說明了為什麼在 1950 年代，印尼的大多數華人傾向於中華人民共和

國，而菲律賓的大多數華人則支持臺灣。

在北美也存在著類似於菲律賓的情況，特別是在美國，儘管原因可能不盡相同。20 世紀五六十年代，美國的華人未面對入籍的壓力，他們遠比東南亞華人較長時間地保留了中國國籍。美國社會作為一個整體，對革命的意識形態是十分對立的，尤其是共產主義。冷戰是一道嚴酷的分界線，幾乎沒有中立或猶豫的餘地。當然，這並不能阻止一些愛國華僑在教育機構、國際組織和傳媒界為中國的新政權工作，但他們幾乎得不到同情美國政府政策的華僑大社區的幫助。「中華民國」在紐約的聯合國占一席之地達 20 多年之久這一事實，足以保證它得到了大多數的支持。隨著時間的流逝，對蔣介石對臺灣獨裁統治的失望，加之一些文藝作品對中國革命所作的進步的和浪漫的描繪，促成了年輕一代華人態度的轉變。但在其他美國年輕人開始改變對中國的看法之前，海外華人不得不保持沉默。最好的例子就是，有一段時間，1960年代晚期的「文化大革命」，喚起了美國具有反叛精神的年輕人的同情。這又在某種程度上激起了年輕華人積極參與如火如荼的反對日本佔領中國東海小島釣魚臺的保衛釣魚臺運動。這次運動使華人在不能直接、公開地表達對中華人民共和國的認同和對臺灣當局的反對的情況下，其愛國感情得到了宣洩。同時，也標誌著在美國對華政策發生重要變化的前夜，華人民族感情的重要轉變。漸漸地，越來越多的人接受了這種觀點，即國民黨變得越來越反動和反革命。這種觀點不僅在華僑本身創作的作品中反映出來，而且在華僑華人創辦的媒體中也有所體現。形勢開始向革命本來的意義上轉變，以致當美國政府準備從外交上承認中華人民共和國的時候，「文化大革命」的破壞性後果也被忽略了。相反，在 1970 年代初期，美國出現了兩種矛盾的情緒：一方面，是對革命青年的行為既讚美又厭惡；另一方面，卻做好準備迎接中國青年到美國留學，此外，還伴隨著一種要對中國進行宗教般啟蒙的新的熱情。到了1980 年代，情況又發生了變化，隨後我會詳談。現在先讓我們看看 1949 年以來的前半期東南亞的情況。

東南亞的情況迥然不同。在現在的東南亞十國中（東蒂汶可能會成為第11 國，但其情況特殊，無需贅述），有三國可以另當別論。我是指前英屬馬來亞（也即今天的馬來西亞和新加坡）及印度尼西亞。在這裡，有必要對它們作較詳細的討論。而另外七國的華人對中國的態度，在此不擬多加討論。我只想作一簡單勾勒以突出其共同點。這七國的華人社會相對較小，每國僅占

該國總人口的 1～5%。各國華人社會中的不同集團，對中國革命的反應有很大不同。在這些國家中，大多數華人或多或少都經商。對他們而言，除了將對中國的左右為難的感情隱藏起來之外，別無選擇。因此，每一國家的華人大多數都接受了本國政府採取的對華政策。這意味著，當這些國家實行親華政策時，當地的華人會歡欣鼓舞；相反，當實行敵對政策時，他們則會感到低人一等。總之，作為商人，他們最關心的是既要不錯過任何與中方機構（總部無論在大陸還是臺灣，最好是在香港）做生意的機會，又不冒犯各自的政府。如果是定居在資本主義國家，那麼他們就懂得對共產主義不能有任何同情；如果是生活在共產主義或社會主義社會，那麼其大部分企業則肯定沒有發展機會。

現在讓我們回頭看一看這一地區其他三國的情況。從某種意義上說，印尼的情況類似於另外七國：華人人口較少（約占總人口的 3%），絕大多數華人除了服從民族政府的對華政策和對臺政策外，別無選擇。但也有例外的情況。首先，整個印尼居住在城市的華人，其經濟境況顯然要好得多。其次，從 1950 年至 1965 年，蘇加諾總統很明顯站在中華人民共和國一邊，而其繼任者蘇哈托總統則完全改變了政府的立場，在以後的 25 年裏，對中國持敵對和懷疑態度。這一轉變標誌著中國革命對印尼華人生活的直接影響。很明顯，這種影響既非持久不變也非可預見的。在 1965 年的事件中，當地發生了一些人認為是印尼華人共產主義者策劃的暴力革命，之後是鎮壓和屠殺，形勢對絕大多數華人而言發生了逆轉。

有證據表明，在 1950 年代，有許多年輕的華人確實欽羨中國革命的理想。一些人成為印尼共產黨的堅定支持者，而另外一些人則選擇回到中國，為新中國效力。然而，在 1950 年代中期，印尼究竟有多少人是中國公民，沒有確切的數字。在估計的 250 萬人中，有約 100 萬認同於革命。當然，我們知道，他們大多數人無從選擇，因為他們不具備印尼公民身份。在 1960 年代，當有機會選擇時，大多數人選擇成為印尼公民。因此，很難發現他們當中有人認同中國「文化大革命」的行徑。受環境所迫，大多數印尼華人被迫從事商業，以成為資本家為目標，因為許多正常的就業渠道，如公務員向他們關閉著大門。從贊同中國的共產主義革命到堅定地信奉市場經濟，這種劇烈轉變標誌著印尼絕大多數華人生存條件的嚴酷性。這種大起大落的經歷使印尼華人明顯地區別於其他地區的華人。

　　這使我想到了前英屬領地——現在的馬來西亞和新加坡。二戰結束時，一共有 15 個這樣的領地：三個由英國直接統治的殖民地、四個由英國總督以馬來亞統治者名義代管的蘇丹王國、六個名義上受英國保護，還有兩個受英國的特殊保護，即沙撈越布魯克家族的遺產和今天稱為沙巴的北婆羅州公司的屬地。我之所以強調今天被稱為馬來西亞和新加坡這兩個國家的細部特點，是因為這些多樣化的統治方式，正是英國對各個不同州和領地的華人社區控制程度不同的原因，也正是這種多樣性使得這一地區的華人社區，能比東南亞其他地方更自由地組織起來。

　　直到 1947 年，馬來半島上的 11 個屬地才走到一起，被統稱為馬來亞聯邦。此時，馬來亞聯邦人口的約 250 萬，也即 38.4 為華人。而在新加坡，73 萬華人占到了其總人口的約 77%。新加坡華人的這種優勢，是它未加入聯邦而仍保持為英國殖民地的主要原因。從馬來人的角度來看，11 個州中，4 個州的華人人數均已超過各州總人口的 50%，另外兩個州華人人數超過了 40%，這一事實，使未來的民族建設成為一個嚴重的問題。因此，得到英國人支持的馬來亞領導人不願將新加坡納入馬來亞聯邦之中。〔註 2〕

　　將新加坡島撇開的決定，與我們要講的內容有密切關係。如果將新加坡納入聯邦之中，那麼，華人人口將會超過土著馬來亞人，而這是馬來蘇丹、貴族以及新興的民族主義領導者都不能接受的事情。他們已經經歷了中國革命影響下華人民族主義的興起及在 1920～30 年代這種民族主義將大多數華人團結起來，抗擊日本的侵略。太平洋戰爭之後，這種民族主義轉變為反對英國帝國主義的解放戰爭，而如果讓共產黨取得對這一戰爭的領導權，那麼，華人將在一個獨立的馬來亞處於優勢地位。馬來領導人不能允許這樣的事情發生，並與即將離去的英國人緊密合作防止這種情況的發生。因此，中國革命是促使後殖民時期的馬來亞各種反共產主義的力量進行結盟、並將當地華人排除在政府和軍隊核心地位之外的重要因素。

　　因此，在東南亞，出現了一種中國革命的最重要的表現形式——革命黨

〔註 2〕以下是 1947 年英屬馬來亞各地華人人口最重要的數字：華人為 38.4%，也即 188.5 萬人（馬來亞聯邦）。與此相比較，馬來人為 49.2%（即在 490.8 萬的總人口中，占 242.8 萬人）。在新加坡，數字為：華人占 77%，即 729473 人；馬來人為 12%，即 113803 人。為了作比較，華人較具規模的馬來聯邦其他州的數字如下：檳榔嶼 55.4%，雪蘭莪 51%，柔佛 48.1%，霹靂 46.6%，馬六甲和森美蘭各超過 40%。

派的形成。這在很大程度上是受開始於歐洲、後傳播到東方並最終在海外華人中形成共產主義黨派的馬克思列寧主義的反帝國主義思想的鼓舞。在華人人數很少的地方，既不存在具備一定規模的工人階級，也沒有中產階級知識分子。只有在英國和荷蘭的屬地，華人的人數具備產生革命的潛在基礎；也只有在英屬馬來亞和北婆羅州，才存在著可以被稱作激進無產者的華人集團。因此，毫不奇怪，正是在這些華人中間蘊藏著武裝革命的潛力。

對馬來亞共產黨的起源已有幾種主要的研究。顯然，儘管英國人成功地將共產主義扼殺在萌芽階段，但正是在 1928～1937 年的內戰中被迫離開中國的左翼理想主義者，奠定了共產黨的基礎；也正是其追隨者在馬來亞的抗日戰爭中堅持了共產主義。這一事實既激勵了革命的信念，也使革命在 1948 年馬來亞宣布緊急狀態後陷入混亂。因為這造成了馬來亞共產黨是從中國輸出的形象，並使馬共領導者如陳平及其少數的馬來人和印度人同仁無論怎麼樣努力，都始終無法改變這一印象。中國及所有社會主義國家出於意識形態的原因給予馬共道義和物質上的支持，而英國、美國及其盟友包括臺灣，在反共產主義的輿論宣傳上又將這種支持進行了極度的渲染，這樣就阻止了一般民眾走向革命。因此，雖然可以說中國的革命鼓舞了馬來亞相類似的革命，但也導致了它的最終失敗。在華人人數如此龐大的情況下，如果不是外部因素起了如此強大的作用，那麼，這一革命的結果或許會完全不同？又或許即使中國革命沒有對馬來亞產生任何影響，38.4%的華人最終也將只獲得不到 38.4%的權力和多於 38.4%的財富。在此，我不想再作任何推測，至於中國革命的其他方面及對這一地區的影響，我將在本演講的最後一部分加以討論。

讓我們回到 1950 年代，當時的新加坡本來可以成為被稱為馬來亞的單一國家的一部分。這種可能性增強了那些人的希望，他們認為革命就是反對殖民統治，東南亞必須接受這一現實。人們認為，新加坡華人眾多，因此，只要他們願意，他們就可以將自身的命運與中國革命聯繫在一起；而人數眾多，也肯定有助於華人獲得政治權利從而決定國家的命運。這些希望使英國人去思考如何使新加坡在將來納入獨立的馬來亞。受印尼對抗政策的刺激，英國人將其屬地進行了重新安排，將沙撈越和沙巴納入其中，使新加坡能加入被稱為馬來西亞的更大的聯邦。這一合併於 1963 年完成。但未持續多久。在一年多的騷亂後，新加坡被驅逐出聯邦之外。在此次騷亂中，華人的民族權利懸而未決，種族衝突造成了幾百人死亡。

　　這是一個重大的決定。在新加坡被逐出幾星期後，印尼軍隊消滅了印尼共產黨，大大加強了這一地區反共產主義和反華的力量。大多數同情中國革命的華人被迫退出政治舞臺。對那些幸存者而言，也幾乎沒有中立或迴旋餘地。當受蘇聯和中國支持的越南革命將本地區一分為二時，華人面臨著巨大的分裂。東南亞四分之三的華人分布在反革命的、并最終於 1967 年成為東南亞國家聯盟成員的那些國家。許多華人開始離開這一地區，不是到中國，而是去北美和澳大利亞等移民國家以及歡迎他們中間受過良好教育的人的任何國家。這時，中國的吸引力在減弱。而隨著「大躍進」的失敗和 1966 年初「文化大革命」的開始，海外華人更沒有多少選擇餘地。他們只能遠離中國及一切能遠離的地區，或者與他們所定居的新興民族國家和平相處。

　　1965 年時，沒有人能預見新加坡獨立的後果。導致先形成馬來亞、後形成馬來西亞的複雜環境裏，蘊含著中國革命長長的影子。然而，1960 年代中期，潮流逆轉，即使蘇聯和中國支持越南贏得了抗擊美國及其盟國的戰爭，中國革命在東南亞華人中間也不似從前那樣有吸引力。儘管中國革命對海外華人社會的影響烙印猶深，但隨著社會主義陣營中兩大國家——俄羅斯和中國的決裂，歷史揭開了新的一頁。1970 年代，積極的外交策略使中華人民共和國取代了臺灣得到聯合國的承認，這引起了對華政策的巨大變化，也為人們對革命進行不同的描繪掃清了道路。

　　或許在所有的變化中最重要的是中國自身革命的反思。毛主席重塑中國共產黨的巨大努力，使國內外的中國人大開眼界。而對革命的描述如此荒繆，以致在 1970 年代末鄧小平復出時，「革命」一詞已失去了原先的號召力。而當大多數海外華人對此表現出毫不掩飾的寬慰和喜悅時，標誌著最根本的轉變已經來臨。

　　難道說海外華人是自相矛盾、天真幼稚及虛偽的，對中國革命充滿了不切實際的幻想和虛妄？或者說他們只是表面上如此？他們對此類問題的種種反應，我們還缺乏深入的研究。在此，我能說的只是如何探討這一宏大課題的一些初步想法。

　　我相信，如果不從支持像孫中山這樣的人的民族革命的興起談起，我們對許多問題將難以理解。這些運動包括反對滿族統治的一般協會、渴望中國能在世界上發揮其應有作用的商人組織以及那些留過洋的推崇使西方列強得以實現近代化的革命的新型知識分子。當 1897 年孫中山看到，在中國之外，

他不僅僅是叛逆而是革命者時，其欣喜之情溢於言表。因為他得到了世界的承認和尊重，這一新形象將他的行為提高到一個新的高度。他從未停止不前。「革命」一詞伴隨其終生，直到今天，無論是在中國大陸、香港、臺灣還是在海外華人中間，當人們提起他時，仍將他視為革命的代名詞。

總之，「革命」是近代中國的遺產。隨著從民族主義革命到社會主義革命和經濟革命，再到共產主義革命的轉變，革命對大多數中國人而言已顯得遠不重要了，它只代表著新中國，代表著在英雄人物的領導下中國的再次繁榮昌盛。實現這一願望的方式可以是多種多樣的，尋求正確革命之路的人物應受到極大的尊敬。華僑對此所抱的熱誠不亞於國內的同胞。孫中山在夏威夷、橫濱、神戶、舊金山及溫哥華的最熱情的支持者，提供了資金方面的支持。新加坡、檳城、怡保、吉隆坡、西貢及河內的華僑也同樣如此。最值得稱道的是無數回國為革命而戰的華僑，他們中不少人甚至獻出了生命。海外華僑與中國革命的這種聯繫變成了傳奇。華僑在中國之外為革命的興起做出了貢獻這一事實，在以後的幾十年裏如果不是也吸引了華僑的錢財，至少也牽動著他們的感情。對於這些遠離故土、對家鄉懷著既寬慰又內疚的複雜感情的人而言，這是他們最起碼應該做的。

所有的這些都在繼續。孫中山 1912 年的總統任期是有史以來最短的。在隨後的 15 年中，軍閥和土匪割據了中國。後來成為僑民的孫中山國內的追隨者開始分裂為民族主義者、共產主義者、無政府主義者和西化的自由派和民主派。但是，只要他們仍代表通向革命的同一目標──一個近代化的中國的不同道路，他們就仍然受歡迎。整個 1920 年代至 1930 年代充滿了失望，但當日本侵略中國時，海外華僑被新的危險所激勵。因此，愛國戰爭、各種救國活動、抵制日貨以及回國參戰等都成為革命的重要組成部分。因此，太平洋戰爭結束後隨之而來的毛澤東軍隊的最終勝利，使得海外華僑歡欣鼓舞就不足為奇了，這一勝利在當時被許多華僑看作是所有革命中最純粹的革命。

海外華僑對中國革命的內容感興趣嗎？早期有康有為（也即前保皇黨）與孫中山（也即 1911 年以前的共和黨人）的支持者之間的論爭。中華民國成立後及其需要支持的時候，僑報明顯地分為自私的軍閥和高舉民族主義大旗的理想的愛國主義者兩種傾向。在 1928 年以後的 20 年裏，大多數華僑將國民黨政權視為中國生存下去的唯一機會。民族主義者與共產主義者之間的內戰使海外華僑憂慮重重，他們既不完全理解也不真正贊成這一戰爭，特別是

當這一戰爭無邊無際地蔓延時更是如此。這些僑民所能接觸到的媒介解釋了這一意識形態對立之關鍵所在，許多人在激烈的論爭中作出了選擇。

在那些建有不少近代化學校的華僑社區中，政治化了的教師向那些準備回到中國（無論是學習還是工作）的年輕一代灌輸各種革命思想。究竟有多少華僑完全置身於中國革命，很難作出準確的統計。所能看到的是，大多數華僑關心革命，一部分人並為他們選擇的革命而戰鬥。但是長遠來看，由於在當地求生存佔據了他們的大部分精力，因此，當黨爭似乎是沒完沒了且毫無用處時，在每一華僑社區，越來越多的人開始不再熱衷於中國政治。到二戰結束時，華僑和華人都渴望飽受戰火蹂躪的中國能得到和平，被嚴重摧殘的中國經濟能得以重建。對高層腐敗的日益厭惡及難以控制的通貨膨脹使許多華僑不再返回中國。至此，大多數華僑已認識到：他們的未來在國外，在國外能比在國內更好地幫助中國。

那麼，1949 年以後的共產主義革命目標是否對海外華僑影響更大呢？海外華人中間的一些激進青年為前政權的腐敗政客和官僚的下臺、為在農村進行的激烈的土地改革及舊制度的粉碎而歡呼；其他人也為古老的傳統被他們認為是現代的進步的思想所取代而高興。一些人走得更遠，抱著他們能幫助中國重建的信念而回到中國。無論如何，對大多數海外華人來說，無論其年齡老幼、信仰如何，都清楚地意識到他們生活在中國之外。他們並不能決定中國真正需要什麼。最能引起他們喝采的是毛澤東驚人的軍事勝利。隨之而來的中國大陸的統一是 1911 年以來的第一次這一事實，對所有的海外華僑都有產生了強烈的影響。然而，其中也包含著渴望和希翼：這一次，新的領導人將給人民帶來一個多世紀以來他們不曾擁有的和平和繁榮。除此之外，中國之外的許多華人是否真正關心馬克思、列寧、斯大林和毛澤東的經典著作所包含的內容，頗值得懷疑。他們所代表的思想確有感染人之處，例如毛澤東講話中的民族主義和平均主義思想等。但是，最令人讚佩的是使他獲取最終勝利並為中國帶來新的尊嚴的戰略思想。

能被稱為「愛國華僑」的華僑無論如何都會熱愛中國；華族大部分從事競爭激烈的商業活動而不願涉及任何政治；成為當地公民的華人則認同其政府的立場。除了馬來亞和新加坡華人中間的一些學生和無產者外，幾乎沒有多少證據能證明，共產主義目標在海外華人中間具有重要性。在其他地方，共產主義在當地人中間的吸引力要大得多，也確有一些持理想主義的年輕華

人參加了當地的共產主義運動。然而，問題的關鍵在於中國自身的存在、它所樹立的強大形象、它所喚起的尊嚴以及它所表現出的權威。總之，華僑不可能完全擁有這一切，華裔為具有中國血統而深感自豪並希望中國的存在能有助於他們的安全和生活。而對那些擁有當地國籍的華人來說，他們一直盼望著這一天，即其中國血統是財富而不是累贅。因此，隨著鄧小平 1978 年的復出和經濟改革取代了社會和政治動亂，歷史出現了一個新開端，其中革命不再是一個具有魔力的字眼。最終，在中國的主要目標與海外華人的渴望之間又出現了一個新的切合點。

中國走向現代化的漫長革命給了大多數海外華人巨大的希望，但也帶給他們痛苦。今天，他們對此又作何評說呢？他們首先想知道這場革命是否已真的結束。社會主義市場經濟以及不管以後會出現什麼情況，是孫中山開始的這場革命的最後階段嗎？如果說是，那麼，經過痛苦的漫漫長路，中國走到了今天，欣慰中不免令人略感傷感。如果說現在對革命一詞的放棄，只是更曲折革命之路上的暫時停頓，那麼，要讓國外的華人再一次擁護中國的另一次革命，似乎是不可能的事情。這是漫長的一個世紀，由於對倡導革命的領導人懷著極大的期待，中國人在革命的名義下已經承受了太多。世界本身已經發生了變化，在某些方面它可能比中國曾經經歷的更革命化。新的一代，無論是華僑、華族還是華裔，能比其先輩更好地判斷前路在何方。這些海外華人在世界各地定居下來，那些受過良好教育和擁有專業技術者，在思想觀念上越來越國際化。在未來的幾十年中，他們可能將中國革命當作歷史來看待，其中有鼓舞有輝煌，也有悲劇和失敗。革命對他們而言，仍是一個令人敬畏和惹人悲傷的話題，但是他們可能會得出這樣的結論：無論革命成敗，他們仍需要繼續前行。

社會紐帶與自由：
移民社會的選擇問題[註1]

王望波譯

　　我想以有關陳嘉庚先生的幾句話來作為本文的開始，我們對在國際社會聲名卓著的陳先生深表敬意。他是一位典型的移民實業家和慈善家。他在英屬馬來亞致富，由於在當地的華僑社會，同時也在中國從事慈善事業而聞名，尤其在他的故鄉福建講閩南語的地區更是十分著名。他的重大貢獻在於不僅在華僑社會，而且也在他們的故鄉引進了現代教育。在本次討論會上，他把移民社會與現代教育聯繫起來的事蹟也鼓舞著我們。在這裡我就不再談他非凡的一生。他的事蹟已經說過多次，尤其是中國的學者和許多新加坡和馬來西亞的學者，我想向大家推薦陳嘉庚先生的自傳——《南僑回憶錄》，該書已由Ａ・Ｈ・Ｃ沃德、雷蒙德・朱和詹尼特・沙拉夫合作譯成英文出版。另外還有楊進發先生的權威性傳記《陳嘉庚——華僑傳奇人物》。

　　我將著重論述陳嘉庚先生與本次會議主題密切相關的幾個問題。許多人對陳先生所做的一些事感到驚訝，並對是什麼驅使他對教育如此熱衷深感困惑。有的人則提出疑問他究竟是那個時代的典型或只是個例外？如果不瞭解其他人的所作所為和陳嘉庚先生的人生準則，那將很難回答上述問題。顯然，他的所作所為並不符合傳統。就像他對待他的企業，無論是商業、農業、還是工業的態度一樣，他對教育以及設立各級學校的奉獻精神無疑是相當激進的。他的目標是使新加坡的華僑和閩南家鄉的人民實現現代化，通過教育來實現他的目的本身或許不是他的初衷，但陳嘉庚先生用他的財富興辦教育確

〔註1〕此文係王賡武參加2000年8月新加坡《移民社會與現代教育》國際學術研討
　　　　會所做的主題演講。刊發在《南洋問題研究》2001年3月（第1期）第1～
　　　　10頁。

實是直接並幾乎完全為了實現這個目的。

例如，他關於教育的理念，超越了他本人在集美村所受的傳統教育。他從他在新加坡這樣的現代化城市的經歷中學到很多東西，認為孩子們不僅需要學習古代經典，除此之外還應該向最先進的人學習實用的知識。在他的那個時代，他認為西方的代表是在亞洲的英國人。他認為應該鼓勵孩子們去學習有關事物發展的最新成果，他們的教師必須經過訓練以適應時代對所必需技能提出的要求，如果將來孩子們要適應迅速變化的世界，就需要這些技能。他很快就認識到商業與接受工業培訓的重要性，其中包括像商法，會計和航海技術等科目。同樣他也認識到成人教育對許多為他工作而從未受過教育的人的意義。他是最早認識到女性受教育必要性的先驅者之一，特別是在中國，大多數女孩根本得不到上學的機會。他還認識到外語知識的實用意義，鼓勵在海外生活和工作的人們使用雙語。然而，他對更高層次教育的大力支持也許是這種遠見卓識最好的例證，當時他創辦了東南亞地區第一所正規的華僑中學，這所新加坡南洋華僑中學至今仍聞名於世〔註2〕。在新加坡南洋華僑中學，以及稍後創辦的廈門大學，陳嘉庚先生都十分重視學習科學，特別是那些作為現代醫學和工程學支柱的應用科學。

陳嘉庚先生意識到在東南亞華僑社會，少數為當地出生的孩子建立的舊式學校中，老式的文化教育方法還非常普遍，並對此現象很不滿意。這些學校的侷限性很大程度上要歸咎於早期華人移民領袖的自身性格和所受教育水平。對他們而言，傳統的私塾傳授簡單的閱讀、書寫、算術以及一些規範中國人，不論在國內還是在國外，生活和行為的價值觀就已經足夠了。也許這些舊式教育與基督徒和穆斯林的宗教學校所提供的教育很相似。陳嘉庚知道西方人的教會學校為了在年輕一代中傳播基督教信仰是非常注重宗教經文的。但他也注意到，無論在英屬馬來亞還是在中國，教會學校更進一步地開設了吸引中國人的現代課程和應用課程。他對既教育孩子們尊重他們自己的歷史和文化，同時又讓他們自由地學習對陳舊知識構成挑戰的新課程這樣的辦學理念甚為讚賞。

陳嘉庚先生按照傳統的方式為他畢生從事的慈善事業打下基礎，這些傳統把對窮人的同情與因長期施捨行為而得到的社會承認結合起來。進行施捨

〔註2〕據陳嘉庚先生倡議，華僑中學於 1919 年 3 月 21 日創立，陳嘉庚為董事會首任總理。繼任總理為林義順、胡文虎、李光前等——譯者。

將給施予者帶來很高的社會地位，如果他們願意的話甚至可以掌握社團的領導權。用當地統治者和殖民官員的觀點來看，這種領導權如果運用得當的話，將發揮類似於政治的作用。當現代化目標正在以民族主義為形式形成之時，這僅僅是社團領導人追求充當更加社會化的政治角色而邁出的一小步。

20 世紀 30 年代後期抗日戰爭進入高潮期間，華僑欽佩陳嘉庚先生，把他視為成功的楷模，在他的領導下，華僑以與他們對經濟發展所作的貢獻相同的方式參與當地事務但從英屬馬來亞的角度看，他成功地喚起了華僑的愛國熱情，則對殖民政府自相矛盾的政策形成了嚴重挑戰。為了維護其貿易和殖民帝國，英國人需要華僑，並保留一定數量的華僑，但他們也希望同化華僑，使其成為效忠於英國當局的新移民。此外，英國人對馬來統治者也承擔了義務，保證尊重他們的權利。因此，並不令人驚奇，陳嘉庚先生的行為終究與他們的規則是不一致的。在陳嘉庚先生努力使他的同胞突破舊傳統的地方，當局卻認為太多的華僑社會凝聚力是對他們造就的多元社會的一個威脅。

這使我對現代教育形成了一種觀點，可以陳嘉庚先生的信念為例，那就是現代教育對加強移民社會的團結和豐富移民社會的生活具有重要的作用。他所取得的成就中的兩個因素有助於說明這一觀點。首先，他關注海外華僑社會怎樣實現內部團結以及他們如何與其他華僑移民社會保持聯繫。此外，他還認為，每個華僑社會都應與他們的中國故鄉的人民保持聯繫。這就是社會紐帶的要素，這種要素使社區與國家具有社會凝聚力。其次，他相信正規教育的作用，這可從他在馬來亞和福建故鄉積極興辦現代化學校和大學上得到證實。特別是他獨力創辦廈門大學，從這點上看，他可以說是一個現代教育功效的崇拜者。他充分認識到教育可以加強社會的整合併決定一個社會所需的何種紐帶，而且他更加關注新思維和新方法的傳播，新思維和新方法的傳播可以解放年輕人的思想因此對社會自由具有潛在的作用。

這兩個因素是我思考這次演講主題的出發點。自陳嘉庚時代以來，移民的環境已經大為改善，在當今大多數國家裏，一旦移民被接納，就享有遷徙和選擇生活方式的自由。儘管並非都是如此。從奴隸身份的和不同程度非自由的移民，包括早期的契約勞工形式過渡到自由和自願的移民經歷了一個相當長的時期。在過去 200 年裏，一個移民社會的形成方式發生了很大的變化。導致這種變化的因素包括居住國經濟條件的改善，以及體現保護少數民族自由和權利的新法律。同時，也包括新移民更容易得到教育的機會以及教育質

量的不斷提高。此外，新移民比以往更有可能從無論是種族、宗教還是文化上都與他們相同的當地移民社會那裡得到幫助，以及接受有關當地狀況的建議。當然，居住國也有他們自己的要求，比如在不同程度上，要求新移民在政治上效忠於居住國，以及有些單一民族國家實行狹隘的同化政策，這也許會使新移民感到難以適應。然而，其他國家則不同，認為實行多元文化政策更有可能達到社會融合，今天的移民或許可以發現，過去一個世紀的變化已經導致社會紐帶和自由發生變化。

　　紐帶和自由是個大題目，顯然無法在一篇演講中著墨過多。我所希望做的是從幾種方面來考查它對移民社會的作用。本文將討論社會紐帶問題，這種紐帶是社會和國家對其成員的要求。在此討論的新移民社會紐帶是基於這樣的事實：在早期移民中男性占主體，女性則在連結兩代人上發揮重要作用，以及教育的作用。至於自由，無論在哪一個社會都總是受到限制。我首先關注的是社會共同體容許其成員做出選擇的條件。對移民而言，他們接受何種教育將最終決定他們在選擇接受何種社會紐帶方面享有多大的自由。為此，我將重點論述四種類型的移民經歷，並主要以過去這一世紀的華僑經歷為例。這四種類型的移民經歷是：

　　　　在同源文化地區的移民，社會聯繫的紐帶並不是一個嚴重的問題。
　　　　在不同文化地區的移民，建立社會聯繫的紐帶是非常必要的。
　　　　在邊遠地區的移民，有可能獲得選擇的自由。
　　　　加入當地移民社會的移民及其選擇。

同源文化地區：移民容易建立社會聯繫紐帶

　　這一類型的移民不存在很大的選擇問題，我將作簡單的論述。我把它歸入於最常見的移民類型，與其他三種類型的移民相比較，或許可稱為標準移民類型。簡而言之，當人們移居到與他們本身的文化相似的地區，他們生活在「文化近親」之中，被其吸收是自然的。雖然他們是處在不同政權的管轄之下，但是融入當地並沒有遇到很多困難，這是一種最少痛苦的移民類型。在古代，無論是印度次大陸、中亞、基督教歐洲，還是伊斯蘭世界，不同國王統治下的臣民，即使越過領地的邊界，仍然可以生活在與他們有相似文化的民族之中，其他的早期生活在「文化近親」中的移民例子是南印度和穆斯林的移民，前者到先是印度化的、後是伊斯蘭化的馬來群島進行貿易。馬來人

本身也在群島的各社會間自由遷徙。甚至佛教和尚和法師帶著他們的宗教信仰，通過陸路到中亞和中國，或飄洋過海來到東南亞和南中國，然後在那裡定居，儘管嚴格要求地說他們不是移民。古代中國儒家學者移居到朝鮮、日本和越南地區，並幫助傳播儒家學說和中國宗教習俗也可說是相似的經歷。

　　無論如何，在早期，這種移民沒有理由引起人們的關注，也沒有要求他們必須接受正規教育。大多數移民與當地相似文化背景的人民結合不存在什麼問題，當經濟狀況許可時，他們的到來並未遭到阻力。而那些有家庭的移民則對他們孩子接受當地傳統的教育，以保持宗教信仰和適應新環境感到滿意。一直到 19 世紀後期，由於後工業革命環境變化的關係，連續不斷的跨國移民勞工才成為政治問題。只有到此時，有關不同社會的觀念才表現出來，移民家庭開始需要現代學校和正規的教育安排，因此產生了不同的有關社會紐帶和選擇的問題。但是大體上說，在處於「文化近親」之中的移民並沒有導致移民社會的分裂，孩子們接受的現代教育也有助於證實他們可較輕易地加入到主流社會。

不同文化地區：移民必需建立社會聯繫紐帶

　　第二種情況是移居到不同文化地區的移民，在那裡他們與當地社會的聯繫比較少，因此內部的聯繫紐帶被視為移民獲得成功的工具，這與第一種情況截然不同。首先這種移民處於自相矛盾的境地。一方面，不同文化地區存在潛在的敵意，他們的統治被認為是專制的。移民群體與之有著非常不同的文化背景，強烈感到有自衛的需要。但是，在狹隘的國家認同意識興起之前，這些地區在一定程度上允許不同的移民自由地管理他們自己的社區。在限制的範圍內，允許這些社區自行處理內部事務，來維繫其成員，以維護公共利益。尤其是處於巨大的文化、政治實體中心的繁華城鎮更是如此，當然這種情況在當地主流社會之外的地區也是允許存在的。在古代，羅馬、亞歷山大、大馬士革、倫敦、長安、威尼斯、熱那亞和君士坦丁堡（伊斯坦布爾）等城市，以及漢薩同盟的港口，吸引來許多外國商人，以及他們的家庭和僕人。它們都是容忍所謂的「移民文化空間」存在的例證。其他著名的城市還有亞洲較小的貿易城市，如廣州、馬六甲、刺桐（泉州）以及 18、19 世紀的孟買、曼、馬尼拉、巴達維亞、檳榔嶼和新加坡。這些城市都為外國商人提供了從定居到成為移民相似的條件，當他們的人數達到一定規模時，通常都發展成

為重要的社區。

在東南亞城鎮和商業港口城市有大量的典型案例。在那些官僚統治薄弱的地區，以及需要中國人、阿拉伯人和印度人的商人及工匠的地區，則為移民提供了更多的用武之地。同時，這些社區為了自身保護，向其成員精心灌輸那種思想，即要尊重強有力地維繫社會內部忠誠的紐帶。在那些訓練與教育年輕人的學校裏，重視的是文化的連續性和實用知識。因此，需要發展關係網絡。隨著社會變得更加複雜，在每一個原有的社會裏都產生了不同程度的認同。在一些為年輕人而設的學校，特別是宗族和寺院學校以及穆斯林學校，都傳授各自的宗教學說。中國人的私塾也非常重視必要的技能和傳統，因為這是商業取得成功所必需的。在這些移民社會看來，這種社會聯繫紐帶是必不可少的，對他們的年輕人來說，別無其他選擇。這種紐帶可以產生信任感，而信任感決定他們商業冒險的成敗。這些對他們的基本生計和生存都關係重大，但他們並不是在現代學校中接受教育。

還有其他的情況要求移民群體應付初次遭遇危機時要有不同的方法。例如，當英國人和法國人在北美洲遇到懷有敵意的印地安部落時，他們不僅很好地組織起來與他們戰鬥，而且還建立了新的聯繫紐帶，從而形成了新社會。這包括重新確立宗教信仰並對土著傳教到澳大拉西亞〔註3〕的英國人也有這種情形。在穆斯林世界，也可以看到以宗教為聯繫紐帶的例子，如阿拉伯人和土耳其人在他們的帝國內廣為傳教，還有穆斯林商人到印度次大陸、馬來群島和南中國沿海傳播伊斯蘭教。

由於19世紀的大規模移民對現代國家性質產生的影響，歷史舞臺拉開了新的一幕。西方的統治導致了整個亞洲民族主義的興起。隨著20世紀現代民族國家的建立，正規教育越來越重要，也越來越敏感，移民社會的選擇也變得更加困難，尤其是在第二次世界大戰期間的東南亞地區。從中國人、印度人和其他民族的人在外國的土地上維護他們各自內部團結的紐帶，轉變為在新獨立國家裏維護民族統一的紐帶，這不再是一個自然的進程，所有的社會不得不做出調整，新的國家認為認同於他們的新民族是壓倒一切的，至於對東南亞的華僑來說，壓力是雙重的。新國家對高度忠誠的要求是強烈的，這導致了直接與宗族和其他組織形式的傳統紐帶相衝突，傳統紐帶表現為移民社會的全體成員要求有一種為公共利益而奉獻的孝行。社團領袖對削弱這樣

〔註3〕指馬來群島和澳大利亞——譯者。

的「孝行」都不情願，更不要說放棄了。

在這個轉變過程中，陳嘉庚先生對現代教育的重視，既集中體現在社會可行的應對策略上，也體現在實行這種策略無意間產生的結果上。他出於對現代教育的狂熱，將一種複雜的因素摻合到教育中。他希望下一代掌握最先進的知識來回報社會，並加強他們自身的競爭能力，他或許沒有預料到，接觸富有挑戰性的新思想，可能使年輕人擺脫把他們束縛於社會的紐帶。後者的發展標誌著所有的傳統社會開始陷入困境，他們的年輕人必須應付現代化帶來的挑戰。

最近，伴隨著以北美和西歐等經濟發達地區為主要目的地的新移民浪潮，在不同文化和敵意環境中，紐帶問題變得更為突出和困難。確實，今天為新移民建立的現代城市學校，也給他們的孩子帶來了更為尖銳的選擇問題。但是，對大多數新移民來說，更大更直接的問題是，他們如何被相同種族背景的當地移民社會所接受。這個問題將在我談第四種移民的經歷時再加以探討。

邊遠地區：移民可有選擇何種社會紐帶的自由

在此我將對不發達邊遠地區的移民做些簡要的論述，來說明另一種移民的經歷。在這些地區，移民有更多的自由來選擇與誰結合，如何做和做什麼來保護他們的自由。與人口密集的城市中心因文化差異造成的緊張關係不同，在邊遠地區，拓荒者處境所帶來的挑戰對那些沒有必要受公共社會約束的冒險者來說更具有吸引力。但這種移民至少可分為截然不同的兩種類型。一方面，有些個體小商販來到小村鎮和農村集市。那裡的移民如果不是未被發現也是非常罕見的，另一方面，他們可能是前往開發原野的勞工隊伍中選擇逗留下來的殘餘人員。在這種環境下，那些自立能力和適應能力強的人才能得以興旺發展。例如，儘管他們也帶來他們的社會和文化準則，但他們並沒有把這些準則視若神明加以堅持，從而束縛住自己。他們僅創造性地保留了為他們競爭成功所需要的那些價值觀，同時在與別處的親戚和家族聯繫中，他們也仍然遵守那些準則。但有可能的是，當這些準則不再符合邊遠地區的需要時，他們就不再受這些準則的約束。作為一個少數民族生活在當地社會中，至關重要的是他們與那些不同種族人民建立關係的能力。

對東南亞的華僑來說，冒險來到主要港口和城市之外地區從事買賣的商人，以及在當地群眾中間定居並開設小店鋪的商人很早就開始了這個進程。

在他們建立與供應商網絡的聯繫之後，他們就選擇了當地社會化，甚至與當地人通婚。由於長時期與其他華人隔絕，他們必需自給自足，從而造就了與他們的顧客相結合的機會。這對母親是當地人的孩子來說，更是如此。此外，在年輕人與當地孩子共同接受教育的地區，像在泰國和菲律賓，一種不同的紐帶自然地產生了，他們的後代認同於這一地區的人民，最終認同於這個國家。在那些得不到這種教育的地方，華僑建起了自己的學校，努力使孩子至少受到基本的教育，雖然他們的選擇是有限的，但是對他們來說，求助於與他們同文同種的其他移民是不必要的。這種自由的選擇導致他們認同於當地社會，當他們與保留家庭關係的當地婦女通婚時，他們的孩子可以進入當地學校學習，情況尤是如此。

另一方面，在那些少數勞工被送去拓荒地區，無論是在錫礦或在金礦做工，在邦加和勿里洞島、西加里曼丹、馬來半島各州、泰國南部），還是在甘蜜園、胡椒園和橡膠園工作（在馬來西亞和印度尼西亞），社會關係紐帶開始變得十分不同。由於人數的增多，就有了另外一種選擇。在這些建立了等級關係或夥伴關係組織的飛地內部，通常都是男性的環境促使他們創造出一整套的夥伴合作關係，來有力地捍衛公共利益。如果在這些行業中取得成功，他們就從中國故鄉帶來了他們的女人，這使飛地變成為更加密閉的網絡。在那裡，他們為孩子建立了自己的學校，這也將加強保護他們自己社會的能力。一旦條件許可這麼做時，這就是他們的選擇。直到二戰後建立了國民學校，國家政府對此採取強有力的措施，這種模式才被打破，選擇的自由明顯地減少了。

這裡我想起了廣為流傳有關中國「苦力變成頭家」的神話，這個的神話使許多成為企業家的移民對教育的重要性產生了懷疑。契約勞工，通常稱為苦力，並不是那些著名的華僑成為成功企業家的搖籃。最近通過對成功的華僑商人傳記的調查表明，如果他們在中國確實是農民和臨時雇工出身，如果沒有社會關係的話，他們將沒有機會上升到這樣的社會地位。在這個世紀，確實只有有文化和受過現代華文學校的教育，他們的孩子才有機會與那些出生於商人家庭和有文化背景的人競爭。簡言之，對苦力本人來說，生意成功取決於他們是否與商業有家庭關係，或者說是商業背景，只有以這種關係作為起點，通過他們的努力工作加上運氣，才能幫助他們取得成功。如果受過某些教育則更為有利，無論是像陳嘉庚先生在中國鄉村受的那種教育，還是

在移民社會建立的現代初級學校受的教育。從上所述，我們可以發現一個事實，即「從乞丐到富豪」是通過家庭網絡和一定的基本教育相結合才發生的，而且一般都發生在那些來自經商家庭或家道中落者身上。對那些到邊遠地區的華僑而言，最重要的是勇氣。除此之外，這樣的結合也使社會紐帶成為取得商業成功的強有力工具。顯然，對他們而言，受過一些教育並不是件危險的事。

加入移民社會：新移民及其選擇

最後，讓我談 20 世紀初以來，尤其是近幾十年來，一個更普遍的現象。我談的是那些居住在已經在當地移民社會生活，具有相同種族背景的人之中的移民。在某些情況下，新移民投靠他們在海外的親戚和朋友。與他們的同族就近生活具有很多有利條件，如獲得學習、就業和得到幫助的機會。其他的人則被同鄉招去做工。通過這種途徑，新移民最終選擇在當地移民社會的邊緣生活，並希望擠入這個社會內部；或者通過自立，自由地發展自己的新社會。一旦有可能，他們就會從這個社會外部尋找新的夥伴和同盟者，從而成為潛在的對手和競爭者，對老移民構成挑戰。那些追求更多的教育並獲得更先進技能的新移民將為這麼做作充分的準備。目前已經對這種移民模式的最新表現做了一些初步的研究，但這裡不是充分展開討論該問題的地方。相反，我將討論有關英屬馬來亞的華僑定居者和新來者歷史的一些早期案例，也將涉及英屬馬來亞獨立後的某些情形。

這是我認為在這一領域值得進一步關注的特殊模式，這種模式使我對早期華僑不同集團之間的相互關係產生了興趣，當時他們曾徒勞地為統一成一個更大的社會而進行鬥爭。然而我主要關注的是中國因素，尤其是中國的政治，以及隨華人而來由於歷史和傳統所形成的敵對關係，這種敵對關係不斷地造成他們的分裂。海外華人遠非像人們形容的那樣是高度網絡化的統一社會，而是分裂為許多不同的集團。這導致了在許多集團之間或是合作，或是衝突，變幻無常。當然，這種分裂狀態有時是因當地統治政權所致，尤其是在殖民地區域內。在那些來自中國的新移民加入到老移民社會的各個地區，這種分裂現象在不同程度上都有發生。

我想特別提請注意的是，在當地僑生社會與新來者形成的社會間存在著社會和文化裂痕。在漢語中，他們稱之為土生（tusheng）和新客（xinke）。在

馬來亞當地語中，前者稱為伯拉奈干（peranakan）或峇峇（baba），後者稱為托托克（totok）——閩南話稱為新客（singkeh）。為了簡便起見，我將只使用兩個術語，峇峇指當地出生的移民社會，新客指那些起先需要峇峇幫助，以後形成自己的社會的後來者。在英屬馬來亞，這兩者間的文化裂痕被利用來為英國人的利益服務，儘管華僑社團領袖曾致力於彌合裂痕。這種努力有時候是相當成功的，移民共同體的變化和分裂具有重要的歷史意義，當地政治因素和中國政治因素的相互影響已經得到一定的關注，但是還不清楚馬來西亞和新加坡為建立新的多元化社會國家是如何解決分裂問題的。特別是，不同類型的社會紐帶和對崇尚自由的教育理念的不同反應應該得到更深入的研究。

需要研究的問題之一是，探究峇峇和新客兩個概念的含義和用法。最初，峇峇是指數世紀前定居在馬六甲和馬來群島其他地方的混血華裔社會。當峇峇一詞更廣泛地用作指土生即當地出生的華人時，像伯拉奈干一樣，它涵蓋了更多以英屬馬來亞為家的華僑關鍵是文化而不是血統。這個概念被用於強調對當地的認同並承擔義務，以及與非中國政體聯繫的網絡，這一切都是新客，或者在中國出生的華僑所不具備的。到了 20 世紀 30 年代，當中國出生者變得更為成功時，同時民族主義和反殖民主義意識興起，峇峇一詞被中國出生者用來指那些強烈效忠於英國並拒絕與中國發生聯繫的人。到現今，新客這個術語已不是非常有用，因為很少有中國人被允許進入馬來亞。兩個術語都讓位給了更廣泛使用的「華僑」，即中國旅居者，這一術語被使用來鼓勵所有中國人都認為他們自己是一個單一的社會。華僑一詞與新客極為相近，儘管它並沒有將峇峇排除在外。這樣一來，華僑一詞就為全體中國人設定了標準，即大致是指那些說漢語並認同於中國的人。從那時起，使用峇峇一詞，指的是那些曾在英文學校上學，對中國文化和語言不是很熟悉的華人，他們處於不利的地位，以致不能輕易進入華人的商業社會。

在這裡，紐帶和教育的聯繫體現在峇峇和新客兩個術語轉變成了由於所受現代教育的不同而分為英文教育集團和華文教育集團。這個過程反映出定居的華人與僅是旅居的華人之間的緊張關係。問題是，在早期的歷史上，誰將提供現代教育以使孩子們在當地取得成功做準備，以及一旦需要，能做什麼才能使孩子們做好為中國和華人社會服務的準備？如果受正式教育是新紐帶的關鍵，那麼對那些頭腦中目標明確的人來說，就必須掌握對紐帶運用的

控制權。因此引發了對這種現代教育性質進行解釋的爭論，這也是英國和中國之間發生爭論的一個原因，即到底如何判斷一個人是定居的華人還是旅居者。從政府方面來看，英國人擁有優勢，可以決定對當地社會的教育政策，並使這些華人團體選擇認同效忠於當地政府和世界性的教育。但從其他方面來看，在那些對中國感情強烈的地方，華文教育家佔據優勢。即使不是由他們控制教學的內容，最起碼在每所華文學校的每間教室都有他們培訓出來的教師。其結果造成社會紐帶的分裂，即華人按照他們所受的教育來分類。

在此我們不需要對眾多的原因進行深入討論，當華僑一詞受到質疑的時候，峇峇－新客的關係似乎變質成了受英文教育者和受中文教育者的關係。對中國的態度變得不如對當地政府的忠誠來得重要。但更重要的事實是，在廣大的馬來人世界裏，華人被認為是一個強有力的少數民族，以及他們熱衷於努力建立一個多元文化的社會，因為在這樣的社會裏他們才不會被同化並合法地保留中華文化。因而，這種雙重的壓力要求所有華人不再使用峇峇和新客的老概念彼此爭鬥，受英文教育者也不再反對受中文教育者，峇峇有時用於懷舊的場合，新客則是開玩笑才使用。有時峇峇也在一些極少見的場合使用，指那些不能適應新環境的老古董們。馬來西亞和新加坡兩國都鼓勵他們使用雙語或多語，並教育他們團結在國家框架之內。這種狀況依然還不穩定，定期地審查和改進現行的教育政策和設施，反映出了它們使團結獲得成功的迫切願望。如何制訂下一個時期的發展的政策，是馬來西亞和新加坡兩國最重要的問題之一。

但是現代教育，就像陳嘉庚先生從一開始就看到的那樣，不僅與社會紐帶問題相關而且還與從舊傳統中把思想解放出來，以及從其他企圖束縛人生選擇的教條中解放出來有關。學校被用來培養年輕人特定的忠誠和灌輸意識形態方面並不總是成功的。如果它們是真正的現代學校，並非是過時教條課程的簡單複製品。那麼它們可以開闢一個科學的世界，同時傳播建立更人道、更進步社會的新理想。這些新理想包括愛國主義、自由和從文化方面理解多元世界的能力的信念。這樣，相互競爭的教育體系將有利於通過提高技能和理解的水準，為自由創造條件。這種教育體系有助於培養新一代敏銳的思想，為未來的社會和國家做出更理性的選擇。

對於加入當地移民社會的移民必須做些什麼？可以設想 19 世紀新客來了之後，即與英屬海峽殖民地峇峇社會發生了對立。讓我們將那些新來者與

同樣現代意義上的新客相比較，不論這些來自世界各地的新客是否是華族。新新客（即外國人才，在新加坡是這樣稱呼他們的）將發現當地出生的，或新峇峇與他們一樣，都富有經驗，更具世界主義並為當地提供了高質量的技術和聯繫。但是，就像過去的老峇峇那樣，如果當地社會太注重社會聯繫紐帶而不解放思想以適應變化，就必須面臨被取代的可能性。如何對待不斷增加的受過良好教育和善於應變的新客，同他們一道學習外部世界，將決定移民社會的前途。無論在哪裏，只要有新移民加入到移民社會，那麼，一些不以人的意志為轉移的後果就值得關注，一些教訓也值得吸取。而峇峇—新客的經歷本身也提供了歷史的參考價值，如果能更好地理解，對那些有著類似處境的人來說不無裨益。

如果陳嘉庚先生仍在世，他將會認識到民族主義和民族國家都需要高度的凝聚力。儘管時代緩和了，但是各國考慮到向全球範圍移民的願望不斷增長以及便利的交通也使移民變得更加容易，所以在實際中提高了移民入境條件。即使被接受的移民不受歡迎，但他們的素質仍繼續提高。現代教育是給人民帶來更多選擇的解放因素，但一個人往往不能有太多的選擇機會。現在只有非常少的邊遠地帶可以讓移民去尋找新的自由，然而這樣的地帶現在是存在於知識世界之中，關鍵在於能受到最好的教育。現在世界各個大型大學為成千上萬來自各國的華人提供了教育，如果陳嘉庚在世的話，將為此感到欣慰。他將感激日益全球化的世界為受過良好教育的移民流向文化相近地區提供了更多的機遇。如果在移民社會的生活中，教育繼續成為社會聯繫的紐帶，他將更加感激。

新移民：何以新？為何新？〔註1〕

程希譯

　　世界海外華人研究學會（簡稱 ISSCO）一般每三年舉行一次正式的研討會。在每一次研討會上，雖然研討的主題不盡相同，但關於華僑華人移民在過去半個世紀中的意義多有論及。在舊金山舉行的第一次研討會上，主要探討了有關移民定居的問題，主題為「落地生根」；在香港舉行的第二次研討會上，主要回顧了過去 50 年的移民史；在馬尼拉舉行的第三次研討會上，文化之間的關係成為會議主要關注的內容。今天，我想在這裡談一談「新移民」現象，也就是又有為數不少的大陸中國人移居國外的現象，中國官方的僑務機構以前把這些移居國外的人統稱為「華僑」或「華僑華人」。「新移民」這一稱謂引起了越來越多的關注，特別是「新移民」的主要前往地——歐洲和北美對此尤為關注。這一新的稱謂是意味著對華僑華人的一種新的認識呢？還是意味著一種新的動向？抑或它不過是老稱謂「華僑」一詞的委婉用語？若果真如此，那麼可以說它是得之了老稱謂的精髓要義，也就是說不用「華僑華人」這一籠統含混的稱謂來稱呼這些新的移民，這並不意味著新稱謂的內涵有什麼太多的改變。這一稱謂可以避免那些在中華人民共和國境內享受歸僑、僑眷待遇的人數的增加，它也能讓那些已定居海外但拒絕承認自己是華僑的中國人，以及那些已定居海外但並非「新移民」的人感到滿意。從長遠來看，把「新移民」與「老移民」區別開來意味著什麼？具體一點來說，這一

<hr>

〔註1〕原文為王賡武教授於 2001 年 4 月底在臺北舉行的「第四屆海外華人國際學術研討會」上的主題發言稿，譯文經王教授審閱並授權。刊發在《華僑華人歷史研究》2001 年 12 月（第 4 期）第 1～8 頁。譯者程希，女，《華僑華人歷史研究》編輯、中國華僑華人歷史研究所副研究員。

稱謂會對華人族群與中國之間的關係產生什麼樣的影響呢？它會使他們原本作為華僑華人所享有的優待受到影響嗎？同樣，他們在國內的家人所享受的待遇會不會也因此而受到影響呢？我注意到有幾篇提交此次研討會的論文對業已出現的有關新移民的一些問題進行了考察。我在此只是想談一談我個人對開展新移民研究的看法。

在這裡我要強調的是，「新的」中國移民的出現，以及「新移民」這一新稱謂的出現，最早是由中華人民共和國的有關政府部門自己首先提出來的，其所指和所稱均是其本國近年來移居國外的公民。「新移民」這一稱謂不僅未取代「華僑華人」，而且更像是華僑華人這一龐大群體中的一個子群體。如果這一稱謂用於指近年來從香港、澳門、臺灣遷移至它國的人，乃至用於指在過去 30 年中從東南亞再移民至各西方國家的華僑華人，或者這一稱謂為這些人自己所接受，那會是很有意思的事。隨著這一稱謂被越來越多地使用，它也提醒我們留意目前在海外定居生活的華僑華人對中國大陸的有關政策措施會有什麼樣的反應，我們可以由此而預見未來幾十年中華僑華人的一些情況。另一方面，即使這一稱謂並不會越來越廣泛地成為一種泛指，而僅僅只是用於指那些近年來從中國大陸遷移出來的移民，那也是值得注意的。它意味著這樣一個時代將會到來，即那些在中國本土以外出生的華僑華人的後裔將最終因其不同的出生國而形成不同的認同，特別是對於那些並非直接來自中國大陸的華僑華人的後裔來說，尤其如此。這些變化是新的變化，且隨時都有可能再出現新的變化。一切都尚在未定之中。但這也許是我們考慮如何研究各種「新移民」群體的好時機──姑且不論是否該把他們稱為「新移民」。我個人認為應當重新考察下列關鍵問題：（一）近年來華僑華人移民的來源地；（二）「新移民」們所希望移居的國家；（三）關注某些重又出現的老問題；（四）用一種新的思路重新認識同化的問題。

一、近年來華僑華人移民的來源地

中國大陸是前往歐美國家的「新移民」的主要來源地。這些人在所有華僑華人中只占很少的一部分，但他們與那些早年離開中國的人有相似之處。他們與那些同樣來自中國大陸，但先去了臺灣和香港後才成為華僑的人也有相似之處。在 1950 年代和 1960 年代，後者（從臺灣和香港移居國外的人）只能前往極少數的幾個國家。最初他們多半只能通過投資移民的方式被接納，

後來越來越多的人通過留學的途徑到了美國。雖然，自 1960 年代中期以來三個主要的英語移民國家──美國、加拿大和澳大利亞改變了它們的移民政策，但這一部分人的人數始終不多。1978 年以後才有直接來自中華人民共和國的人成為這一移民隊伍中的一支。開始是中國大陸的留學生在完成學業後滯留美國和澳大利亞，後來也有人因與早年移民海外的人有親屬關係而通過家庭團聚的方式到了國外。再後來，隨著不顧一切的非法移民的出現，中國大陸「新移民」的人數出乎人們意料地迅速增長。

這些「新移民」中的多數人，特別是那些前往美國的人，會遇到三個難題。第一個，是他們與效忠國民黨的，或者推而廣之地說，是與效忠在臺灣的「中華民國」的老華僑群體之間的政治關係。這一老華僑群體中的許多人對中華人民共和國懷有強烈的敵意。第二個，他們的願望並非僅僅是能移居當地，他們還希望能迅速地融入當地，特別是像加拿大和澳大利亞那樣鼓勵移民入籍的國家，就更是如此。第三個，許多人無法擺脫他們關注中國未來發展的強烈的中國人意識，多數人在內心深處希望他們的後代能夠傳承中國人的價值觀。

同樣地，中華人民共和國派駐這些國家、與這些派系林立的華僑華人打交道的官員們也有著他們自己的難處。當不同的華僑華人群體因不同的政治效忠而出現對立時，他們如何對所有的華僑華人「一視同仁」呢？這些官員被要求努力做好海外「新移民」中精英分子的工作──如果不能使這些「新移民」在政治上與中華人民共和國保持一致，那麼至少也要使他們成為一支對中華人民共和國保持友好的力量。要做到這一點，就不能再重蹈在對待老華僑的政策中所犯錯誤的覆轍。因而，幫助「新移民」與他們在中國大陸的家庭和家鄉建立一種新型的聯絡和交流方式就成為了一項至關重要的任務。對於這方面的研究，我想僅靠研讀中華人民共和國政府所發布的大量政策文件是不夠的。我們需要瞭解「新移民」自身在當地的實際遭遇，需要瞭解他們對於自己目前的處境作何感想？又是如何應對的？同時，我們還需要瞭解他們在國內的家人都經歷了什麼，因為新的政策具有與此相關的特殊意義；也可以說，不管新的政策是否具有與此相關的特殊意義，這些都是我們所需要瞭解的。

至於臺灣，則只有「新近（移居海外）的移民」，或者「最近（移居海外）的移民」這樣的說法。臺灣最早的「新」移民出現於 1950 年代，他們最初主

要是為了到美國去留學。那些沒有返回臺灣的人在「臺灣政府」看來是旅居在外的中國人，甚至那些已獲得美國國籍的人也被按此看待，老稱謂「華僑」一詞用在他們身上似乎是合適的。1990年代以來，許多「老移民」，特別是那些反對國民黨的人，回到了臺灣。隨著臺灣「自由民主」政治的發展，現在希望通過像過去那樣移居海外的人少了，也就是說，人們對通過到海外留學、然後再定居於外國的做法已不太有興趣了。通過這種方式出國的「新」移民現在比較少了，根本無法與中國大陸的「新移民」相比。

要區別已獲得外國永久居留權的持「中華民國」護照的和持中華人民共和國護照的華僑還是很容易的。如果後者是被冠以「新移民」這一稱謂的唯一群體，那麼我們很快就會認識到如何研究他們與如何研究前者是完全不同的兩回事，甚至我們是否能按慣例把他們都稱為華僑都成了一個問題。更何況，「臺僑」這一分類也能成為一種通行的稱謂嗎？如果「臺僑」也成為一種約定俗成被認可的稱謂，又會對海外華僑華人的研究產生什麼影響呢？也許有一些人正在為統一二者的稱謂尋求一種變通的辦法。如果能找到變通的辦法，那麼這是一個值得予以密切關注的過程。

香港又是一種不同的情況。雖然並非絕對沒有外人居住，但被在海外的當地族群稱為「小香港」而將之與傳統唐人街區別開來的這一類稱謂，未嘗不是未來可能出現的各種變化的徵兆之一。在加拿大幾個城市中出現的具有鮮明特徵的香港人聚居區使得香港移民更像「老」移民而非更像來自中國大陸的「新」移民。在澳大利亞的一些城市中人數正日漸增長的香港移民聚居區也是如此；此外，在加利福尼亞和夏威夷還有幾個這樣的香港人聚居點。到目前為止，「新移民」的稱謂似乎尚不適用於他們。這或許無關緊要。隨著香港回歸中國，那些認同於中華人民共和國的人最終可能不再會介意被中國政府稱為「新移民」，或者不管怎麼樣，只要他們仍然能作為一個他們能稱自己為香港人的有別於其他人的亞群體存在就行了。而且，只要他們有這種意識，他們就會力圖把自己與其他華僑華人移民群體區別開來，特別是在北美地區，這種情形很明顯。

我們還需要注意另外一種移民的來源，那就是尋求更安全的棲身地或者另覓它國謀求更好發展的「再移民」。我主要指的是那些決定離開他們在東南亞的家鄉，前往西方，特別是前往北美和澳大利亞的華僑華人的後裔。這些再移民的來源地有印度尼西亞、菲律賓、馬來西亞、新加坡和泰國以及越戰

以後有成千上萬難民出逃的三個印支國家。但是，在「再移民」的來源地中還有另外幾種類型的國家，如毛里求斯、斐濟和巴布新幾內亞、加勒比海國家以及拉丁美洲的其他一些國家。這些「再移民」無疑是移民，但顯然不是「新移民」。我在此提及他們，是想提醒大家注意大量的華僑華人「再移民」，其祖國並非中國。當他們稱自己為華僑華人或華僑華人的後裔時，即使他們並不談及自己在東南亞或在其他某一前殖民地的原籍地，以及他們新定居的國家，我們也會很容易覺察出他們彼此之間的不同之處。「新移民」這一新稱謂的出現不會影響這些「再移民」與他們新定居國家的華僑華人族群之間的關係。相反，這一新稱謂倒可能成為他們與那些直接來自中國大陸的移民之間的分界線。更重要的是，他們的出現使得華僑華人的多樣性，如果不說是多層次的話，更為明顯，這有助於我們更好認識華僑華人移民經歷中豐富的內容。

二、接受移民的國家

　　現在我們來談一談移民接收國。對「新移民」來說，他們希望移居的國家主要是美國、澳大利亞和歐洲國家，而 19 世紀末以及 20 時機上半期這些國家恰恰是最排斥華僑華人移民的國家。那個時候，這些國家只接收為數極少的華僑華人移民，來自中國的「新」移民只能進入歐洲國家在東南亞的殖民地和半殖民地。

　　自 1960 年代後期以來，美國和加拿大兩國接收的華僑華人移民是最多的。前者主要接收的是來自臺灣和中國大陸的移民，後者開始主要接收的是來自香港的移民，後來也歡迎來自中國大陸的移民。華僑華人移民已在這兩個國家被公認為是以其專業技能做出了貢獻的有價值的「新」公民。但是，與過去不同的是，這兩個國家對移民也是嚴格甄別挑選的。華僑華人移民只是從世界各地湧入這個國家的「新」的移民大潮中的一部分。

　　隨著移民接收國社會文明的進步，新的、更人道的移民法已經付諸實施。同時，這些移民法也對移民們提出了更多的要求，但華僑華人移民已和其他移民一樣受到了一視同仁的對待。現在任何像以前那種諸如「華僑華人例外論」之類的帶有種族歧視的移民法都已難以立足，這實際對中國人的移民活動起了推動作用。如今的法律制度更為透明，對於排斥華僑華人的舉措可以訴諸法律。這些都從總體上促使這些移民接收國對接受「新」移民持更為積

極的態度。但也有不太容樂觀之處，特別是在美國，目前「同化論」和「多元文化論」之間的爭論從長遠來看意味著仍然會給定居於當地的移民帶來麻煩，「新」的美籍華人也同樣難以置身事外。下面我還會再次談及這一問題。

澳大利亞和新西蘭也出現了類似的情形，雖然在這兩個國家「多元文化論」表現為是官方堅持奉行的政策，種族衝突和民權鬥爭問題不像美國那樣突出。但與北美不同的是，來自東南亞的華僑華人的後裔表現出更強的多樣性，由於巨大的信仰差異，他們不是身不由己地被捲入，而是積極主動、立場鮮明地分列於臺灣和中國大陸兩大政治陣營的對峙之中。

至於歐洲，華僑華人的人數始終很少。因而，在過去 20 年中進入歐洲國家的中國大陸移民人數之多很容易就能顯現出來。從陸路經俄羅斯和東歐到達西歐的華僑華人移民是尤為突出的、真正的「新移民」現象。與「新大陸」和澳洲的移民國家不同，歐洲各國政府難以適應大量移民的進入。同時，歐洲人還面臨著一些新的問題。如，西歐無邊境國家共同體（歐盟）的不斷擴大以及東歐和中歐國家邊境之防範不嚴、漏洞百出，都是前所未有的。這些問題使得移民接收國的政策和態度經常是矛盾和含糊不清的。

十年前蘇聯和東歐國家全面控制式的統治的終結，導致東歐和中歐出乎意料地成為了中國非法移民的便利通道。這一戲劇性的、前所未有的各種移民均經此通道進入西歐的情形引起了有關各方的警惕和驚恐，這在歐洲開始的有關這一問題的研究中已有明顯的反映。這一研究是新的研究，這一新研究在歐洲的開展使得它與世界其他地方的研究有了進行比較的可能，但是，在我們對在這一地區形成的新的華僑華人族群有更多的瞭解以前，或許是明智的，很顯然，以前有關其他地方華僑華人移民的研究對於我們理解這一新的現象提供不了太多的幫助。在歐洲出現的華僑華人移民模式似乎是獨特的，當然，其中一些顯而易見的新的要素很有可能也會出現在今後其他地方相關的華僑華人研究之中。

亞洲國家的情況我只想簡要地談一談。自 1950 年代以來，得以移居東南亞的中國人相當少。少量經過嚴格挑選的人進入了新加坡，其他一些人設法進入了菲律賓、緬甸和泰國。與早期的華僑華人人數相比，這些新的華僑華人的人數是微不足道的，因而把他們作為「新移民」現象來描述可能沒有太大的意義。同樣，雖然中國人還移居到了亞洲的其他地方，例如，俄羅斯的遠東地區以及中亞的穆斯林國家，但人數也很有限，對於研究來說，沒有什

麼吸引力可言。唯一的例外是身為發達國家、因勞動力短缺而從中國大陸吸收「新移民」的日本。但是，在日本的「新移民」既無法與在北美和澳洲那些移民國家的「新移民」同日而語，也無法與在歐洲的「新移民」相提並論。作為一個與中國和朝鮮有著共同傳統，又與東南亞有著歷史瓜葛的東亞國家，日本始終糾纏於各種問題之中。它已經長時間關閉了接納移民的大門。它在過去幾十年中所接納的勞動力移民，只是很少的規模；而且，對於日本政府來說，它只是一個與稅收有關的問題。要瞭解中國「新移民」在日本的地位，恐怕得把它與在日本的朝鮮族群以及與華僑華人在其他地方的情況結合起來考察。

三、重又出現的老問題

現在讓我們來關注一下幾個重又出現的老問題。什麼是「新移民」現在所面臨的最緊要的問題呢？我選了五個老生常談但又是永恆的問題想在此簡要地談一談，然後我將通過對同化問題若干影響的闡述來結束我的發言。

第一，是對移民進行甄別和控制的問題。移民需要辦理的手續變得越來越繁瑣但也越來越透明。移民接收國比以往任何時候都更注重對移民進行分類甄別。對於能獲得批准的（符合分類條件的）移民來說，這無疑有著人道主義的進步意義。然而，在這一表面現象的背後，這一進步的另外一種意圖也正日漸顯現，那就是將來自中國大陸的非法移民拒之門外。這一現象本身沒什麼新鮮的。計分制方式方法的不斷花樣翻新和升級換代使得華僑華人的人數始終保持在最低水平。但是這些障礙的設置並不能阻止非法移民們釀成聳人聽聞的事件而一再給華僑華人族群抹黑。全球化使得這種衝突越來越暴露出來。我不知道學術研究是否能在這方面有所作為，但只是任由媒體來評說未免不是一件遺憾的事。

第二，是移民的家庭團聚的問題。新的移民，像過去一樣，既有舉家遷移的，也有隻身一人漂洋過海的，但後者的數量是否也像過去一樣，從總體上來說多於前者，尚不得而知。許多新的移民都是舉家遷移的，特別是屬於香港中產階級的專業人士以及東南亞的再移民。但是據報導說，中國大陸前往海外的移民仍以單身居多。家庭移民與大多數單身移民之間的差異可能會加深和加大來自中國大陸的華僑華人與來自其他地方的華僑華人之間的隔閡。如果情況真是這樣，那麼在當地已建立了家庭基礎的、並已形成族群的

華僑華人在未來的一個較長時期內最好就被稱為「定居於某某國的移民」。他們將是確保華僑華人族群的維繫、并會對新的單身移民們產生示範效應的社會安定因素。對此我們需要更多的研究。

另外，隨著越來越多女性移民的出現，特別是越來越多能夠獨立地重新創業謀生或任職於現行行政、企事業部門、機構中的單身職業女性移民的出現，婦女的地位問題也成為與此相關的、同樣重要的問題。這些職業女性移民與過去沒有受過教育、毫無準備、滿懷恐懼地被帶出中國，或者是跟隨丈夫到了海外的婦女有著天壤之別。如今，她們甚至比她們的兄弟和丈夫還要勝出一籌，她們在工作中所贏得的尊敬是當之無愧的。已有學者對她們的成就，特別是她們在北美和澳洲的情況進行了研究，但這些研究多只側重於描述她們與她們早年的姐妹們形成的強烈對比。她們在未來的家庭生活中將發揮的作用還有待於進一步關注。

第三，是工作的問題。與他們在熱帶東南亞地區從事採礦和種植、在北美修築鐵路和種菜的先輩們相比，「新移民」明顯集中於城市。這使得「新移民」的經歷更類似於歷史上的歐洲移民而非他們自己的先輩。具體說來，他們中處於較低層次的人就像是到北美和澳洲的城市和工廠打工的歐洲人；另外，他們中也有如歐洲學者和專業人士那樣進入大企業、實驗室和大學任職的較高層次的人。這意味著這些新出現的「新移民」並不具有特殊的華僑華人移民特徵，但把他們作為現代移民中的個案來研究也未嘗不可。那麼，這又是否意味著所有西方移民的共性現在都能套用到這些新的華僑華人移民身上呢？這種可套用的共性似乎很有可能不斷增多，而有關「新移民」的研究也會集中於移民的共性而淡化他們華僑華人的特性。還有，這會導致華僑華人族群中出現懸殊的階層差異嗎？只要華僑華人在每一個接收國的人口中所佔比例仍少於 3%，這就不可能成為一個問題。

第四，是教育的問題。「新移民」前往的是教育條件一直優於其原居住地的發達社會與過去不一樣，他們中的多數人熟悉接收國的文化。許多人仰慕那裡的精英教育方式以及可為那些學業優異的人提供的機會。顯然，這些條件對於他們的孩子來說是非常重要的。北美和澳洲對這一方面的情況已有相當的研究，因而我無需在此贅述。但是不同移民階層之間的比較，也就是「新移民」與那些已定居了幾十年甚至更長時間的移民，以及與那些來自東南亞和其他地方的「再移民」之間的比較，卻是值得注意的。通過比較，我們可以

得知更多諸如直接來自中國的「新移民」的素質，特別是那些在「文革」後期想方設法遷移出來的人的素質等情況。我下面談到同化問題的時候還會涉及到這一點。

　　第五，是宗教的問題。不同於那些來自香港的、乃至來自臺灣的移民，也不同於大多數來自東南亞的「再移民」，來自中國大陸的「新移民」很少帶有強烈的宗教信仰遷往它地。他們多奉行的是現世主義的人生觀，這種現世主義的人生觀是經歷了 20 世紀中國的數次革命運動後印入多數大陸中國人思想觀念之中的。他們中的多數人對文藝復興以來西方科學和技術的發展推崇備至，如果沒有俄國的「十月革命」，他們也會以法國大革命和美國獨立戰爭中所產生的光輝思想和理想作為奮鬥目標。他們對在當地信奉各種宗教——主要是信奉基督教和佛教的華僑華人家庭的生活方式作何感想？特別是當他們已經在移民接收國生活了這麼多年以後？考察這一點會是一件很有意思的事。另外，其他華僑華人在這些國家各自所信奉的宗教對他們有所觸動嗎？他們有尋求新的信仰的打算嗎？瞭解他們的心態有助於我們瞭解為什麼有些人容易接受如「法輪功」之類顯然「具有中國特色」的「新」的東西，而非是在他們長期所受教育中那些被禁錮的信仰。

四、老生常談的同化問題

　　我現在再來重提一下同化的問題。如同「認同」在中文中尚未有準確對應的概念一樣，「同化」也是一個長期以來在中文中一知半解、從未能被全面準確地表達出來過的現代用詞，由於該詞揭示了華僑華人被其他族群同化的可能性，因而自 20 世紀初以來一直是為眾人所關注的問題。

　　眾所周知，縱貫中國歷史的都是這樣的情況，服從中國統治的番邦異族，或沿用中國的風俗習慣，或接收儒家思想及其他的價值觀，有的時候，他們還主動或被動地把自己認同為中國人（也即歸順或歸化），他們幫助中國人確立了其文明的優越地位。但也確有一些中國人與此背道而馳，他們選擇了認同於其他政治或文化。他們在政治上被認為是皇帝的叛臣賊子，更為嚴重的是，他們還會落下忘根忘本、離經叛道和不忠不孝的罵名。每當中國國勢衰弱的時候，人們對這種行為的憎恨之情尤為強烈，這些人會被痛斥為「漢奸」。每當中國遭受入侵和佔領的時候，對於數以百萬計仔外國佔領者通知下生活的人民來說，這種忠誠都會受到考驗。中華文明似乎總能劫後餘生，而且，

無論它被賦予什麼樣的定義，它都能憑藉對其傳統價值觀博大精深的坦然自信而不斷得到豐富和發展。因而，同化為一族的情況，多見於其他民族成為中華民族的例子。

然而，多數中國人都認為文化，特別是其作為共性表現出來的東西，並不是一成不變的，而是會適時而變的。例如，漢人留辮子是被滿人征服的標誌之一，當初他們是被迫這樣做的。他們留辮子留了那麼長的時間，以至於1911年以後他們被要求剃掉辮子以示獲得解放的時候，許多中國人又堅決不肯剃掉辮子。但是時代變了，多數中國人不僅接受了現代科學和各種新的知識，而且還改換了新的裝束和髮式。現代化改變了他們許多原有的、長期信奉的信仰。

今天的「新移民」與他們19世紀的先輩們有很大不同之處。孫中山和毛澤東領導的兩次革命引導他們走向了現代世界。移民們不再覺得他們必須捍衛既有的傳統和抵禦外國文化。在過去90年中中國人在海峽兩岸、在香港以及在海外華僑華人中為實現自身的現代化所做的努力，已經使得新一代的移民足以有充分的思想準備應付他們在海外將會遇到的更大的變化。簡而言之，「新移民」與接收國人民之間文化的鴻溝已經大大地縮小了。雖然有一些人仍然是盲目地出國去開始一種新的生活，但多數人都知道他們是要往何處去和為什麼而去。有些人不僅不害怕同化，而且他們正在努力尋求著同化之道。那麼同化的進程對於今天這些「新移民」來說又意味著什麼呢？

回答是多種多樣的。首先，同化有著對於現代教育來說至關重要的另一涵義。這關係到吸收新知識、新思想的能力，中國的進一步發展需要這些新知識、新思想。這些新知識、新思想也無非就是這樣一些東西：通過那些出來學習和掌握了它們、又最終回到國內的人而使中國人民受益的東西。這裡又出現了一個問題，那就是它們用什麼來捍衛他們前輩所創造的文明？幾乎不會有「新移民」像早期僑居在外的中國人那樣看重自己的傳統並致力於維護它們。相反，他們很有可能更多的是把中國作為一個正在實現現代化的國家來維護，或者他們維護的只是中國作為一個擁有獨立主權的國家所應具有的尊嚴和長遠利益，或者他們維護的只是他們作為華僑華人個體所應有的尊嚴，或者是這三者兼而有之。他們得在海外對他們給予相當自由和寬容的國家才能夠如此，如果能這樣，那是最理想不過的事了。

當然，他們也得為此付出代價。他們的孩子將在一流大學的教育體制下

受到良好的教育。但沒有任何東西能保證他們還會同他們的父母擁有同一份情感。接收國的文化以及接收國所實施的政策將使所有的東西都發生變異。在與此密切相關的研究中做的最好的是美國。美國研究移民的學者從二戰以前就開始對同化問題進行了深入細緻的研究。他們最早的研究是關於對美國印第安人部落的同化。接著是針對來自歐洲的非盎格魯─薩克遜移民而提出的「熔爐論」，有關這一類移民如何在一兩代之內成為美國人的個案研究不勝枚舉。與他們有著類似情況的加拿大和澳大利亞也進行了同樣的研究。我們知道這三個國家在 1960 年代以前都排斥中國移民，「華僑華人不可同化」是他們排斥中國移民的一個主要理由。具有諷刺意味的是，現在這三個國家接受的「新移民」人數最多。同時，這些「新移民」現在也較好地做好了適應這三個國家文化、政治和經濟制度的準備。為了同化於他們所希望學習和掌握的政治文化以及他們所見識到的生活方式。他們已經做好了比以往任何時期的華僑華人都充分的準備。為了那些我已指出的緣故，他們不僅沒有理由拒絕被同化，而且還會希望他們的孩子被教育成美國人、加拿大人或者澳大利亞人，同時又保持他們作為華僑華人的種族認同。

　　當然，現有的有關這三個國家的同化和多元文化問題的爭議也是應該正視的。多元文化將會是這三個國家永恆的特徵嗎？抑或它只是走向同化的一個權宜階段？「新移民」出現於這一重大爭議相持不下之時，其第一代將成為全球化時代移民大軍中的一支。這些移民可以說是真正的「新移民」，因為新的全球化移民活動的基本規律尚在形成之中，而他們已經為應付未來的變化做好了充分的準備。隨著這些規律的形成，華僑華人「新移民」一方面會為確保實現多樣化的目標而奮鬥，一方面又會不斷融入到自己在海外的族群之中，融入到許多其他的族群之中。與過去不同的是，他們的奮鬥目標中增加了諸如受教育的權利、性別平等、勞動保護、政治參與，以及全球化的溝通和交流等新的內容。這或許又是與早期歐洲移民相類似的一種同化模式，但對於華僑華人來說，這些的確是一種新的經歷。

　　分布於世界各地的 ISSCO 會員具有研究這一經歷的有利條件。在東南亞這一華僑華人發源地的會員們已經目睹了華僑華人族群同化的進程及其文化保持所經歷的各個發展階段。他們也注意到從這一地區遷移出去的「再移民」對精英階層的同化行為所持的讚賞態度。另外一些會員發現生活在自己周圍的「新移民」隨著環境條件的變化而不斷有意識地給自己重新定位的現象，

也準備著手對此進行研究。還有一些會員本身就是「新移民」，他們也許是記錄將會不斷呈現在他們面前的歷程的最好人選。他們的經歷是一種在前所未有的條件下出現的獨特機遇。他們不僅僅只是「新移民」。他們所處的位置使他們能夠幫助老一輩的學者——無論是中國國內的還是海外的——續寫華僑華人移民史。在此過程中，他們還能夠把新的理論視角引入移民研究之中——在這一領域中有關穿越大西洋的移民活動的研究佔據主導地位的時間已經太久了，現在是可以將穿越太平洋的移民活動與之進行比較研究的時候了。

華人政治文化和關於馬來世界的
華人學術著作〔註1〕

薛學了譯　廖大珂校

　　人們往往忽視了這樣的事實：中國和馬來世界已經建立了將近 2000 年的相互關係。在其中的大部分時期，他們之間的關係主要是商業上的交往，但在近代已發生了根本的轉變。如果要我概括「中國和馬來世界相互關係的重要事實」是什麼，那麼我會說，他們保持了至少 1500 年雖反覆無常但基本良好的貿易關係，以及隨後一個世紀的不信任和疏遠。

　　何以致此？這在多大程度上歸因於中國和馬來世界的政治文化轉變？這如何反映在華人的學術著作中？當我試圖把華人關於馬來世界的學術著作與中國和各個馬來國家的政治文化轉變聯繫起來時，我將著重從華人的角度來看。

　　我將非常簡要地闡述前 1500 年的情況。

　　在這 15 個世紀期間，中國與馬來世界之間的關係主要是在貿易方面獲得發展。起初，中國和馬來世界慢慢地摸索著去擴大其海上交往，在特別是廣東省和爪哇—蘇門答臘的人口增長，使雙方的港口逐漸繁榮起來。到 9 世紀，從華東到長江三角洲的中國人也開始涉足貿易領域。此後 5 個世紀（10～14世紀）的歷史的主要特徵是，作為中國與馬來世界貿易主要中心的福建省各個港口獲得迅速的擴展。到那時，泉州港（馬可·波羅稱之為「刺桐」[Zaiton]）

〔註1〕　文章刊發在《南洋問題研究》2004 年 3 月（第 1 期）第 1～6 頁。本譯文在
　　　　許多著作名稱和作者姓名的翻譯上，得到了廈門大學南洋研究院廖大珂教授
　　　　的大力幫助——譯者。

已成為一個主要的國際商港。

　　起初，中國人和馬來人都不是最熱衷於地區貿易的。當那些通過古代陸上絲綢之路而知道有一個中國的印度商人和波斯商人發現了通往中國的海路時，貿易很早已就在大陸內部進行了。後來，中國人和馬來人也對這種大陸內部貿易做出了反應，並放眼異他海峽和馬六甲海峽以西的地方。中國人也很熟知波斯和印度的貨物，於是就通過海路來尋購這些貨物。此外，中國人大約在類似的印度佛教思想和習俗傳到馬來世界的那個時期皈依了佛教。當波斯—阿拉伯商人在 7 世紀把伊斯蘭教傳到中國時，另外一種關係又建立了起來。在 9～14 世紀的幾個世紀期間，阿拉伯、波斯、印度和中國的穆斯林促進了伊斯蘭教在馬來世界的傳播，從而使中國與馬來世界之間建立了另一層的關係。

　　我迄今所採用的「馬來世界」這個詞彙是廣義的，而且有點不合時宜。華人沒有「馬來世界」這個詞彙。本文採用現代的用法，用「馬來世界」來指那些說著那種與早期馬來語有關的南島語言（Austronesian languages）的早期群島居民。他們從大陸或經陸路南下馬來半島，或經海路到達馬來群島，後來一些人又跨海來到印度支那大陸，另一些人到了馬來半島，還有一些人則越過印度洋遠抵馬達加斯加。當然，中國的歷史記載並沒有區分太平洋和印度洋的不同民族，例如，他們直到滿剌加—柔佛帝國滅亡之後仍沒有區分「爪哇」人和「馬來」人。這裡的關鍵問題是，在滿剌加帝國滅亡之後，馬來語被用來作為整個群島地區的一種通用語。此後，「馬來人」這個詞開始被用來主要指那些說馬來語的人。就當前的實際應用來說，我想把整個馬來群島地區稱作馬來世界。

　　在頭 1000 年期間，集中於南中國海地區的海上貿易獲得了發展，參加貿易的商人主要來自南亞和西亞，也有一些東南亞商人參與這種貿易，但不清楚該地區有多少人可以被稱為馬來人。從 14 世紀到 19 世紀末的此後 6 個世紀，可以分為兩個階段。在第一階段，中國人發展了把大型海上遠征隊派往印度洋的技術。但後來他們因把這視為很不正常而全部撤回，而且再也不干預中國海岸以外的海上事務。

　　第二階段開始於 16 世紀期間歐洲人到來之後不久。這個階段以馬來世界的滿剌加國垮臺開始。歐洲的幾個海軍強國逐漸控制了東南亞和東亞的所有海域。在從 17 世紀 40 年代到 1683 年這個短暫而不尋常的時期，在福建和臺

灣的鄭氏家族（鄭成功、其父親和兒子）試圖阻止西方國家旨在壟斷該地區貿易的努力。眾所周知，西方的壟斷在滿清政府征服臺灣之後才得以結束。

造成上述變化的因素，是一種獨特的政治文化。它導致了一種防禦制度的建立，這種制度往往通過朝貢制度來加以體現，後者致力於把中國人留在國內，並控制他們與非中國人（包括商人）的所有關係。但毫無疑問，國家肯定是會幫助中國商人對付其外國競爭者的。因此，當一些比較勇敢的中國商人想要冒險出國時，他們就必須照顧好自己，以免受到新的歐洲海軍強國的侵害。他們後來發現，馬來社會被撐出了那些有利可圖的貿易中心。當他們自己與那些歐洲勢力競爭或抵抗他們的努力總是以遭到屠殺告終（正如好幾次發生在馬尼拉和 1740 年發生在巴達維亞的情況那樣）時，那些幸免於難的華商就像他們慣常所做的那樣，向當權者妥協了。他們在歷史上與馬來權貴建立了關係，而現在已被排擠出重要的權力中心，僅與馬來人保持無足輕重的關係。最後，隨著現代國家體系取代了舊的「沿岸王國」（riverine kingdoms），他們連這種關係也喪失殆盡了。在新的經濟制度下，華工被大量招募到馬來世界的許多地區。這意味著華人不僅導致了其原先馬來貿易夥伴勢力的削弱，而且還為了生計而同其他階層的馬來人直接競爭。到 19 世紀末，華人和馬來人都發現自己處在一個新的時代，即不信任和疏遠的時代。

上述所有發展情況如何反映在華人關於馬來世界的學術著作中呢？我們所掌握的現存實例表明，華人一直很感興趣於從公元 3 世紀起，特別是在 5～8 世紀佛教徒朝聖時期的馬來世界。在這個時期，各種（供神用的）香、香料和藥品的貿易非常繁榮。實際上，我們是通過中國的歷史記載來獲知馬來世界的早期編年史概況的。我們都很熟悉有關這方面的一些著名著作，它們被收集在各個朝代的《正史》，特別是其中的「外國傳」中。還有佛教朝聖者撰寫的記載或關於一些曾經到過印度和馬來群島的僧侶的傳記。此外，從唐、宋時期包羅萬象的私人和官方收藏品中，也可以獲得關於當時動植物、人民與習俗的有趣資料，這證實了許多曾在華南任職的官吏的興趣所在。從當代的標準來看，與其說它們是深入研究的學術成就，不如說是知識獵奇的產物。

在宋朝和元朝（10～14 世紀）期間，新的學術成就不斷增多，但只有少數著名著作被保存了下來。我們不清楚出現了多少其他比較通俗的著作，例如，海上貿易手冊與指南、南中國海航行路線圖，等等。現有的這些著作都是官吏或前官吏的作品，這對那些必須處理沿海貿易事務的人很有助益。明

朝（1368～1644年）是一個越來越務實的時期。除非這個問題對其官吏具有戰略上的重要性，或者對其商人具有實用價值，否則是不會使他們真正感興趣的。唯一的例外是關於鄭和遠征的書和關於在馬來世界的福建商人的兩部有創見的書籍。我所指的是馬歡的著作和其他關於鄭和遠征（下西洋）的著作。我還想提到在17世紀張變所著的《東西洋考》，這標誌著中國人首次認識到，那些後來被稱為「馬來人」的人和「爪哇」人是有區別的。另一部在18世紀撰寫的著作是陳倫炯的《海國聞見錄》，這是第一部能夠識別華人在馬來群島到處遇見的操馬來語者的中國著作。接下來是王大海使人增長見識的爪哇及其鄰近島嶼遊記，以及曾經遊遍整個地區的謝清高的著作，他們對「誰是馬來人和誰不是馬來人」都有自己獨到的見解。

上述著作都有助於我們增長關於最廣義的馬來世界的知識。嚴格地說，與其說它們是學術性的著作，不如說它們是以向後來的學者提供資料著稱的作品。雖然其中有些作品確實促進了學術性著作的產生，但學者們的作品卻往往是十足的學究式，很少提出對於馬來世界本身的獨到見解。他們最通常的毛病在於，不加批判和斷章取義地照搬早先的著作原文，而且往往與其他知名作品不相符。可以想見，這往往導致了著述的混亂，而且當後來的學者繼續把它們照搬進自己的著作時，就會產生更大的誤導作用，因為他們通常都不大顧及時代或背景。這樣的作品舉不勝舉，但都只能列為官吏們收集的關於海港和海國的資料，當時他們認為這些資料可能對政策制定者很適用。可以斷言，在1900年以前的大多數作品，雖然作為資料來源而言是有一定價值的，但卻很少感興趣於或能夠理解馬來文化和社會。後來的著作則越來越多地反映了一個相對封閉文明社會的高傲政治文化的價值觀。

政治文化的轉變

可以說，華人和馬來人之間不信任和疏遠的時代大約始於1900年。其中的原因確實很複雜，我想著重從政治文化的轉變來進行歸納。

第一，歐洲人的到來，向馬來世界長期存在的政治關係提出了新的挑戰。隨著馬來族和其他種族的商人失去了對海上貿易的控制，華人便被迫使自己適應於新的統治勢力。他們越是有助於歐洲人，馬來商界精英就越是不信任他們。在這個時期的華人著作中，沒有顯示出他們對華商和其往日馬來精英夥伴之間出現不信任的可能性有絲毫的察覺。人們可能會發現，17世紀的張

變和 18 世紀的陳倫炯都越來越認識到，歐洲人在馬來世界中的勢力雖然很強大，但尚未大到不可抵抗的程度。在任何必要的時候和情況下同馬來實力集團結成機會主義聯盟，仍然不失為一種可行的選擇。中國（滿清）官吏記載歐洲人在特別是中國沿海地區的活動的比較學究式的著作，完全沒有認識到馬來人經濟與政治勢力的逐漸削弱意味著什麼。它們只認識到 18 世紀是滿族人給中國帶來和平與繁榮的一個榮耀時期，而且所有的著作都反映了清朝的自滿。（這些著作）凡是涉及馬來世界的地方，只能說都充滿了冷漠的態度，而且中國清朝根本就看不到已經出現了可能威脅其政權的徵兆。即使中國學者看到了「馬來人不信任生活在其中的華人」的徵兆，這可能也與中國的統治階級毫不相干。

第二，在 19 世紀期間，越來越多的華商和華工來到了馬來世界。他們來得越多，就越深地滲透到經濟中，而且就會對農村普通馬來人的生活產生越大的影響。雖然這些華人對當地的經濟增長做出了一定貢獻，但卻往往被視為或說成是搶走了馬來人的權利和機會。這顯然表明那種涉及到多數華人和馬來人工作和生計的政治關係已發生了轉變，而且可想而知，這也是導致馬來人不信任華人的另一個原因。這個時期的華人著作，包括在第一次英中「鴉片」戰爭之後出版的魏源的巨著《海國圖志》，沒有反映中國勞動人民這種大規模流動可能產生的後果，也是可以理解的。因為實際上，中國人真正大規模地移民國外，是在其著作於 1850 年出版之後發生的。那些開始出訪馬來世界的滿清官吏很快就注意到，這麼多中國人儘管沒有得到中國的認可和保護，仍能在這個歐洲人的殖民地幹得如此出色。因此，這些滿清官吏便建議，應該改變政策，以便給予華僑正式的身份，並鼓勵他們將財產投資到中國來。這就給現代民族主義興起之前的官方著作定了調，並反映在新出現的學術著作，特別是時任海峽殖民地總領事的黃遵憲的著作中。此外，曾在馬來亞逗留並出訪過爪哇的康有為也具有一定的影響力。後來，梁啟超的通俗小品文開始提出了修改中國歷史著作的問題，認為必須包含華人先驅者在馬來世界的英勇事蹟，包括重新評價鄭和將軍的成就。梁啟超是孫中山的同代人，他贊同孫中山的民族主義思想。他們的共同目標是將政治文化徹底改變為民族主義文化，結果這種文化在此後的兩個世代中籠罩著一切地方的華人。這不可避免地影響了關於馬來世界的新學術著作。有一些在當地出生的華人，特別是爪哇的「伯拉奈干」（「peranakan」，指「華僑與當地人通婚所生的混血兒」，

或「華僑在僑居國所生並加入當地國籍的子女」，亦稱「僑生」、「華裔」——譯注），他們不想參與這種民族主義活動，而是用馬來文進行寫作，介紹華人的情況和記述他們對自己在馬來世界的生活的一些想法。但他們的著作在中國卻完全不為人知，並一直受到中國民族主義者的無視。如今，他們的著作在中國就比較受到賞識。而且在中國已經比較容易獲得華裔學者在馬來世界撰寫的書籍和文章，以及諸如蘇爾夢（克勞汀・沙爾夢［ClaudineSalmon］）等西方學者對這些「伯拉奈干」（此處指「華裔學者」）的著作的研究成果了。

我要說的第三點是，政治文化的轉變是深刻的。面對著歐洲人入侵中國和關於現代「單一民族獨立國家」（nation-state）的新思想，很多中國人，包括旅居海外的中國人，都成了公開的民族主義者。馬來世界經受了這種中國民族主義新浪潮的衝擊，同時也樹立了自己的民族主義來對付西方人，先是在菲律賓，然後在荷屬東印度群島和英屬馬來亞的一些地方。最初，這主要是針對歐洲人的統治，但他們對華人及其新民族主義潛在的不信任感，則導致了他們歧視華商和華工的行動與日俱增。而歐洲人對華僑在其殖民地的民族主義運動的反擊，也在一定程度上影響了馬來人歧視華人的行動。華僑的民族主義運動曾導致歐洲人逮捕、驅逐和以各種形式歧視華人，後來當地的馬來民族主義者也開始仿傚之，甚至在歐洲人離開之後仍繼續這樣做。

華人民族主義的增長和對華人的反擊行動，都反映在當代的華人學術著作中。從積極的方面看，出現了一些反映華人商業成就的書籍和文章。而從比較防守的方面看，一些著作強調了華僑對中國大陸的忠誠，並主張按照民族主義路線來推行華語教育。他們出版了一些教科書來阻止同化的過程，因為許多華人擔心這將成為其後代的結局。但總的說來，他們擔心成為西方人滲入中國的走狗，甚於擔心認同當地的馬來文化。但是，這些教科書往往不是直接而是間接地輕視土著馬來人的文化，不鼓勵華人理解大多數華人生活在其中的馬來人。這是因為當時被激起的民族主義情緒，主要是為了在西方和日本的虎視眈眈下拯救中國。這種對於中國自身在強敵面前的安全的關心，使大多數學者無暇顧及當地人民和海外華人本身的利益。而一些在南京、上海和廈門接受教育的年輕一代學者則是例外，他們把注意力轉向了馬來世界的當地文化和社會，但直到1945年以後他們才具有影響力。諸如張禮千、姚楠、許雲樵和韓槐准，以及後來的韓振華和陳序經等，就代表了那些越來越感興趣於馬來世界本身的學者。在兩次戰爭之間時期的政治條件下，他們難

以阻止華人和馬來人之間的日益不信任。而且在 1949～1976 年的革命狂熱年代裏，他們的意見無論如何都難以被接受。那些從馬來世界（特別是印度尼西亞和馬來西亞）回到中國的學者，在中國參加了教育中國人的工作，但政治利害關係仍總是優先於他們必須發表的意見。

第四，第二次世界大戰後，國際形勢發生了非常迅速的變化，這使各種新形式的政治文化對中國和馬來世界的發展情況都產生了決定性的影響。最初由不同政治勢力開展的反殖民主義—反帝國主義運動，不久就變成了積極的民族主義者和各種社會主義—共產主義者之間的鬥爭。亞洲的冷戰加深了他們的分歧，這對中國和馬來世界都產生了影響。中國人的主要分歧出現在國民黨和共產黨之間。在馬來世界，他們的主要分歧是蘇加諾領導的印度尼西亞疏遠馬來西亞和菲律賓，而蘇哈托領導的印度尼西亞則幫助建立東盟這個反共的地區性組織。這些分歧使雙方的不信任感增強了。華人不僅是馬來世界的貿易競爭者並被視為效忠於他們自己的民族（馬來人視之為異族），而且還可能被視為共產主義者或其同情者，他們因支持無神論而威脅到本地民族主義精英的「獨立建國」（nation-biulding）。他們被視為提出另一些政治文化來威脅不穩定的初期馬來政權。因此，馬來人就很容易為他們歧視華人的政策辯解了，儘管這種政策有時會墮落為種族主義行為。

華人關於馬來世界的學術著作還受到了民族主義和共產主義這兩種「敵對」政治文化的影響，這也是不足為奇的。國民黨學者一直拉攏華人支持其反共事業，並力圖繼續進行舊有的中國民族主義運動。中華人民共和國的學者則開始以更新更進步的愛國主義名義來「反爭取」這些華人的支持。在至少 20 年期間，雙方都以自己的方式來呼籲馬來世界的華人支持中國的事業。於是，在中國大陸和中國臺灣的學者，以及在三個主要馬來國家（印度尼西亞、馬來西亞和菲律賓）的華人學者之間就出現了分歧。這些馬來國家的華人已開始認同於當地的發展，並以更強烈的同情心在其著作中寫下了各種各樣的馬來價值觀和想法。然而，在馬來世界的領導人看來，中國大陸和中國臺灣出版的學術著作所反映的兩地官方態度，往往使上述華人的努力相形見絀。因此，當地華人的努力並未能減輕當地政治家和官員慣常對華人所採取的不信任和歧視態度。

我所要說的第五點是，上述發展情況產生了一種比「不信任」更加嚴重且與日俱增的影響。多年來，每個馬來國家以其不同方式所提出的當地政治

要求，似乎加重了馬來人和那些如今在馬來世界定居的華人之間的不和。自第二次世界大戰結束以來，外來的政治影響已使華人和馬來人更加疏遠。而由於馬來人持續的不信任和歧視，這種疏遠現在已成為馬來人的主觀意識。最值得注意的是，隨著各個新的單一民族獨立國家對世俗化的現代事物採取了不同的態度，他們之間的文化分歧擴大了。總的來說，華人傾向於對科學和商業採取世俗的看法。而馬來世界的態度則分為兩種，一種是有信心面對挑戰，另一種是擔心世俗主義會對他們傳統的生活方式，特別是伊斯蘭教的生活方式，產生不良的後果。近年來，政治文化的差異已變得特別顯著。如果當前馬來世界的華人和馬來人之間互相諒解的努力未能取得成功，那麼就很可能使中國和馬來世界在未來變得日益難以相處。反過來說，如果中國及其當今研究馬來世界的學者能夠更加理解馬來社會和文化，那麼生活在馬來文化與社會當中的華人的處境就會得到改善。

現在就來推測中國學者和當地華裔學者（他們已經比較敏銳地認識到了馬來世界的憂慮和願望）當前的學術著作可能產生的未來影響，未免為時過早。勿庸置疑，在華人學者和馬來學者都能開始消除他們之間與日俱增的不信任和不和之前，他們還必須做出巨大的努力。而且，這個任務也不能僅僅由他們來承擔。現在學術界已更加開放了，很多外國學者正在為（改善）這種潛在的關係做出貢獻。越來越多的學者為了闡明已出現的問題而進行的更加廣泛合作，有助於改善中國和馬來世界之間的未來關係。但是，為此，人們還必須認識到，那些僅僅反映當前政治要求的學者，是難以減輕華人和馬來人之間的不信任與不和的。還必須超越當代宣傳的需要而做出真正的努力來查明事實真相，確實努力闡明問題和瞭解各種政治文化的差異。最大的危險不在於對任何族群的歧視，而在於歧視那些努力闡明他們所瞭解的事實的學者。只有當很多上述學者被允許這樣做時，才有可能消除不信任和縮小文化差異。

在結束本文之前，我想重提我在本文開頭所說的「中國和馬來世界相互關係的重要事實」：1500 年的貿易關係和隨後一個世紀的不信任和疏遠。我們能否把那最後一個世紀置之腦後，並把它視為一個不正常時期？還是應該說，這種不信任和疏遠意味著，現代政治文化的轉變導致華人和馬來世界的關係發生了永久性的轉變？如今，世界的變化是何等的巨大。也許我們可以指望，在新的條件和情況下，中國和馬來世界將能找到新的出發點來重建一種持續穩定的關係。

新加坡和中國關於東南亞研究的兩種不同觀點〔註1〕

薛學了譯　廖大珂校

　　把東南亞視為一個地區，自然會引起人們的質疑。我自己的早期經歷可以說是開了這樣的先河。我就是那種從來都搞不清楚自己屬於什麼地區的人。我出生於「南洋」（20世紀60年代以前華人所認可的一個地區概念）的一個在印尼泗水旅居的華僑家庭。20世紀30年代，我在馬來亞霹靂州怡保市一所英文學校接受教育，老師告訴我們，馬來亞是「遠東地區」的一個部分，當然就遠離倫敦了。直到二戰結束進入新加坡的馬來亞大學後，我才知道我們是住在一個被稱為東南亞的地區。作為一名歷史研究者，我確實研究了馬來亞、中國和南中國海。我在倫敦的東方與非洲學院（School of Oriental and African Studies）工作時，得到了最傑出的東南亞歷史學家霍爾（D.G.E.Hall）的正式指導。那是因為我的學術成果表明了我來自該地區。而實際上，我的研究對象是中國北方五代時期（10世紀）的歷史，並與遠東歷史系一位年輕的中國唐朝史學家丹尼斯‧特威切爾（Denis Twitchell）直接共事。再也沒有比這更加混淆不清的了。

　　回到馬來亞大學（起先在新加坡，後來在吉隆坡）後，我贊同我的同事關於教授東南亞史的主張。後來，我擔任了澳大利亞國立大學遠東歷史系主任，雖然我自己的工作從未遠離東南亞領域。當地的智者甚至還認為，我的

〔註1〕 此文刊發在《南洋研究》2004年6月（第2期）第1～15頁。本譯文在許多著作名稱和作者姓名的翻譯上，得到了廈門大學南洋研究院廖大珂教授的大力幫助——譯者。

職務應該是近北地區歷史（Near North History）系主任，因為該系的教學範圍涵蓋了澳大利亞以北的一切地區。1986 年，當我應邀到香港大學任教時，英國人就已同意香港重新回歸中國了。但香港大學卻是那個在 20 世紀 50 年代成立時把中國排除在外的東南亞高等學術機構協會（Association of Southeast Asian Institutes of Higher Learning［ASAIHL］）的 6 個原成員之一。香港大學有意聘請學者來教授東南亞學科，20 世紀 50 年代和 60 年代初的歷史學教授是第一批東南亞史著作之一的作者布賴恩·哈里森（Brian Harrison）。1996 年，當我從香港大學退休並來到新加坡時，東盟終於將要接納其第 10 個成員國，從而將包含東亞和南亞這兩個地區之間的所有國家。然而，東盟國家還是其他地區集團的成員，其中最著名的集團是亞太經合組織（Asia-Pacific Economic Conference［APEC］）和亞歐會議（Asia-Europe Meetings［ASEM］），這兩個集團都包含了東亞的主要國家。後來，又出現了另一個新的聯合體，被不倫不類地稱為「東盟＋3」（其中的 3 是指中國、韓國和日本），類似於東盟成員國早些時候所反對的「東亞經濟決策會議」（East Asian Economic Caucus）。看來，對一個或許可以嚴格確定的地區的探究，並非就此結束。

　　然而，新加坡和中國從各自不同的觀點來對東南亞進行研究，則已經成為一個事實。對兩種觀點加以比較，將是一項有意義的對比研究，這不僅是因為兩個國家的幅員差別懸殊，還因為它們一個是在該地區之內，另一個則在地區之外，從而導致它們過去幾個世紀的經歷大相徑庭。顯而易見，這兩種觀點是相當不可比的，但並不意味著對它們進行比較就沒有啟發意義。

起源和概念

　　如果我們把東南亞看成是戰時的盟軍司令部（英國為了應付戰時緊急情況而設立）所構想的，那麼新加坡就是那個構想範圍的中心。另一方面，中國顯然是在那個範圍之外，故而沒有參與那個構想。在早得多的年代，當中華帝國舉目遙望中國以南的一片陸地和水域時，它把中國與那裡的國家關係看得無足輕重，儘管這種關係已持續了將近 2000 年之久。相比之下，新加坡只是不列顛帝國的一個很小部分，而且在 1819 年之後才淪為其屬地。由於英國將其關於東南亞獨特性的倡議強加給新加坡，這就使新加坡與中國的觀點又形成了另一個差異。這突出地表明，中國關於該地區的見解總是屬於地區外部的，而新加坡的東南亞研究在 20 世紀 60 年代以後則已融入了該地區發

展成為某種新國家共同體的努力中。

　　把新加坡和中國相提並論，也促使我將早先人們對那個最終被認可為東南亞的地區的研究，同後來人們為該地區（它必須具有共同的政治與經濟前景）構想一種獨特歷史與文化的努力加以比較。這種比較使我們得以分析，一個時期以來人們是如何看待東南亞的。例如，中國提供的文獻資料所反映的東南亞情況與我們當前的實際情況有些不同。這些記載提出了一種外來的觀點，這有助於我們重新構想那些港埠王國的早期歷史，但這畢竟是一種外來的構想。現代的東南亞概念也是由地區外部確定的。就此而言，正是英國人在該地區的創始階段起了作用，才使該地區具有了雛形。而且，由於當時新加坡對一個戰略性新地區的構想具有重要性，英國人還確保了新加坡在從東南亞內部對該地區進行的研究中佔有重要的地位。因此，新加坡的觀點無意中就會成為任何可能從中國關於該地區舊看法引出的其他觀點的對立面。

　　至此，我們尚未論及問題的實質，那麼什麼是地區呢？地區是一種可能涉及多種不同規模的概念，有的很小，有的則大得含有較小的「分區」。一個自然的地區可能僅僅屬於地理的範疇，它由那些自然地劃分出明確界線的地形，或者由那些把它與其他陸地分開來的水域來劃定。它也可能是一種明確的構想，即某個地方的居民希望與鄰近的居民區分開來而把這個地方確認為一個地區。但是，如果當地居民自己不這麼認為，那麼外地人就可能會跟著來，並替他們確認該地區。如果外地人的努力使當地居民最終也認為把當地視為一個地區畢竟對他們是有利的話，那麼這也同樣有效。

　　東南亞具有一個自然地區的某些特徵，在歐洲地圖繪製者的工作促使現代地理學出現之前，從未有人有意識地確認它是一個地區。後來出現了當代的東南亞研究，它們構成了那種旨在劃出這樣一個地區的邊界並說服所有的人（包括當地居民）承認它是一個地區的努力的一部分。這些主要由英國、美國和澳大利亞的學者出於政治和戰略上的需要而進行的現代研究，力圖有系統地表明，該地區確實具有很多共同的歷史與文化經歷，這肯定足以使該地區必須有意識地延續這種經歷。

　　當然，這只是該地區的居民必須面對的一些概念之一。這些主要由歐洲的學者與官員提出的概念幾乎是同時存在著，它們包括關於民族與國家、地方社區與種族的概念，特別是關於亞洲與歐洲、東方與西方、國際關係與全球化的較廣義概念。在這些概念中，有些可以幫助人們思考什麼應該被視為

與地區有關，以及什麼最終應該成為一個獨特的地區。但是，該地區的居民可能會因同時面對著這麼多的術語而感到困惑。如果不是所有這些術語都被理解得很透徹，那麼把該地區作為不可或缺的課題來進行研究，就不會有光明的前景。

陸上強國的優勢

從中國的傳統觀點來看，該地區從未對其邊界構成威脅，因而不必給予高度的關注。當北方的中國軍隊來到 2000 年前各個部族早已居住在那裡的中國南方港口時，他們發現當地人民已經同南海的各個王國建立了海上貿易聯繫。〔註2〕當時，他們也瞭解到西江與紅河、湄公河與薩爾溫江等河流上游的內陸熱帶地區地形很險峻，但卻寬慰地發現那裡的人民無力對抗中國的軍事力量。因此，他們對前 1000 年情況的非連貫性研究可以分為兩類：一類是關於南中國海對岸的進貢國的商港與貨物和關於通往佛國印度的海路的記載，另一類是關於那些山地部族是否可能反叛中國王朝和阻礙陸上貿易的軍情和戰略性報導。其中有的是編入漢朝以來官方記載的各種簡報，也有第一部佛教徒紀行，即法顯（Fa Xian）在 5 世紀從印度回國的遊記，還有一些關於在唐朝時期（8 世紀）越過東南亞大陸各個江河流域西行出遊的陸上「遊記」。〔註3〕

這種早期關於南方的「兩點論」（two-part view）認為，海岸是自然的國防線，近海也可以確保外國商人安全地來到中國；另一方面，必須密切監控和遏制西南方潛在敵對的陸上王國（它們可能與中亞的敵國相勾結）的興起，以免其可能加重中國邊境地區原已受到的威脅。總而言之，在雲南以外和長江上游地區（包括我們今天稱之為東南亞大陸的地區）的崎嶇地形和好戰部族，使貿易被限定為僅能進行便於攜帶的貨物交易，而且其貿易額也很小。

〔註2〕 王賡武《南海貿易：南中國海早期華人貿易研究》第二版第 1～14 頁，新加坡時代學術出版社（Times Academic Press），1998 年。

〔註3〕 從司馬遷的《史記》到《新唐書》等《正史》的外國傳是直到唐朝（618～907）的最好官方記載，但也有其他的例子。法顯的著作《佛國記》，賈爾斯（H.A Giles）譯為「The Travels of Fa-hsien」，或「a Record of the Buddhist Kingdoms」。倫敦：特拉布納（Trubner）出版社，1877 年。關於賈耽所記載的陸路，見伯希和（波爾·珀利奧特〔Paul Pelliot〕），8 世紀末從中國到印度的兩次遊記（Deux Itineraires de Chine en Indea la fin du VIIIe siecle）。遠東法語學校公報（Bulletin de l' Ecole Francaise d' Extreme-Orient）第 215～363 頁，（4），1904 年。

因此，陸上安全比贏利更加值得關注。

　　宋朝時期（960～1279年）的中國記載證實了這種「兩點論」。這些記載表明，（中國）日益認識到各種不同類型的陸上強國和海上強國一直在爭奪統治地位和貿易優勢。宋朝的統治者，特別是1127年以後那些把京都遷往海濱城市杭州的南宋統治者，對海上發展的興趣比對建立陸上聯繫的興趣大得多。然而，這種情況在1253年蒙古人消滅了雲南的大理國並在1279年征服了南宋之後就發生了變化。蒙古人具有征服全世界的野心。忽必烈汗（1215～1294年）經海路去干涉占族（Cham）和爪哇人的政治事務，並派兵經陸路去攻打桀驁不馴的緬甸和越南王國。他那目空一切的眼光似乎無視陸上世界和海上世界的差異，但這只是一個非常短暫的時期。幾十年之後，中國的明朝又恢復了原有比較傳統的觀點。〔註4〕

　　然而，蒙古人對大理國的征服和越過大陸對緬甸和越南的入侵，已產生了長期的影響。這為隨後明朝的移師雲南和擴展西南邊防線奠定了基礎。到15世紀初，鄭和將軍到西亞和東非進行海上遠征歸來，證實了中國真正關注的，是印度洋彼岸的新強國越過中亞和中國西部從陸上對中國形成的威脅。〔註5〕雖然中國已比較瞭解海上強國和內陸強國之間的互相聯繫，但仍斷定它無須懼怕南方的那些港埠王國。當時似乎沒有必要把我們現在所稱的東南亞視為任何類型的地區。這種觀念是如此的根深蒂固，以至於當一個世紀後歐洲人來到中國近海時，中國的歷代皇帝及其大臣仍認為沒有必要改變其看法。

　　因此，在13～14世紀期間那些得到外國觀察家幫助和通過直接經歷而進行的研究，都著重於研究貿易、一些當地習俗和印度佛教教規。在鄭和下西洋之後，出現了大量關於15～16世紀海上王國的記載，但仍然著重於記載商

〔註4〕托馬斯・奧爾森《蒙古帝國的興起和蒙古人在中國北方的統治》和莫里斯・羅薩比（Morris Rossabi）《忽必烈汗的統治》，劍橋中國史（The Cambridge History of China）‧（6）‧《異族統治和毗鄰國家（Alien regimes and border states）》第907～1368頁，赫伯特・弗蘭克和丹尼斯・特威切爾合編，劍橋：劍橋大學出版社，1994年，第405～407頁，第484～487頁；王賡武《明朝與東南亞的早期關係──背景短評》，《華人世界秩序》第34～62頁，費正清（John K. Fairbank）編，馬薩諸塞坎布里奇：哈佛大學出版社。

〔註5〕王賡武《社區和民族：中國、東南亞和澳大利亞》第108～119頁，聖萊奧納爾（St Leonard's）新南威爾士：艾倫和昂溫（Allen & Unwin）出版社，1992年。

業環境和可進行交易的商品。〔註6〕這些記載很不同於那些關於雲南各地區（諸如蒙古人所征服的大理國等）的軍情報導和人種志，也不同於那些關於在西南邊境地區直至伊洛瓦底江、薩爾溫江、湄南河和湄公河等流域一帶定居的倔強部族的報導。〔註7〕

相比而言，那些自16世紀就來到亞洲的葡萄牙、西班牙和荷蘭的商人和官員撰寫了大量關於該地區貿易的著作。他們所關注的問題與中國人大同小異。但他們的著作卻不像早期的中國記載那麼簡要，因為他們是為那些在其事業中享有既得利益的歐洲讀者而撰寫的。而且，他們的老闆和上司也確實離他們很遠，因此這些商人和官員就必須更具說服力，提供更多的詳細資料。他們對任何事情都不敢視為理所當然。他們必須提出一些證明其事業將來應該獲得支持的具體理由，而中國作者從來都不必這麼做。有意思的是，中國人直到遇見了西方的官員和企業冒險家之後，才比較敏銳地注意到那些關乎地區性貿易的政治和種族因素。〔註8〕

甚至到了那時，中國人還是不從防衛和戰略性的角度來看待該地區，這種情況又延續了一個世紀。他們越來越意識到有一個被稱為「南洋」的地區，這是那些積極鎮壓南方海上叛亂的官員們所採用的名詞。「南洋」這個詞日益被用來指那些處在我們當前稱之為東南亞的地區的沿海國家，雖然該地區的

〔註6〕特別是趙汝适的《諸藩志》，F.赫思（F. Hirth）和 W. W.羅克希爾（W.W.Rockhill），譯為「Chao Ju-kua:his work of the Chinese and Arab trade in the 12th and 13th centuries」，英文書名為「Chu-Fan-Chih」，聖彼得斯堡帝國科學院出版社（Imperial Academy of Science），1911 年。汪大淵《島夷志略》，W. W.羅克希爾譯為「Notes on the Relations and Trade of China with the Eastern Archipelago and the coasts of the Indian Ocean during the fourteenth century」，「T'oung Pao」，1914～1915，（15）419～447；（16），61～159，234～271，374～392，604～626；周達觀《真臘風土記》英文書名為「The Customs of Cambodia」，伯希和（Paul Pelliot）從 J. Gillman d' Arcy Paul 翻譯的中文原著法語版譯成英文。曼：暹羅學會（Siam Society），1987。

〔註7〕對《明朝的對外關係：東南亞》的書目說明（Bibliographic notes），劍橋中國史（8），明朝（1368～1644），第二部分第 992～993 頁。丹尼斯·特威切爾和弗雷德里克 W.莫特合編，劍橋大學出版社，1998 年。

〔註8〕這可以從諸如張燮所著的《東西洋考》和陳倫炯的《海國聞見錄》等著名著作中看得出；見王賡武《沒有建立大企業的商人：福建旅居者社區》（Merchants without Empires: the Hokkien Sojourning Communities）》；《商業大企業的興起：現代世界早期的長途貿易（1350～1750）》（The Rise of Merchant Empires: long-distance trade in the early modern world）第 400～421 頁，詹姆斯 D. 特雷西編，劍橋大學出版社，1990 年。

界線在當時仍然不明確而且變化不定。後來，緊接著出現了一些著作，它們在英國人來到檳榔嶼和新加坡開拓殖民地的前夕完成，而另一些著作則出現得太遲，未能幫助清朝抵禦英國人。〔註9〕只有到了那時，中國人才為時已晚地開始認識到來自南洋以外的海上威脅。

以上簡述的中國觀點突出地表明，在現代以前，中國人並不把東南亞視為一個地區，遑論把它當成一個地區來加以研究。葡萄牙人、西班牙人和荷蘭人也不是這樣，因為他們都更加關心其各自所需要控制的領土和勢力範圍。葡萄牙人雖仍把馬六甲視為果阿與澳門的聯繫紐帶，但也許已認識到在印度和中國之間的這個地區的重要性。但他們過於勢單力薄，而且不久以後還得疲於奔命地防禦荷蘭人的入侵，因此未能形成這樣一種地區觀點。在19世紀期間，直到英國人確立了他們在印度的勢力並增強其對中國市場的興趣之後，形成東南亞「居間地區」的基本條件才開始出現。至此，中國人幾乎已認識到，這個「南洋」就是對中國構成海上新威脅的來源。

當時，也許是作為一種無意識的結果，一大批中國勞工移民開始來到了英國的新殖民地檳榔嶼、新加坡和處在該地區中心的馬來亞各州定居。而且也是英國人，開闢了香港和中國各個通商口岸並使新加坡成為轉運中國勞工的主要中心。1875年，中國將其首任駐西方的外交使節派往倫敦，這個事實決定了中國自己的外交與戰略觀點。這位使節在赴任時途經新加坡並會見了那裡的華人社會領導人，這次會見促使他草擬了一份關於華人在新加坡所起經濟作用的報告。這導致了中國委派領事官員進駐海峽殖民地，並最終在17年之後的1893年改變了中國的華僑政策。〔註10〕到19世紀末，「南洋」這個中國詞彙比任何其他地理概念都更加接近於現代的東南亞概念。中國人把所有屬於西方強國「殖民地」的沿海地區都歸入「南洋」的範圍。在20世紀初，他們還不太瞭解諸如東京（今越南北部）、老撾和緬甸等與廣西和雲南省接壤的地區，而且也總是弄不清該如何來描述像暹羅這樣的一個獨立王國。不過，

〔註9〕王大海（18世紀末）和謝清高（19世紀初）的著作，以及此類著作中最負盛名的魏源的巨著《海國圖志》（Illustrated Account of the Maritime Nations, 1840~50）；王賡武《中國史書中的東南亞華僑》，《中國與華僑》第22～25頁，新加坡時代學術出版社，1991年。

〔註10〕首位外交使節是郭嵩燾（Guo Songdao），見《中國派往西方的首位大使》，《郭嵩燾、劉錫鴻和張德彝出使記述》（the journals of Kuo Sung-Tao, Liu Hsi-Hung and Chang Te-yi），J. D. 弗羅德沙姆（J. D. Frodsham）翻譯和評注，奧克斯福德克拉倫登出版社，1974年。

中國學術研究的主要傳統觀點（當時日本人的觀點也與此相似）認為，「近義詞」雖含義不確切，卻也同樣有用。當新術語在 20 世紀 50 年代之後被普遍接受時，這種觀點也使中國政府易於把這個「南洋」等同於「東南亞」。

這樣，中國的東南亞研究（這不同於當地出生的華人對東南亞的看法）就可以追溯到 1928 年上海暨南大學南洋文化事業部的正式成立，當時的「南洋文化事業」得到了中國的新移民，即「新客」（「sinkheh」，指「純血統華人」〔totok Chinese〕）的普遍認可。日本在臺灣設立的新研究中心及其所提供的關於該地區華人的詳細報導，使日本人對「南洋」產生了濃厚的興趣，這也促進了「南洋文化事業」。在暨南大學，一批能幹的學者經過 10 年的努力出版了《南洋研究》雜誌和一些論著。〔註 11〕儘管受到中日戰爭的干擾，這批學者所培養出來的一代學生仍在重慶和其他地方繼承了他們的研究，並在後來戰爭結束時形成了中國東南亞學術研究的核心力量。尤其重要的是，他們與那些在廈門大學學習的東南亞華人學生建立了聯繫，廈門大學是由在新加坡發跡的陳嘉庚先生獨力創辦的一所私立大學。在 1921～1936 年期間，廈門大學的校長是畢業於愛丁堡大學的皇家獎學金基金受領者林文慶博士。〔註 12〕這些學者還與那些從上海、廈門、汕頭、廣州、海南等地來到東南亞，特別是到華人學校和華人報社工作的其他戰時難民一道工作。在這個基礎上，南洋學會於 1940 年在新加坡成立，並成為新加坡東南亞研究事業的一個組成部分。中國的南洋研究便因此而成了新加坡早期東南亞研究的起點。在 1955 年南洋大學（南大）成立時，正是這部分研究事業傳入了該大學。陳育崧和許雲樵繼承了這項事業，而他們的接班人則是 20 世紀 50 年代末的第一代南大學生。〔註 13〕當他們的成就

〔註 11〕 《關於暨南大學的南洋文學事業》（Nanyang wenxue shiye）和《南洋研究》，見王賡武《東南亞華僑》第 29～30 頁。

〔註 12〕 楊進發（C.F.Yong）《陳嘉庚：華僑傳奇人物》（Tan Kah Kee: the making of an Overseas Chinese Legend）第 98～102 頁，新加坡牛津大學出版社，1987 年。

〔註 13〕 姚楠《20 世紀中國對東南亞史和海外華人史研究概況》，香港中文大學當代亞洲研究中心，1986 年；《兩次世界大戰期間新加坡華人對東南亞研究的開拓工作》，《兩次世界大戰期間在亞洲之海外華人》第 25～35 頁，吳倫霓霞（Ng Lun Ngai-ha）和鄭赤琰（Chang Chak Yan）合編，香港：香港中文大學當代亞洲研究中心，1989 年。又見他的論文集《星雲椰雨集》，新加坡，1984 年。

　　　陳育崧和許雲樵使南洋學會在 20 世紀 50 年代到 60 年代初一直積極地開展活動。許雲樵在南洋大學任教。在他的學生中，有些成了未來的學者，如新加坡的吳振強（Ng Chin-keong）和崔貴強，澳大利亞的顏清煌和楊進發。

在東南亞學術研究中佔有一定地位時，我們就更能理解新加坡與那些最先在中國出現的南洋研究的聯繫了。這些聯繫還使人瞭解到上世紀中國學者進行東南亞研究的方法。

在 1949 年以後的中國，該地區的名稱從「南洋」轉變為「東南亞」的過程，可以分為兩個階段。第一個是關注意識形態的階段，在此期間發生了這樣的轉變，即西方勢力及其盟國聯合起來防禦共產主義向南方的蔓延。北京政府把這視為南方敵對勢力聯合起來反對中國。越南戰爭就是那種觀念的核心部分，而前蘇聯對越南人的支持被視為是決定性的。這迫使中國人以新的眼光來重新考慮英美對東南亞的看法。第二階段隨著鄧小平實行經濟改革而開始，這與東南亞事實上的形成同時發生，後者體現為東盟作為一個外交實體所取得的成就，以及中國終於把東南亞視為一個地區，並認為它能夠為中國本身的經濟發展營造和平的環境，而且有助於緩和中美在東北亞的緊張關係。〔註 14〕中國對這種形勢的認同，導致它願意把它同東南亞的關係推進到超越「東盟＋3」的程度，以至於準備與整個地區共同簽署一項自由貿易協定。

上述兩種觀點都反映在關於東南亞的華人著作中。第一階段的著作主要反映了對意識形態的關注，因為中國政府要在其南方鄰國中尋求志同道合的朋友來反抗它所認為的西方對該地區的新殖民主義統治。這導致中國學者順應形勢地撰寫了一些關於（中國）與當地反殖民主義運動和共產主義運動的聯繫的著作，有些當地運動得到了東南亞華人的積極支持。然而，有些學術性著作則確實超越了這種政治考慮。例如，有些學者就一直進行著歷史方面的研究，因為他們著重研究中國與東南亞國家的早期貿易關係史以及這種貿易的無害性。〔註 15〕

就官方而言，中華人民共和國的僑務部門很關心居住在東南亞為數眾多的華人。原國民黨政權把這些華人說成是「保留中國國籍的旅居南洋愛國者」。中華人民共和國政府終於認識到，這種說法只會在中國領導人希望待之如友的那些東南亞當地民族主義者中引起消極反應。因此，中國領導人便改變了

〔註 14〕劉永焯《中國東南亞研究的回顧與前瞻》第 101～112 頁，對這些態度的變化進行了有益的闡述，該書的卷首提供了英文提要，i-x.廣東人民出版社，1994年。

〔註 15〕最著名著作的作者是那些不參與撰寫宣傳性著作的學者，如姚楠、陳序經、張維華、韓振華和田汝康。其中只有田汝康德以在文化大革命（1966～1976年）結束後用英文出版著作。

早先的政策，鼓勵那些願意在當地定居的華人成為他們各自所在國的忠誠公民。在 10 年文化大革命（1966～1976 年）期間，這是一個被視為政治上敏感的問題，從而沒有出現關於這方面的新研究。凡是沒有明顯涉及意識形態的研究（實際上很少有這樣的研究），往往都是關於個別國家而不是關於整個東南亞地區的研究。〔註16〕

　　第二個階段隨著 1978 年後的經濟改革而開始。南洋研究的進展和恢復是緩慢的，澳大利亞國立大學的一個考察團在 1980 年訪問中國的各個東南亞研究中心時發現，北京、廈門、廣州和昆明最積極開展這方面的研究項目。該考察團會見了許多熱心的學者，而他們一直都缺乏資金和文獻資料。即使是在諸如印度尼西亞和越南等其意識形態曾一度受到嚴格限制的國家，專家們獲得的資料也是過時的。中國學者至少有 10 年沒到過東南亞地區。在這種情況下，就迫切需要有一種關於東南亞研究的全新觀點。〔註17〕

　　不過，優先考慮的事項仍然是實際利益。例如，中國首次鼓勵東南亞研究幫助它在東南亞地區結交友好國家，以便對抗蘇（聯）越（南）聯盟。其他的積極行動集中在中國歷來對南中國海諸島和島礁的主權要求，或者旨在重新贏得那些其家庭在文化革命期間受到迫害的東南亞華人的好感。廈門大學南洋研究所（現為南洋研究院）繼承了 20 世紀 50 年代上海暨南大學的南洋研究衣缽，而且廈門大學東南亞研究中心（在廈門大學南洋研究院的基礎上成立）擁有獨特的優勢，因為它從一開始就把該地區當成「南洋」來進行全面的研究。經過多年被忽視之後，中國的東南亞研究活動又蓬蓬勃勃地開展了起來，因為有一些新的研究中心成立了，至少有兩個研究中心設在廣州（一個在中山大學，一個位於在廣州重建的暨南大學）、另有一個在南寧的廣西大學、還有一個在昆明的雲南大學。北京大學老牌的東方語言系（它在 20 世紀 50～60 年代培養了許多東南亞各種語言的專家）得到了加強，一些社會科學院（特別是上海、廣東、廣西和雲南的社會科學院）的研究也得到了促進。

　　這些研究中心全都很快就恢復了對外國學術研究的密切關注，並翻譯了一些優秀論文以供內部交流，但大多數研究中心在整個 20 世紀 80 年代都面

〔註16〕劉永焯《中國東南亞研究》第 55～100 頁，他在評述中國的不同研究中心，特別是福建、雲南、廣東、廣西四個毗鄰東南亞的南方省份所進行的研究工作時強調了這一點。

〔註17〕王賡武等《中國的東南亞研究述評》（Southeast Asian studies in China: a Report），堪培拉：澳大利亞國立大學太平洋研究院，1981 年。

臨著嚴重的問題。若不能僅僅作為學者去訪問有關的國家，他們該如何來系統地研究東南亞地區呢？大多數東南亞國家都不願意讓外國研究者去研究它們，除非這些學者能夠得到信賴，不會去觸及那些被視為敏感的問題。許多國家，特別是那些與英美勢力關係密切的反共國家，幾十年來一直對中華人民共和國的政治動機心存疑慮，因而就遲遲沒有對中國學者開放。而且，中國的各個研究中心都資金匱乏，因此無力派遣學者前往該地區去單純進行學術研究。它們也無法迅速彌合在出版書籍和獲得基本文獻資料方面的巨額資金缺口，遑論讓其學者（到東南亞各國去）獲得第一手資料。而專門研究那些主要與華僑（現在主要是具有中國血統的當地公民）有關的問題，對中國學者來說也是一種誘惑，因為他們認為他們在這個領域比較具有優勢。但這是否真的有助於中國正確評估東南亞的新形勢呢？

　　就像在其他國家那樣，在中國的政府部門和軍隊裏也有東南亞問題專家，但我們只關心學者們能夠出版和談論什麼。甚至對這些學者，中國的官員也希望他們能夠優先研究那些中國為了維護國家利益而迫切需要瞭解的問題。顯然存在著一些能夠促進中國發展得比其他國家快的因素。這些問題反映在那些負責向各個政府部門彙報情況，特別是提供關於東南亞華人潛在作用的最新信息的研究機構所出版的報刊、雜誌和其他出版物中。很多上述出版物表明，有關的學者實際上對東南亞地區較新近的政治和經濟發展情況知之甚少。雖然該地區的有些國家最終已向他們開放，而且中國也鼓勵一些學者從事這個領域的研究，但資金仍然不足以支持嚴謹的學者進行系統的研究。只有少數有幸能前往歐洲、北美和澳大利亞的東南亞研究中心的學者，才有可能繼續進行其研究工作，而這種研究工作是使他們及其中國讀者重新適應生氣勃勃的東南亞地區新形勢所必不可少的。

　　1994 年，劉永焯對中國的東南亞研究進行了有價值的回顧與展望。他指出，20 世紀 50～60 年代的早期報刊雜誌仍然使用「南洋」這個名稱。而到了20 世紀 80 年代，較新的報刊雜誌都把該地區稱為「東南亞」。此外，有四份關於印度支那國家的雜誌把這些國家與東南亞地區的其餘國家區分開來。這表明了中國的傳統態度以及對越南戰爭的關注，而且也說明中國仍然不明了東南亞的確切含義。中國也出版了無數關於東南亞地區的書籍。其中關於東南亞華人的著作最有學術價值，而其他的著作則基本上是一般性和介紹性的。然而，總的情況表明，取得進展的領域是對當代東南亞 10 國本身的研究，特

別是對其經濟和國際關係的研究。正是在這時，中國有關機構的研究方向表明了他們從政治和戰略上關注著那個將與中國親善的東盟。〔註18〕這種關注一直持續至今。

英國和中國對新加坡的影響

　　新加坡的東南亞研究顯然是沿著一條相當不同的路線。本人已提到新加坡在不列顛帝國的亞洲屬地中佔有重要地位，還提及「東南亞」這個詞的起源與二戰結束前英國的戰略性利益有關。戰後，英國委派馬爾科姆·麥克唐納到新加坡出任其駐東南亞首席專員，這是首位在其頭銜中有「東南亞」字眼的文職官員。英國負責擬定一些優先考慮事項，以使西方勢力得以在東南亞地區保持顯要地位。因此，最早的東南亞學術研究由在該地區工作的英國學者進行就不足為奇了。其中一些英國學者在馬來亞工作，包括兩位在新成立的馬來亞大學（後來稱為新加坡大學，現為新加坡國立大學〔NUS〕）任教，但在這個領域的先驅者中，最傑出的當數在仰光大學任教的霍爾（D.G.E.Hall），他後來成為倫敦東方與非洲學院（School of Oriental and African Studies）的東南亞歷史教授。他的繼任者是也曾在新加坡任教的科恩（C.D.Cowan）。另一位英國學者是長期在英屬馬來亞工作的奧利弗·沃爾特斯，他後來的工作使我們增長了對東南亞地區的認識。此外還有其他一些英國學者。戰後，在殖民部對東南亞研究的迫切要求下，倫敦經濟學院（London School of Economics）派遣了幾名先驅研究者赴新加坡。鑒於英國的強烈興趣，馬來亞大學（無論是在新加坡還是在吉隆坡）可以說從一開始就把現在所稱的東南亞地區的存在，視為幾乎是理所當然的。〔註19〕

　　在英國和英聯邦觀點的支持下，「東南亞」輕而易舉地被悄悄編入了馬來

〔註18〕劉永焯《中國東南亞研究》第5、6章，概述了近期發展情況的主要趨勢。在1966年文化革命開始之前的期刊有《南洋問題研究》和《南洋問題》等。在1978年研究工作恢復之後，新刊物的名稱一般都採用「東南亞」，如《東南亞》、《東南亞研究》、《東南亞學刊》、《東南亞歷史研究》和《中國東南亞研究會通訊》等。

〔註19〕E.H.G.多比、布賴恩·哈里森和維克托·珀塞爾在馬來亞工作，前兩位早先撰寫了關於東南亞的教科書並分別在新加坡馬來亞大學的地理系和歷史系任教。被倫敦經濟學院的雷蒙德·弗思派往英屬馬來亞的學者，有莫里斯·弗里德曼、田汝康和艾倫·埃利奧特。這個積極行動後來和「倫敦—康奈爾研究項目」一起，導致了一些關於東南亞和中國海外的最優秀人類學著作的產生。

亞大學的人文社會科學教學課程達幾十年之久。而且馬來亞大學還開始探尋東南亞地區共性的歷史淵源，這種共性是該地區贏得信譽和維護自身利益所不可或缺的。他們查閱了荷蘭、法國和德國官員所撰寫的一些早期學術著作。當地的資料來源也被搜尋和讀遍了。他們還邀請美國的社會學家到該地區去幫助那些業已開始進行的工作。學者們認識到，僅僅研究該地區的整體狀況是不夠的。他們認為還必須從每個國家或前殖民地、每一種當地文化、每個社區，甚至是每個部族中，去尋找一些成分來推想該地區的過去，並據此說明和證實現在。連那些一直致力於研究英國和其他事務的馬來亞大學研究者，也不知不覺地撰寫和教授了關於該地區的著作和課目。馬來亞大學還聘請了英聯邦其他成員的研究者和講師來進一步研究這個新地區。〔註20〕

在另一個地方（新加坡），特別是隨著美國在戰略上捲入該地區和日本從二戰的衰敗中恢復過來，有數十名年輕學者被其所在機構派來研究東南亞。其中有很多學者最初的研究方向是中國，但後來因新中國成立而無法到中國進行研究，從而轉為研究南洋地區。新加坡成了該地區的一個良好研究基地，此後，有一些最早期的研究工作也許是不經意地就著眼於研究南洋華人旅居者和定居者及其政治與經濟活動，並力圖把他們置於該地區的範圍內。這些和其他的研究工作，特別是著重於研究泰國、印度尼西亞和菲律賓的康奈爾研究項目，擺脫了英國和英聯邦的觀點並擴大東南亞研究的視野，從而採取了許多新的不同觀點。〔註21〕

新加坡一直是個便利的地點，而且新加坡的大學和馬來亞大學一起為未來許多年的地區研究打下基礎並提出了見解。兩所大學都有自己的一批學者，

〔註20〕例如，在開始學術生涯時就致力於研究世界其他地區的 C.N.帕金森、湯姆‧西爾科克、保羅‧惠特利和阿拉斯泰爾‧拉姆，對東南亞研究做出了卓越的貢獻。在很多從英聯邦的各個成員國被聘請到新加坡和吉隆坡各所大學從事這個領域的工作的學者中，有肯‧特里岡寧（Ken Tregonning）、達莫達爾‧辛格爾（Damodar Singhal）、尼古拉斯‧塔林（Nicholas Tarling）、瑪麗‧特恩布爾、唐納德‧弗賴爾、約翰‧巴斯廷、特里‧麥吉、威廉‧羅弗（William Roff）、安東尼‧里德、吉姆‧傑克遜、羅恩‧希爾和希瑟‧薩瑟蘭。

〔註21〕北美的東南亞研究則是另一種情況。在這裡具有重大意義的是與中國的聯繫，因為它導致了人們深入研究東南亞的海外華人。這種研究的最著名例子是 G.威廉‧斯金納（G. William Skinner）和威爾莫特兄弟（the Wilmott brothers）關於泰國、柬埔寨和印度尼西亞的著作。這還包括盧西恩 W.派伊（Lucien W. Pye）的研究，《馬來亞共產黨游擊隊的社會和政治影響》，普林斯頓大學出版社，1956 年。

他們的研究方向是東南亞的經濟、歷史和政治。當新加坡在 1965 年取得獨立和此後不久（印尼的）「對抗政策」告終時，由於需要有一個更加專門性的地區研究中心，東南亞研究所（ISEAS）便應運而生。當時，很少人認識到把東南亞當作一個地區來加以研究在多大程度上違反了「民族主義自我研究」（nationalist self-study）和較廣泛的外交與戰略研究的潮流。雖然該地區的大多數其他國家都寧願隨大流，但完全可以理解的是，那些進行獨立建國的國家卻認為本地區學者的行為準則就是優先研究本地和本國的問題。有時為了外交和戰略上的需要，其中的一些學者也會被鼓勵去研究國際問題，但總的來說，沒有什麼跡象表明他們感興趣於把東南亞當作一個獨特地區來加以研究。

值得注意的是，負責創建東南亞研究所的吳慶瑞所需要的不僅是一種「本國」對於鄰國的新觀點。他從美國、澳大利亞、加拿大和馬來西亞四處尋找最優秀的學者來管理這間新研究所。他從耶魯大學聘請曾在印度尼西亞工作的新西蘭人哈里·本達來擔任該研究所所長。後來，他從莫納什大學（Monash University）請來了另一位印度尼西亞歷史學家約翰·萊格，以及拉特格斯大學（Rutgers University）的緬甸政治專家約瑟夫·西爾弗斯坦。進行了這些短期任命之後，他還說服不列顛哥倫比亞大學的克尼爾·辛格·桑都（Kernial Singh Sandhu）前來工作。作為支持一種地區性觀點的馬來西亞公民，桑都被聘請連續擔任所長長達 20 多年。東南亞研究所及其出版物發行網，連同新加坡大學的各個系及其幾個系所出版的主要刊物，使新加坡成為最始終如一地得到大力資助的研究整個東南亞地區的國際中心。自 20 世紀 60 年代以來，總是有一些本地和本地區的學者對抗著僅僅研究本國問題的潮流。不過，新加坡已從別處再聘請了很多對地區問題感興趣的學者前來任教和從事研究工作。他們一起宣揚了這樣的觀點：東南亞地區是真實和有活力的，甚至像新加坡這樣的小國也可以對東南亞地區繪入世界地圖發揮作用。自不待言，東南亞地區的經濟成就以及東盟的擴大（從 5 個成員國擴大到 6 個再到 10 個），極大地激勵了人們對該地區前景的思考，這種情況強烈地反映在新加坡所有研究中心的工作中。

然而，我們必須區分在新加坡進行的研究和由新加坡人進行的研究。當這個島城變成一個獨立共和國時，後者所關心的是另一些問題，此後他們就非常關注獨立建國了。對社會學家來說就尤其如此，他們在 20 世紀 70～80

年代被聘請來幫助政府在不安定的鄰國關係中設想一種新的立國基礎。新加坡把精力集中在求得生存上，因而幾乎沒有餘力來關注那些並不妨礙其發展的地區性問題。

英—美—澳大利亞在地緣政治上對一個獨特的東南亞地區的關注，本不該由新加坡來承擔。但新加坡為這種研究提供了場所，卻可能已導致形成了一種從新加坡的視角來進行的東南亞系統研究。這也許就是新加坡做出的主要學術貢獻，即通過為其研究工作提供歷史與文化傳統（這存在於該地區的其他地方）的依據來構建或重建東南亞地區。確實有少數新加坡學者參與了這項研究工作，但他們的優先考慮卻使他們的研究方向集中在東南亞地區當前的經濟、安全和外交等問題上。而且，當其他到東南亞研究所或新加坡國立大學（NUS）工作的東南亞學者不願意專門研究其各自國家的問題時，他們的研究方向也是如此。因此，儘管新加坡自 1945 年起就開始進行東南亞研究，但把東南亞當作一個獨特地區來進行研究的大部分工作卻是由非新加坡學者來承擔，而且對國際性研究的最強推動力也往往來自英美兩國在學術上和戰略上的關注。從東南亞研究所出版的書籍、短評和論文以及新加坡國立大學各系出版的優秀刊物的作者名單來看，把新加坡視為東南亞的中心是恰當的。〔註 22〕

上述評論的依據是，新加坡起著一個國際中心的作用，就此（國際中心）而言，當前全世界往往都把東南亞視為一個地區。自 1967 年東盟成立以來某些東盟國家領導人所樹立的信念，在一定程度上增強了這種認同。但這也與以下事實不無關係：英美夥伴關係的擴大，已導致 20 世紀 90 年代初其同盟國在爭奪意識形態支配地位的全球鬥爭中取得了勝利。只要新加坡與它們保持密切的關係，那麼它就可能按照其至今所遵循的路線繼續保持其在東南亞研究中的地位。

當然，還存在著現已被貶低的另一種傳統觀點。我在前面從中國的觀點

〔註 22〕東南亞研究所（ISEAS）的出版部在系統地以關於東南亞地區的優秀和重要研究成果來充實世界圖書館藏書方面做了很出色的工作。任何研究中心都不能像它那樣，以擁有齊全的圖書和雜誌並使這些出版物的所有作者一直受到東南亞和東盟的關注而感到自豪。新加坡國立大學人文社會科學系也貢獻出相當多的優秀圖書和雜誌。它們關於東南亞的著名藏書有《東南亞研究雜誌》（在 1960 年創刊時名為《東南亞歷史雜誌》，自 1970 起更名如上）和《熱帶地理雜誌》（1953 年創刊，1980 年分為《馬來西亞熱帶地理雜誌》和《新加坡熱帶地理雜誌》兩份不同雜誌）。

來描述該地區時，提到隨著西方殖民主義的擴張而出現了一個中國人所稱的
南洋地區。早在 20 世紀初，居住在東南亞的華人就形成了一種南洋華人意
識，而且自 20 世紀 20 年代以來，日本的野心及其對中國的入侵又使華人增
強了這種意識。新加坡成了這個地區的中心，而且它的報刊雜誌、學校和許
多社區組織也有助於開展新的學術研究。1940 年成立於新加坡的南洋學會的
學者，有一些回到中國去恢復南洋研究，另一些則在南洋大學於 20 世紀 50
年代中期成立時留下來任教。那些比在馬來亞大學接受英國教育的馬來人更
能代表南洋地區的新一代當地出生（華人）研究者，幾乎直接就被灌輸了一
種地區意識。然而，儘管北京的意識形態阻礙了與該地區的直接聯繫，這些
年輕學者還是能夠與中國的香港、臺灣地區和其他地方的研究機構建立學術
聯繫。新加坡的這另一種傳統觀點，成為幾十年來東南亞研究的另一條並行
路線。隨著南洋大學併入了新加坡國立大學，華語便受到了忽視。在這批通
過諸如南洋大學校友會等組織進行工作的學者中，有些現在可能不被視為主
流研究者，但他們當中的積極成員卻仍然對關於該地區的知識積累做出了貢
獻，雖然他們未必生活和工作在該地區內。隨著中國東南亞研究的復興，他
們起著幫助中國瞭解該地區當前發展情況的橋樑作用。〔註 23〕

比較和展望

　　把中國和新加坡的東南亞研究進行比較，兩種截然不同的景象就會浮現
在我們的腦海中。新加坡的人文科學狀況是否有點像一個六神無主優柔寡斷
的受英國教育者，一旦新加坡不再成為英國殖民地就茫然不知所措？而中國
的觀點是否有點像一隻蟄伏在地注視著學飛小麻雀的貓？

　　對新加坡來說，問題又回到了東南亞構想的重要起源以及新加坡的有關
機構在促進這個教學和研究新領域方面所應該起的作用。自獨立以來，新加
坡一直致力於獨立建國和促進從更加廣闊的視野來觀察國際政治問題，但它
更加優先考慮的是前者。它關於南洋研究和東南亞研究的兩種傳統觀點似乎
是互為補充的。人們可能會指出，新加坡影響了東盟的觀點，而且似乎僅在

〔註23〕除了得到那一代接受中國教育者支持的《南洋學報》之外，還有由南洋大學
　　　　出版但已經停刊的好幾份雜誌。然而，南大的畢業生一直通過 1983 年創刊的
　　　　《亞洲文化》以及得到南大校友會支持的一系列討論會和書籍而保持著他們
　　　　的早期研究興趣。另一些南大畢業生則通過新加坡國立大學中文系出版的雜
　　　　誌來保持他們的早期研究興趣。

口頭上贊成歐美關於亞洲大陸應該是一個什麼概念的總體看法。在這兩種情況中，它都一直與東南亞兄弟機構進行了合作，但新加坡也和別處一樣，其本地學者關於確定東南亞地區特性的斷斷續續嘗試，仍然有賴於地區外部的促進。這種努力得不到足夠贊助的例子是：為了在東盟各個鄰國進行實地調查和研究那些不屬於新加坡本國的各民族文化歷史，它需要對東南亞的各種語言進行強化培訓，但新加坡對這種培訓所提供的支持卻很有限。而且其鄰國也不太歡迎新加坡的學者和研究者前來進行研究。人們之所以普遍把作為唯一移民國家的新加坡視為該地區的特殊情況，是有很多原因的。有一種觀點認為，新加坡太英國化、西方化和全球化，或者太中國化了。人們也有這樣一些疑問：新加坡是否有其地區外的行動計劃？它是否對與外部世界建立有利可圖的關係比對本地區內部的關係更加注重？在本地區的學術界內部，似乎還存在著一種潛在的猜測：新加坡自己也不信任它的地區身份，因為它自己的安全不可能完全依賴於本地區的獨自努力。近來新加坡出現了這樣一種趨勢，即放棄那些得到外部資助的東南亞學術研究項目。官方的理由通常是，新加坡的財力較強，不需要外來的資助。這種放棄也許是不經意的，但卻可能產生一些令人遺憾的後果。這可能使未來世代的東南亞研究者比現在的東南亞研究者更加不把新加坡視為本地區特有的國家。這還可能導致年輕一代的新加坡人進一步脫離本地區其他國家的人，並認為自己不是真正屬於該地區。〔註24〕

　　在這裡，我們也許有必要重提前面所提及的東亞與東南亞界線模糊不清。這種界線模糊已有很長的歷史，這不僅是就那些與中國接壤的地區而言，而且那些在亞太地區，特別是在北美和日本工作的學者也對此分辨不清。對我這一代的大多數人來說，這種情況肯定是很普遍的。這個背景有助於解釋東亞研究所（EAI）在新加坡國立大學（NUS）的成立。該研究所起源於吳慶瑞在 20 世紀 80 年代初，即在他創辦東南亞研究所（ISEAS）後不到 20 年所創建的東亞哲學研究所（IEAP）。他毫不費力就弄清了這兩個地區之間密切的相互關係。東亞哲學研究所的成立旨在研究儒家道德規範是如何得以被納入（新加坡的）中學課程的，而中國臺灣和中國大陸都沒有這樣做。該研究所的工

〔註24〕例如東南亞的日本基金項目和由得到國際教育學會（Institute for International Education）支持的亞洲亞洲問題研究會（Asian Studies in Asia〔ASIA〕）研究基金項目（Fellows Program）所促進的一些事業。

作是使那個道德體系適應新加坡華人的特定需要，他們不是基督教徒、佛教徒和穆斯林，很關注那些東南亞其他國家的華人社會也很關心的問題。被聘請來幫助進行這項工作的國際專家也認為，兩個地區之間的華人道德準則類似於全球的宗教及其道德體系，（新加坡）在編寫教科書時就考慮到了他們的這些觀點。〔註25〕

　　1990 年，當根據每個學生的宗教信仰來進行的道德教學計劃終止時，儒家道德教學計劃也終止了。該研究所被更名並承擔了新的任務。這個轉變發生在印度尼西亞與中國恢復外交關係以及隨後新加坡與北京政府建立外交關係的同一年。這個轉變表明新加坡和東南亞地區需要更好地瞭解中國，已更名的東亞政治經濟研究所（IEAPE）把注意力轉向研究當代的中國。這意味著新加坡已經非常瞭解它自己的地區，足以開始對其鄰國進行深入的研究了。隨著原東盟集團的擴大、東盟地區論壇（ARF）的建立和亞太經合組織「地區」的擴大，研究從計劃經濟轉變為市場經濟的中國既是可行也是必要的。而且，由於中國已開始認真地研究東南亞，因此從東南亞的視角來專門研究中國就可以使對中國的研究具有認真的態度，而這種態度是東南亞地區從未有過的。至於這將在多大程度上依賴地區間的相互關係，則取決於中國和東南亞在未來可能具有多少共同利益。但是，既然中國已學會了生存於該地區及其以外並從這些角度來進行思考，那麼已經接受了東南亞地區觀點的新加坡就可能會促進東亞和東南亞都需要的那種地區間相互理解。

　　中國繼承了該地區兩方面的歷史事實，一方面是陸上的邊境地區，另一方面是沿海的經濟區。現在這種情況正在改變。中國的中央政府相信，東南亞在外部勢力的幫助下已為自己建立了一種「大陸—群島聯合結構」，並確信這個概念未必不利於北京政府。越來越多的中國學者和官員一直在密切關注

〔註25〕埃迪 C.Y.郭（Eddie C.Y.Kuo）《新加坡的儒學政治說教：不徹底的復興運動》（Confucianism as political discourse in Singapore: the case of an incomplete revitalisation movement），新加坡：國立大學社會學系，系列論文（Working Paper），（13），1992 年；杜維明《當今的儒家道德》，新加坡：聯合出版社（Federal Publications），1984 年，《從歷史觀點看儒學》，新加坡：東亞哲學研究所，1989 年；約瑟夫 B.塔姆尼（Joseph B. Tamney）.《儒學的現代化：在新加坡的學生時代》（Modernising Confucianism: school days in Singapore），《從新韋伯（neo-Weberian）觀點看 20 世紀的世界宗教運動》第 31～44 頁，W.H.小斯沃托斯（W.H. Swatos, Jr）編，紐約劉易斯頓：埃德溫·梅林出版社（Edwin Mellin Press）。

著這種地區結構的形成。有些中國學者受到了西方關於東南亞的學術新成就的影響，從而又積極促使中國對東南亞地區的未來重新抱有信心。在中國，還有很多學者接受了進行研究所必須的多種語言培訓，他們非常感興趣於研究東南亞地區比較深厚的文化歷史根基及其新發現的共性。〔註 26〕中國的認識越是與時俱進，它就越有可能意識到東南亞地區希望擁有更大的自主性來擺脫亞洲外部勢力的干涉，並認識到這樣的事實：如果東南亞的成員國不充當美國勢力的代理人，那麼東南亞地區就基本上不具有威脅性。

　　從東南亞（或者越來越是東盟）的觀點來看，這個問題涉及到中國的長期目標。在反共國家中仍然存在著冷戰的傳統，而中國市場經濟改革的成功則突出地顯示了另外一些可能性。人們普遍認為，強國們遲早都會炫耀它們的力量的。中國的東南亞研究者和日本的東南亞研究者一樣，不僅必須研究該地區，而且還必須將其觀點轉變為：這種研究將有助於減輕較小國家通常對其較大鄰國所固有的恐懼心理。像日本和中國這樣的較大強國有責任消除（小國）對可能出現新「大東亞」的恐懼心理。為了減輕這種恐懼，它們還必須以更加敏感的態度來對待該地區的人民和文化。特別是，中國出於其某些地區經濟上的迫切需要而認為東南亞與東北亞的結合從較長時期看是可取的，因此中國把東南亞視為一個獨特地區的觀點可能會有所減弱。而且，如果東南亞想要保持其獨特性，那麼它的學者就必須更加積極地促成一種真實可信的地區特性，他們不僅應該向自己的國家，或向那些有助於這個概念形成的國家，而且還應該向最鄰近的中國宣揚這種特性。

　　在大學、政府部門、政黨、非政府組織和跨國公司中的許多重要研究中心，對增強東南亞的地區意識起了決定性的作用。新加坡為英國在 1945 年之後努力宣揚這種意識而搖旗吶喊。中國對它與「南洋」（現稱之為「東南亞」）地區關係的重新評價，經歷了比較曲折的過程，但自 20 世紀 80 年代以來，東盟的經濟與外交成就似乎不僅已使中國觀點的轉變更加穩固，而且還更加深刻。在新加坡過去那種關於南洋的傳統觀點的幫助下，兩種不同觀點的趨於一致是可能發生的。為使這種情況得以實現，新加坡和中國的學者可以同歐洲、美國和澳大利亞熱心於東南亞地區研究的國際學者進行合作。當然，

〔註 26〕近年來，北京正式批准了廈門大學東南亞研究中心、廣州的中山大學東南亞研究中心、暨南大學東南亞研究中心以及北京、上海、昆明和南寧的大學和研究機構中涉及東南亞地區的研究部門擴展其研究工作。

這種趨同是否確實可能發生，也許不僅僅取決於學術成就本身。地緣政治和地緣經濟的狀況總是變化無常的。除了東南亞研究以外，還有賴於其他因素來確定未來的國際行為模式。

新加坡和中國研究東南亞的不同路線，形成了鮮明的對照。這表明東南亞地區的形成有其外在的起因。那些一直無私地積極參與創立上述地區意識的人，也許寧願將來只有一種當地人關於該地區的東南亞觀點。要是果真發生那種情況，那麼外部的促成因素就必須退出爭論，並讓東南亞人自己來決定該地區的現狀和未來。而在此之前，我們不應該聲稱該地區是自主的，也不該說它一直在推動自己的發展。

中國的第四次崛起〔註1〕

　　中國第一次崛起是從公元前 3 世紀到公元 3 世紀，這一時期持續了 400 多年；公元 7 世紀，中國又一次實現了統一，這一時期維持了近 300 年；1368 年，明朝的建立由此實現了中國第三次崛起，這一時期持續又達 400 年之久。人類歷史，是一個演繹著戰爭與和平悲喜劇的巨大舞臺，而國家的崛起和民族的振興，則是貫穿於一幕幕起伏跌宕、蔚為壯觀的話劇中最為激動人心的主題。進入 21 世紀，經過 20 多年改革開放的中國繪製出建設小康社會的新藍圖，中華民族正以不可阻擋之勢走上偉大的復興之路。〔註2〕

　　中國的崛起讓人們更關注一個繁榮強大的中國可能給地區帶來的挑戰。過去中國就曾對鄰國的發展產生過影響。那今後的它會怎樣呢？

　　主要起源於西方文化，被西方世界全球化了的現代性席捲了全球。在過去的 100 多年中，這種現代性已經深入這一地區，以至於如今大多數國家儘管有些不情願也只得把它作為全球發展中的主要引導力量。一旦這種現代文化被廣泛接受，所有信奉它的國家就可能具有十分相似的文化價值觀。中國在目前還不大可能對抗這種文化，但新崛起的中國可能會改造這種已被接受的文化，並造就一個嶄新的中國。如果是這樣，它對地區又意味著什麼呢？

中國歷史上的三次崛起帶給周邊的影響

　　很顯然，任何關於中國崛起的討論都會使我們想起過去 200 年裏中國與

〔註1〕此文出處不詳。刊發在《招商週刊》2004 年 3 月（第 11 期）第 62～63 頁。
〔註2〕這一段應該是刊物的編者按語。

其他列強相比是何等的衰敗。但中國也曾有過統一和強大的時候。我們有必要把中國的這次崛起與中國歷史上其他幾次處於優勢地位和普遍被認為崛起的階段進行一個比較。

歷史上，中國至少曾有三次被公認為是地區最強大的國家。第一次是從公元前 3 世紀到公元 3 世紀，這一時期持續了 400 多年。在此之後的 400 多年裏，中國四分五裂為幾個動盪不安的小國。公元 7 世紀，中國又一次實現了統一，在這個過程中，有許多人開始皈依佛教。14 世紀末，中國第三次崛起，這一次又持續了約 400 年。這期間，儒家思想重新被確立為統治者的正統思想。

比較而言，在衰落近 200 年之後，中國目前的這次崛起與以往的幾次差別很大。一方面，這次崛起發生在全球化時代，技術和市場的影響是前所未有的。同時，中國的周邊地區活躍著很多強國。另外，臺灣問題懸而未決，中國的統一大業尚未完成。在這種情況下，我們有必要問中國的歷史是否還影響著今天的中國。如果是這樣，這對中國未來在地區的地位又意味著什麼呢？

我們應該用更長遠的眼光來解答這個問題，並且不應忽視當中國富裕繁榮的時候，其鄰邦都在做什麼。

中國的第一次統一可謂意義重大，中國在國際上通用的英文名字「China」可能就來自於第一個統一了中國的秦朝。接下來，漢朝統治了很長時間，以至於從此之後有了「漢人」一說。在隨後的 3 個世紀裏，漢朝的影響力波及到了朝鮮半島和東南亞的部分地區。當時漢朝周邊的一些國家開始進口漢朝的商品和技術──主要是絲綢、紙張、陶瓷以及陸軍和海軍技術──這一下就持續了上千年。在這個早期階段，中國給人印象最深刻的是經濟文化，而以貴族宮廷文化和地方宗教、禮儀、慣例所代表的中華價值觀並沒有廣泛傳播開來。比方說，中國的漢字十分獨特，但流傳不廣。在這個時期的創造性藝術中，除了與進行貿易的製成品相聯繫的技術和設計外，基本上都沒有得到外國人的欣賞。

但是，7 世紀唐朝的建立不僅宣布了中國的第二次崛起，而且鞏固了中國在南方的力量，並通過陸路向四周擴展影響力。這種影響力還傳播到了隔海相望的日本。但是隨著唐朝的衰落，中國文化在這些地區的影響力也逐漸衰退了。

不過，唐朝統一的強大中國畢竟維持了近 300 年，而這時的中國完全不

同於漢朝的中國。在這兩個朝代之間，佛教在中國流傳開來，北方游牧部落在中原定居下來。這兩種影響的強大混合為塑造出的中國，顯示出了高度的世界性。在這一時期，中國不僅高度開放而且迎來了一個貿易和工業不斷增長的時代。來自遙遠國度的商人和旅行者帶來的新東西不僅豐富了中國人的生活，而且對中國文化做出了貢獻，由此造就了一個中國歷史上真正的全盛時期。但是，這時候的中國統治仍然過度依賴軍事和貴族力量，無法保證長期的穩定和繁榮，因此，到 8 世紀就沒落了。

1368 年，明朝建立了。中國由此實現了第三次崛起。雖然這次與前兩次相比有些遜色，中國強大的力量仍給這一地區留下了很深的印象。但中國的政治文化卻從那時開始變得十分保守。除了官方允許的對外貿易和篤信伊斯蘭教的宦官鄭和在 15 世紀到印度洋進行過海上探險外，中國並沒有太大興趣去宣揚其財富和技術。這種閉關鎖國的政策導致國家江河日下，儘管明朝統治者加強防禦，仍不斷遭到來自周邊的侵襲，並最終被滿族人所征服。雖然建國之初的清朝非常強大，而且更具侵略性，但在此之後的統治中卻更多地延續了明朝的保守和閉關鎖國政策，最終衰落下去。1840 年，強大的英國進攻中國時，清政府統治下的中國已沒有還手之力了。

中國的第四次崛起有著全新的歷史背景

下面我們來看看中國今天的崛起，這是中國第四次崛起為地區大國。目前中國的改革動力完全可以和 2000 多年前中國第一次統一的爆發力相提並論。今天的中國還讓人想起 7 世紀時中國的復興。那時的中國戰勝了外來入侵、吸收了外來思想，還向外國貿易和新技術打開了大門，為今天的中國創造了寶貴的文化遺產。至於清朝在 18 世紀確立的疆土，對今天的中國也是至關重要的遺產。在這片土地上生活著的數十個少數民族就是今天中國國家主權和民族力量的核心。

當然，世界在經歷了歐洲的殖民主義和帝國主義後已經面目全非，中國的這一次崛起與以往截然不同。因為現在的中國既要面對西方人 200 年殖民統治留下的種種問題，又要面對美國這個超級大國的挑戰。有人認為，中國的過去並不重要，只要新的力量能夠維持平衡就可以了。但有些東西是不能迴避的，比如，中國在地區內的規模和它所帶來的政治分量是無法抹去的，而且無論中國還是其鄰國，都不會忘記中國強大的歷史。

　　當然，就當前中國所面臨的情況而言，任何向傳統政治文化回歸的企圖都會失敗。但中國也不會接受資本主義的自由意識形態，中國正在試圖創造一種新的文化——這將是中國領導人面臨的一項長期任務。

　　對地區來說，這就意味著中國需要單獨來消化吸收這些變化並把它內部化。但同時，中國對自己在向全球政治新階段調整的困難時期中所遇到的任何威脅都會保持高度敏感。就中國的規模來說，它只要保持內部的穩定與團結就不需要擔心其近鄰。但中國也吸取了足夠的歷史教訓，它明白一個遠處的大國——一個像美國這樣強大的大國會通過散佈「中國威脅論」在中國周邊製造一個敵對聯盟。在這樣的情形下，中國給這個大國提供任何能夠擾亂自己發展和生存計劃的藉口都是不明智的。

　　中國要應對市場經濟全球化的挑戰需要一種新的經濟文化。這種新的經濟文化對發展的承諾是絕對的，而且不斷加劇的嚴酷競爭對多數中國人來說都是可怕的。但中國在關鍵的兩點上已經無法回頭：它不得不滿足 13 億人口的期望並且生產足夠的資源，以保證這個國家永遠不再遭侵犯。維持經濟的快速增長和公平分配財富之間的均衡至關重要，中國可能會不惜一切代價來維持這一目標。

　　那種認為中國將趕超並威脅其他大國的說法實際上是一種誤解。對中國來說，真正重要的是：如何面對社會顯現的諸多問題；如何保持現行社會制度的穩定；如何實現國家統一。這意味著中國需要的是和平和善意。這不僅是當前的需要，而且是長期的需要。因為中國要把數量龐大的勞動力帶入相對公正和平等的小康生活並不是件容易的事。

　　中國的價值觀又會怎樣呢？與日本、印度以及伊斯蘭世界一樣，中國具有根深蒂固的傳統文化，而且一直在阻止這種文化被西方文化所全面取代。當然，傳統價值觀在中國農村還有保留。但城市化和工業化的速度以及農民必須在城市中謀求生存的現實，正在對保持這種傳統構成嚴重的挑戰。

　　過去的 100 年對中國人來說是一個漫長而痛苦的轉變時期。眼下，如果我們看看中國城市和主要城鎮的年輕人就會知道，中國的流行文化或是來自西方，或是來自日、韓，或是來自新加坡等華人社區。只有少數人還在關心舊價值觀的重建。但他們並不能逆轉潮流。

　　中國最近的崛起使中國人面臨眾多激烈的變革，這對其周邊地區的意義又是什麼呢？中國的鄰國並不瞭解中國人在 20 世紀所經歷的情感和精神上

的折磨；而中國人自己正在進行著痛苦的重塑。

　　其實，地區國家應該去瞭解中國過去數個世紀的歷史。因為正是中國所經歷的種種磨難使中國人獲得了一種自 2000 多年前中國首次統一以來所僅見的、嶄新的精神和活力。

中國崛起有助於改變——超主宰世界的局面

　　最後，要談談關於中國崛起對現行國際體系結構的影響。我認為，假如中國按目前的增長率發展下去，它不會改變這一結構。但如果這種趨勢持續下去，它將有助於改變目前一個超級大國主宰世界的局面。如果中國想對這一進程有所推動，最可能採取的做法就是不與美國這個超級大國對抗，而是支持這樣一種觀念深入全球：即如果我們的世界不被一個強大到可以隨意干涉其他主權國家內政的國家所主宰，會變得更好。

　　這裡，中國與其周邊國家的關係是一個重要的標誌。最值得注意的就是中國加入東盟地區論壇，以及通過中國—東盟自由貿易協定及與其他東亞國家的雙邊協定推動的經濟一體化。中國對周邊事務已不再是一個被動的觀望者。變革中的中國已經決意要通過積極推動東亞的經濟地區主義來幫助改變這一地區。這樣的積極態度對中國及其鄰國來說都是全新的。這是一個嶄新的現象，前面的路還很長，但如果這種經濟地區主義成功了，它將影響世界其他地區未來的發展道路。

無以解脫的困境？ [註1]

　　在過去的那個世紀裏，有數以千計的中國人在中國之外用中文和其他語言寫作。有些人寫作只是為了記錄個人經驗。另一些人寫作是為了表達思想和情感。還有一些人有自己的抱負，想要寫出有文學價值的作品。到目前為止，還沒有對最後這群人中某些特定的作家及其成就進行過系統的研究，只對北美、澳大利亞以及馬來西亞和新加坡等東南亞國家中的狀況做過不多的考察評述。不過，對這些作家的雄心和侷限，以及他們為確立自己在各自的社區和國家甚至更廣大的文學世界中的地位所進行的鬥爭，我們已略有所知。本文的任務不是介紹這些，而僅限於勾勒出海外華人寫作中的主要問題，並對如何才能理解這些作家提出一些看法。這些問題包括：他們以什麼身份寫作？中國人？華僑？海外華人？或者只是需要寫作的個人？在全球化的時代，如何對一個民族或者國家散居在世界各處的人群的寫作做出評判？

　　從中國大陸的角度看海外華人，外語環境中的中文作品顯然不同於中文環境中的作品。但是一旦涉及中文作品，就會考慮到中國偉大的文學傳統，而那些在中國以外寫就的作品一定受到過中國作家作品的極大影響，並且通常也會被拿來和後者進行比較。因此，很難根據語言、文體和風格來區分海外華人的作品和中國人的作品。造成這一困難的另一原因是中國的學者可能不清楚這些海外華人是誰。中國人對這個領域如此不瞭解令人感到驚訝。當然，北京和臺灣各自的海外華人委員會的官員都知道對誰負責，但中華人民共和國的很多人卻沒有定見。例如，他們把香港和澳門的中國人和臺灣的中

〔註 1〕 此文出處不詳。刊發在《讀書》2004 年 10 月（第 10 期）第 110～120 頁。

國人一樣算作「海外華人」。出於這一原因，一些西方人也這樣劃分。然而，如果我們在定義海外華人時更加謹慎一些，就應該只包括那些居住在明確的非中國領土上的人。假如這樣，就不應該承認臺灣、香港和澳門的中國人是「海外華人」，也不應該說世界上有五千萬到六千萬「海外華人」。應該從中減去這三個地區的三千萬人。剩下的數字最多只有三千萬，只比中國總人口的 2% 略多。

這個數字仍然不太準確，但也不可能更準確了。一個主要的原因是很多國家的政府，尤其是據估計超過 80% 的海外華人所在的那些東南亞國家的政府，不把各自的這些人口看做華裔。今天一些計算的基礎是一九四一年以前的人口普查數據或者是以北京或臺灣確定的較早的官方數據為依據所做的估測。此外，還有兩個一直影響數據準確性的因素。其一，很多中國人的後裔不再稱自己是中國人，另一些人則只是承認自己有一些中國人的血統而已。他們應該被算做是中國人嗎？其二，每年有數以千計的新移民離開中國（包括上面提到過的三個地區）到外面的世界去。在取得外國國籍之前，他們是華僑。當他們還是中國公民的時候，他們應該被算成「海外華人」嗎？當然，如果他們選擇長期保留中國國籍，就應該把他們計算進來。考慮到所有這些因素，在任何時候都不可能精確地算出海外華人的人數。

這就導致了第二個問題：「華僑」這個詞的使用。這個詞通常被譯成「海外華人」。不過，大量住在中國以外的中國人不再像「僑」這個詞所表示的是臨時住在國外，而是外國公民。新發明了一些詞用以避免假定國外所有的中國人都是「華僑」，這些詞包括「海外華人」（簡稱「華人」）、華裔和華族，還做了很多努力來區分這些詞。這裡我們只關心那些以中國人的身份進行寫作的人。我們只需要兩個詞：華僑和海外華人。最近有一本書研究那些沒有居住在北京政府直接控制的區域的作家，書中做了有趣的區分。《臺港澳及海外華人作家辭典》（王景山編）把所有這些作家和在大陸進行創作的作家做了區分，因而海外華人和臺港澳同胞似乎被劃為一類。但是同時又把「海外」中文作品和被視為一體的臺港澳作家的作品做了區分。儘管很難做到十分精確，但編撰者還是盡可能地一一確定了每個作家的出身。

應該指出的是，大部分大陸以外的中文作品是由生活在臺灣和香港的作家在當地創作的。在王景山的辭典中，八百一十一位作家中有一百六十位被說成是出於海外，也即略少於 20%。值得指出的還有，更多的華裔作家現在

使用入籍國的語言或某種國際語言。一些用英文寫作的作家（尤其是那些第
一語言是英語的作家）已經贏得了廣泛的聲譽，他們的作品也有了中文譯本。
有幾位和作品已經被翻譯成多種文字的同代中國作家一樣著名。這裡不想討
論所有的作家群，只討論較早的以華僑身份寫作的一代和目前以華人身份寫
作的一代。

　　請注意「困境」一詞的使用，它來自於大多數作家都以這種或那種方式
對自己變化的、曖昧的華人身份有自我意識的事實。他們中的很多人是為各
自的社區而用中文寫作的，並不是作為中國公民而寫，也沒有必要針對中國
讀者而寫。其他一些以華人身份寫作的作家，則用英語或其他語言，向更加
廣泛的非中國讀者講述自己的故事。有鑑於此，目前全球和地方（或者全球
和國家／地區，甚至國家／地區和地方）的兩分法並不能很好地適應對這些
作家的研究。當前有一種強烈的傾向，把「地方—全球」關係等同於 X（亞洲
或中國）與「西方」的關係，或者，X（亞洲的或中國的）與「西方的」的關
係。對於那些生活在中國、理所當然地就成了中國人並因而把想像投向作為
他者的西方的中文作家來說，這也許是對的。在亞洲的很多地方也有一些本
土作家寫作時把西方視為惟一有意義的他者。但對海外華人來說，問題並沒
有這麼簡單。每一位作家都是一個「自我（Self）」，他在自己的社區中有離他
最近的他者。同時，每一個社區在它所入籍的國家都可能有一個其他族群的
他者，這個他者尤其可能是占主導地位的多數族群。此外，不同的海外社區
在他們的中國想像中有一個額外的他者以及全球化大進程中的另一個他者。
假如有許多相互交叉的他者，那麼通過中國人古老的「內—外」兩分法，從
何為內、何為外的多重維度描述它們，應該更加有益。內外兩分法能使我們
更好地理解海外華人作家作為主觀想像的和不斷變化的現象的困境。

　　例如，對於以海外華人身份寫作的人來說，每一個自我的內部都存在與
地方社區、環境以及對中國的想像（包括對中國的文化、歷史和文學傳統的
有意識借用）有關的不同層次。存在著一種與入籍國家的過去以及傳統中國
的過去保持連續性的更深的意識，這種意識有助於形成每個作家為自己選擇
的身份認同。類似地，在自我的外部，也存在不同的層次。其中包括對普遍
存在於每一位作家本國環境中的「西方」所持的不同態度，以及對中國土地
上的對應中文寫作中存在的同一個西方所持的不同態度。在文學寫作中使用
內外兩分法看來更為恰當，因為它可以通過居住在不同國家、地區和大陸的

不同的海外華人作家保存身份建構的多樣性。這樣我們就可以問如下的問題，並期待能夠得到範圍廣泛的回答：一個人如何能夠以中文寫作卻只是一個不完整的中國人呢？是否有可能以其他的語言寫作，比如某種當地或本土語言，或者占支配地位的多數人的語言或國家語言，或者作為一種國際語言的英語，而仍然是中國人呢？能夠經由自己的生活和經驗發現內在於自身的「華人屬性（Chineseness）」嗎？抑或它總是來自於外部世界，來自道聽途說，來自圖書和雜誌，來自藝術、戲劇、電影和其他媒介，或者來自對中國的參觀訪問？那個華人屬性總是被每位作家所面臨的幾個他者所決定嗎？

至少超過一百四十個國家中有海外華人，其中至少四十個國家中的海外華人人口達到了一定規模。然而，大多數海外華人集中在兩個地區：東南亞和北美（在這裡代表更廣泛的英語世界，其中包括類似的移民國家，如澳大利亞、新西蘭和部分加勒比海國家）。只有有了足夠大的社區，中文寫作才會有讀者群；只有有了中文學校，才會出現能夠閱讀在當地寫作的中文作品的下一代。我不準備在這裡描述很多應該認真對待的作家的作品，也不可能在一篇文章中對不同種類的海外華人的作品做出評判。這裡要做的只是簡單地勾勒出這兩個地區的經驗，並把重點放在有意識地以華人身份進行寫作的作家身上。那些生活在有一定數量的人口並且支持創造性寫作的文化已經發展到一定程度的社區裏的作家，給我們的歸納和概括提供了例證。理由是顯而易見的，在上世紀五十年代以前的東南亞和上世紀六十年代以前的北美的發展狀態之間存在明顯的差別。

東南亞

二十世紀五十年代以前，這個地區的華人作品有三類：最早是那些用當地本土語言寫的作品，比如越南語、泰語和馬來語（或者稱中式馬來語，以區別於後來成為官方語言的馬來西亞語和印度尼西亞語）。這些華裔作家寫作的目的是把文學經典中的傳統故事（比如《三國演義》、《水滸傳》、《西遊記》）轉換過來，給那些不再能讀中文的「旅居者」閱讀。由於不是直接翻譯，而是經常進行創造性的改編和縮寫，可以把它們看作海外華人創作的最早的作品。由 ClaudineSalmon 編纂的作品集《文學遷移：亞洲的中國傳統小說，十七──二十世紀》（一九八七）中對其中的一些作品做了精彩的介紹。第二類是用殖民語言創作的作品，特別是菲律賓群島上的西班牙語和英語作品，和英屬

馬來亞（英屬海峽殖民地和馬來國家）中的英語作品。但他們沒有作為華人寫作而得到發展。雖然都有文獻為證，但大體上說，由於缺少讀者，它們沒有發展起來。因此，在這篇文章中，它們就不甚重要了。

第三類作品的後面有很長而且很有戲劇性的故事。這些中文作品是隨著十九世紀末中文報紙的到來而出現的。這類作品開始於傳統詩歌（作者在遷居過來之前在中國接受過教育），但也包括再版的流行於上海的新小說。然而，五四運動以後，它就迅速地轉變為在詩歌和小說中用「白話」來反映社會最新的發展。到上世紀三十年代早期，它與中國愛國作品的關係變得十分密切，大部分作品認同中國反抗日本帝國野心的事業。也有一些作家的確嘗試著以居留者和移民的身份描寫當地的生活，但在「二戰」結束以前，他們的聲音和愛國事業相比，一直處於從屬的地位。周圍的人都在關注政治的時候，作家如何成為文化上和藝術上的中國人的問題，和拯救中國的強烈情感比較起來，似乎不那麼重要了。在這樣的歷史條件下，華人創作的非中文作品的讀者屈指可數。

但是，有一些東西正在湧動，特別是在那些在新中文學校受教育的或當地出生的以及孩提時代就離開中國的人中間湧動。他們很少被發生在中國的事情困擾，而對非華人環境中和外國人統治下的生活更加有自覺的意識。他們對歧視華工的政策更加敏感，對那些與當局合作以及採用當地或殖民地方式尋求特權的華人有更多的批評。一些人在來自中國的老師的影響下變得激進，但其他人則比較理想主義並尋求自我發現。然而，在日本人佔領了整個地區，大部分中國人都生活在日本人統治下的戰爭年代，自然不可能進行嚴肅的辯論。在四十年代中期到五十年代中期的十年間，進行了認真的討論。正是這次討論使得這個時期對有抱負的作家和藝術家來說成為最活躍的時期。中國內戰的結束，中國共產黨的勝利，非殖民化可能帶來的景象以及參與每一個東南亞國家已經興起的國家建設的期望，使他們中的大多數人都感到興奮。也是在這個時期，那些在殖民地學校接受教育、只能用當地或西方語言寫作的華人，在擺脫困境尋求在新國家中的位置的過程中，恢復了他們的聲音。

這裡我要集中討論這個區域最活躍的部分。在這個區域中，華人社區大到足以支撐起最大的中文學校進而是數量最多的中文作品的讀者。這個地區當時稱為馬來亞，現在則分為馬來西亞和新加坡。這裡的問題是華人在巨大

的壓力下向什麼方向發展，而作家則對這些問題表現得特別活躍。無論答案是集中在「馬華」（馬來亞華人）或者「新華」（新加坡華人）社區還是集中於每個個體的自我身份認同上面，它都存在於這些作家的小說、戲劇和詩歌的紋理當中。不論是否最終取決於中國的狀況，也不論國外華人社區共享的經驗是否相關，問題的答案都將通過他們之間的爭論而得出。此外，還有一些作家，尤其是不用中文寫作的作家，探索了一種作為華人效忠正在為建立國家而奮鬥的入籍國的新感受，或者強調他們必須重新確立自己作為華裔或者華裔國民的身份。

　　進一步的爭論來自這樣一些人，他們把革命和社會發展連續性之間的、階級和種族劃分之間的以及基本的防備（primordial defence）、利己主義和開放的合理性之間的問題政治化。中文作家可以參加發生在入籍國、遠方的中國和他們的華人社區甚至當時正在成型的更大的冷戰陣營中發生的不同運動和活動。或者，他們可以擺脫外部壓力，轉向自己內部尋求答案。這是令人興奮的年代。馬來亞變成了中國的共產主義者和民族主義者之間以及當地的民族主義者和國際主義者之間的角鬥場。對作家來說主要的選擇是在作品中清楚地表明立場，他們或者宣稱一種雙方都不認的態度，或者像喬伊斯那樣不願替任何政權盡力。那些遠離政治的人當然要冒脫離時代的險，但不支持官方路線的人也會面臨被監禁和驅逐的命運。在這種背景下，對五四傳統充滿熱情或同情的中文作品主導了自四十年代開始的二十年。中國做為一切事情的最終仲裁者的角色開始變得不那麼突出。對於高級中學和南洋大學裏的年輕一代來說，強烈的地方認同已經取而代之，他們在文學、詩歌和戲劇中也大膽表達了與大多數沒有特權的華人有關的急迫的目標。用英文寫作的努力與中文作品同時存在，還有一些人開始嘗試用馬來語寫作。重要的是，這些用「外語」發出的聲音並沒有與中文作品互相配合，也沒有支持後者。後者開始對現狀進行批評，特別是當成立新馬來西亞聯邦的理想（一九六一～一九六五）在新加坡受過教育的中國人和大多數其他中國人之間導致重大分裂的時候。結果，一九六五年新加坡的分離成為中文作品的分水嶺。此後，在馬來西亞和新加坡，已經轉向當地事業的激情，不論他們是盲目的愛國主義還是政治上的左翼都被認為是具有潛在的顛覆性。離開中國大陸的遵循五四傳統進行寫作的作家越多，對作家是否忠誠的懷疑可能就越多。對所有文學出版物的嚴格檢查，和官方對工程、商業等實用研究的鼓勵，導致了語言

和其他所有藝術性媒介的創造性實驗的迅速枯竭。

對於用中文寫作的作家來說，趨勢是很清楚的。儘管馬來西亞保留了中文初級學校和許多獨立高中，但支持把馬來語做為國家語言的壓力是不可抗拒的。選擇中文還是英文做為第二語言，使社區產生了意見分歧。最終的結果是，大多數華人陷入這樣的境地：不能精通三種語言中的任何一種，而不斷增長的現實需要迫使他們提高英語水平。一些獨立高中的畢業生轉到臺灣繼續學習。他們在臺灣發現更為複雜和現代的「華人屬性」。但這並沒有給他們提供什麼幫助，回去以後，自己到底真正屬於哪裏的問題繼續困擾著他們。他們為誰而寫？誰想要讀？如果他們沒有立志像臺灣、香港或者大陸的作家那樣以主流華人的身份進行寫作，或者假如他們不想只為自己和少數心意相投的人寫作的話，為什麼竟然會為寫作而煩惱呢？

在新加坡，雖然是出於不同的政策，但中文作家的地位差不多。政府強烈主張每一個華裔都學習並使用中文，但學校課程卻是適合於回應全球化世界的科學和經濟挑戰的，在這個全球化的世界中，中文可能只有有限的用途。既然政治問題已經消失了，英文作品的前景就變得好一些了。在媒體上新加坡向更強大的國際（特別是美國）勢力的開放和教育機構共同喚起了新一代的藝術家和作家，他們或者認同新加坡，或者認同更大的全球社區。對他們來說，以海外華人的身份創作已經變得日益遙遠，因為他們對大陸、臺灣和香港正在發生的文化變革並無切身感受。如果這個趨勢繼續下去，地方性中文作品的讀者會在哪裏呢？如果來自大陸、臺灣和香港的最好的文學作品都不能廣為人知的話，他們用中文寫作的動力又在哪裏呢？也許只有那些被鼓勵到新加坡工作的來自大陸的新移民能夠刺激當地保留一些中文作品。

北美

說英語的移民國家（尤其是美國）的情況，和東南亞國家形成了鮮明的對比。首先，那裡的中國人少得多，主要是金礦工人和鐵路及農場上的勞工，他們沒有閱讀的時間。那些有文化的華人歡迎二十世紀早期中文報紙的出版，這些報紙向他們介紹了與二十和三十年代的五四運動相伴隨的新的寫作趨向。但是，自十九世紀末以來的各種排外法律和歧視政策把很多華人趕回了中國，能夠留下的人數非常少。這些因素使得他們的活動範圍僅限於自己的小社區。

　　至於很少數在當地出生的人，他們不得不進英文學校。在學校裏他們發現只有被同化，才有希望在中國以外的地方成就一番事業。在這樣的情況下，他們最好的機會是在技術和商業領域。他們的同學中，有一些是被從中國送到美國的大學裏學習的，其中的一部分人決定不再回國。他們也從事那些需要大量訓練和專門學習的職業，其中一些人選擇了學術。荒謬的是，經受了這種被拒絕狀況的華人有受高等教育的機會，而在很多華人的生意做得相當成功的東南亞，則幾乎完全沒有這樣的機會。對那些東南亞的華人來說，學習的機會，特別是在西班牙和美國治理下的菲律賓和其他殖民地中屈指可數的幾所醫學院和工學院學習的機會不多。這些學校沒有一家開設中文課程，裏面的學生也沒有用中文寫作的機會。在美國，學校的確鼓勵華人有創造力。他們用英語寫作，但讀者僅限於朋友和同學。因此可以說，六十年代以前沒有創作出持續的有創造力的作品。被保存下來的極少數作品常常是表現受到困擾的人的苦悶的。

　　在東南亞，「二戰」前以中國為中心的作品的洪流到了戰後逐漸轉變成以當地社區為內容的作品。在北美，這種作品出現得晚得多。直到七十年代，兩種平行的趨勢才開始產生影響。第一種趨勢是在舊金山、紐約和火奴魯魯這樣的城市裏用英文寫作的新一代有創造力的藝術家的興起。他們最好的作品已經引起學術界和評論界的注意。例如，有一些作品已經和日裔、菲裔和韓裔作家的作品一道受到好評。在過去的三十年間，有創造力的作品的增長令人印象深刻，尤其在小說領域，一些作家已經得到國際性的承認。其中很大的一部分是受到了有華人學習的大學的促進，但還有很多是受到六十年代移民政策放寬後的社會和文化變遷的刺激而出現的。在澳大利亞、加拿大和其他英語國家也有類似的情況，只是規模較小。趨同的盎格魯—美國（Anglo-American）經濟和文化力量使得使用英語的人越來越占主導地位，這為海外華人發揮創造性提供了可能性。

　　第二種趨勢發生在中國大陸開放以後，與世界對數十位被壓制的中國作家在隔絕了三十年的中國所講的故事的濃厚興趣相伴隨。這兩種趨勢——一種出現在英文中，另一種出現在中文中——開始時的背景和讀者不可能有很多差別。但是，到了二十世紀末，由於很多中文作品被翻譯成了英文，也有一些英文作品被翻譯成了中文，它們就有了尋求一個想像的社區的可能性。這種可能性並沒有得到很好的發展，這是因為後殖民和後現代的學者對它們

進行了仔細研究，發現在兩種相互矛盾的文學傳統背後存在著共同的特徵，而不僅是因為海內和海外華人作家都面對著當地—國家與全球之間的緊張關係。只有當這兩個不同系列的作家都努力要解決令人困惑的各自身份認同問題的時候，他們才可能離得近一點。雖然通過非常不同的記憶和經驗在各自內部進行探索，但這樣的探索把他們引向類似的困境。不管是轉向自己的內心還是小心翼翼地求助於被數場革命置換或者徹底重構了的殘存的家庭、村莊以及城鎮和大城市中的較大的社區，每個作家都必須恢復已經失去的某些東西。在自我發現的過程中，他們遭遇了很多過去和現在的華人圈子，也遇到了非華人社會的許多活動。這一目標不論是通過直接接觸和其他的交互過程，還是通過在遠處閱讀、觀察和傾聽而實現，結果就是今天不同的華人作家之間能夠達成前所未有的相互理解。這超越了上個世紀所有華人所試圖尋找到的內外之別。

還沒有人仔細研究這兩個不同系列的敏感性。顯然，它們是在極端不同的環境中培養起來的。每位作家如何在外部強加的種種框架中探尋？如何在這些框架的內外出出入入？帶著這些問題處理上述主題時，每個人面對的多重困境成為共同困境的可能性超出了人們的想像。很可能我們也會發現，雖然每一個時代都有各自特定的困境，他們每個作家群的困境的來源卻是相同的。不論是在中國之內還是在中國之外，華人家庭和社區都會提出同樣的要求。儘管環境壓力可能有所不同，但只要華人希望和其他華人認同或者（儘管有些勉強）和非華人朋友、同事以及與自己一樣的公民區分開來，順從和忠誠就是普遍的要求。對海外華人來說，解決問題的出路之一就是回到中國去使壓力降到最低。另一種辦法就是乾脆不當華人，徹底與入籍國同化。但是，只要他們堅持某種華人認同，或者允許其他人以某種方式給自己貼上華人的標籤，他們就將繼續生活在困境當中。只要他們以華人或者海外華人的身份寫作，而不論他們是在東南亞還是北美，困境就不會得到解脫。

轉型時期的海洋中國〔註1〕

趙殿紅譯

　　20世紀20年代以來，絕大多數歷史學家將1840～1842年當成中國近代史的轉折點，將在此之前的中國歷史稱為古代史或封建史。這種被廣泛接受的觀點已經受到挑戰，有人根據歐洲歷史的劃分方式，提出中國「早期近代史」階段的存在，在此，17世紀的明清鼎革便是一個引人注目的重要里程碑。另一些人則只是對以往將19世紀中葉「西方的衝擊」作為中國近代史的起始提出質疑。

　　另一個問題是，中國在第一次鴉片戰爭中被英國打敗並簽署了《南京條約》之後，中國歷史是否就因之而突然一變？其中是否有一個「轉型期」？如果有的話，這段時期是在《南京條約》簽訂之後的19世紀40～80年代，還是在19世紀40年代之前的數十年？不管是哪一種情況，我們都要提問：怎麼樣才可稱為轉型期？以什麼樣的標準判斷轉型期的存在？轉型期的重要意義何在？

　　本文的主題是海洋中國，我們所說的轉型期，是否可以理解為中國歷史由陸地化逐漸向海洋化過渡的時期，或者由海洋化逐漸向陸地化過渡的時期？這是可以定量分析的，或者進行定性比較，進而判定中國歷史由一個階段向另一個階段轉變的「轉型期」。例如，①歷史前進過程中由保守趨向開放；②由陸地走向海洋；③由盲目自信的「天朝上國」觀念轉向建立有效的防禦體系和適當的民族文化。這些問題看起來像是目的論的腔調，或者是事後諸

〔註1〕此文出處不詳。刊發在《暨南史學》2004年12月（年刊，輯刊）第403～411頁。譯者趙殿紅，博士，廣東人民出版社編輯。

葛亮式的後見之明。身處其境的人難以看出上述的變化。

本文集中討論在 1840～1842 年第一次鴉片戰爭之前，是否有一個海洋中國的轉型期，並且正是這個轉型期，使這場戰爭在一定程度上變得不可避免。如果有的話，我們能否通過回顧大約 19 世紀 50 年代之前的百年歷史，並從中找出證據？我們不必考察整個世紀，只要能夠找出身處海洋中國的人們在某個時期為即將發生的激烈變革所進行的準備運動即可。

但我們首先要對所謂海洋中國作一定義。這當然不是說中國曾經是一個海上帝國或具有海洋文明。中國從來就是一個農耕大國或陸地帝國，這一點無可置疑。儘管如此，我們仍然可以有多種途徑設定海洋中國這一主題。具體來說，關於 18 世紀 50 年代至 19 世紀 50 年代中的轉型和變革時期，至少有以下幾點可資考察：

（1）作為歷史片斷的海洋中國。中國自漢朝便形成並沿襲下來處理對外關係的「朝貢體系」，航海而來的外國人也被納入這一體系之中。中國的官方文獻對此多有記載。

（2）作為外圍地區的海洋中國。也就是便於出洋、離中央集權較為疏遠的沿海省份。一些地方中文資料對此有所反映，同時亦有外部材料加以佐證。

（3）作為終點的海洋中國。也就是說，中國是亞太地區經濟文化比較活躍的地區之一，常常是太平洋地區商業航海的終點。這主要見於阿拉伯和歐洲檔案記載。

（4）整體上的海洋中國。即集上述歷史片斷、外圍地區、航海終點等各種特徵於一體的海洋中國。掌握各種中外文獻的近現代學者對此有深刻的認識。

（5）理想中的海洋中國。亦即海洋性與陸地性各占一定的比例，達到理想平衡的中國。在許多當代作品中不乏此類充滿未來主義色彩的論調。

一、作為歷史片斷的海洋中國

我在此進一步闡述上述五種海洋中國的含義。首先是作為歷史片斷的海洋中國。這與大陸帝國的朝貢體系密切相關。這種體系表現為高度的各級集權，最高權力集於天子一人之手。以皇帝為中心，其次是王室貴族和親王，然後是封疆大吏。遠近王國無論大小強弱，爭相稱臣納貢，與中國建立朝貢關係。我們在此不必詳述朝貢體系的發展程度，在此值得一提的是，當中華

帝國的權力及至遼東半島和東京灣時，他們毫不猶豫地將朝貢體系延伸到海洋以外，並將之強加到派遣商船前來建立關係、開展貿易的國家頭上。由此，這種朝貢體系沒有區別陸上和海上對外關係，而是將兩者混同起來。他們認定一種制度可以暢行無阻，放之四海而皆準，雖然許多世紀以來，海洋局勢遠沒有陸地形勢為掌權者所重視。

歷代中國已經形成一種共識：由海上遠道而來的客人偶而也會製造一些小麻煩，但不足以對帝國構成威脅。海防遠比陸上邊界易守難攻；外國船隻體積不大，貿易船隊滿載貨物和商人，而不是全副武裝的士兵或海員；如此種種，遠不至於危及皇權。外國或當地的商人常常也會作奸犯科，但很快便會受到懲處。在這種體系之下，海洋中國表現為海上防禦、外交關係和商人控制的特定歷史片斷，其中涉及的人物主要是地方官員、軍事長官、地方及外國商人。

中國官方也意識到這種海上政策的侷限性。封建時代開始的 1000 年，海洋控制一直較為被動。唐代（618～907 年）末期開始有所改觀。在公元 10 世紀，至少有四個海上王國控制著中國的沿海地區和海外交往關係：廣東南漢國、福建閩國、浙江吳越國和江蘇南唐國。形成了一種比較開放的處理海上事務和海外貿易的政策。這種政策延續到 12 世紀。1127 年，南宋遷都到杭州，成為國都直接通向太平洋的最大的中國政權，其海上事務變得尤其重要。1279 年南宋滅亡，蒙元因其征服世界的劫掠政策，橫掃亞洲海域，尤其是日本、占婆和爪哇，刺激更多的中國沿海居民從事海上貿易事業。

但是中國的海洋事務並不存在一個自然的進程，政府沒有履行相應的義務以維持平等的對外交往。明廷逆轉歷史潮流，阻止了中國 300 年以來向海洋開放的歷程。它倒行逆施，重建朝貢體系，對海上貿易嚴格控制，比以往任何時代都有過之而無不及。由此，海洋中國僅限於成為一種正規體系的片斷。海上事務儘管非常重要，但長期以來很難被統治者列入對重要國家事務的考慮範圍。

正是在這樣一種背景之下，我們要思考為什麼 1850 年之前的百年是一種轉型期。16 世紀葡萄牙人和西班牙人的到來，倭寇在整個中國沿海的猖獗活動，使朝廷重新注意海防局勢。1567 年後，海上商業控制稍有鬆弛，愛冒險的水手和雄心勃勃的地方商人與外國人進行貿易，在以後的 200 多年為南部沿海注入了新的活力。但值得注意的是，明朝繼續保持了其以朝貢體系為中

心的海上政策，而取代它的清統治者也繼承前朝海上政策的基本內容。

在整個 18 世紀，清朝官方似乎對外國商人有所通融，但朝貢貿易的本質並無任何改變。他們仍然視海上事務為無關宏旨，從屬於朝貢體系的大局。即使到 18 世紀末，英國東印度公司佔據了中國沿海貿易的主宰地位時，滿清官員仍然對眼前局勢無動於衷。直到 1842 年《南京條約》簽訂之後，人們才痛定思痛地意識到眼前局勢的危急，這表現於各種版本的魏源《海國圖志》之中。魏源在書中表現出比其先輩們超前的思想，並積極倡導一種更為主動的對外策略。但其不切實際的論調與 100 年前陳倫炯的《海國聞見錄》並無二致，19 世紀下半期的清朝官方文獻所陳述的觀點也與上述兩部作品如出一轍，它們都仍然將海上局勢當成一種更大體系的細小部分，認為 1750～1850 年的百年間，中國並無轉型期的存在。

二、作為外圍地區的海洋中國

所謂作為外圍地區的海洋中國，是相對於內陸政權而言的面向海洋的沿海省份。作為大陸帝國的外圍，其中主要包括沿海地區渴望與航海而來的外國商人貿易的區、縣、府的居民，以及那些靠海為生的漁民。唐代之後，海上民眾人口增長迅速，並在 10～13 世紀日益活躍於沿海地區，這就形成了海洋中國的冒險精神和人文氣息。

沿海人口的增長並不能使中國更加海洋化。明朝的建立者朱元璋在 14 世紀訂立嚴厲的規章，限制沿海居民獨立地建立海外關係的自由。這並不是說朱元璋及其繼承者不關心沿海地區的居民，只有良好的約束，才能使這些沿海地區的人民更好地順從朝廷更高、更重要的利益。如果不是為了建立中國人與各種穆斯林團體、日本人、印度人及東南亞商人之間的商業網絡，在 15 世紀，中國沿海的經濟狀況應會更容易受到控制。16 世紀葡萄牙人和西班牙人取道東南亞到達中國沿海，這使中國官員感到驚恐不安，他們由此堅信應對外圍的沿海地區來回控制，以防他們屢試不爽的對外政策受到影響。另一方面，他們也進行了一定程度的變通，例如，允許葡萄牙人將澳門作為貿易基地，讓盤踞在馬尼拉的西班牙人偶而光顧中國港口。

17 世紀荷蘭人和英國人到來之時，中國南部沿海的居民有了更多的機會進行海上貿易。17 世紀 20 年代，明中央政權大幅度衰弱。政綱圮壞，各種勢力明爭暗鬥，暴動事件此起彼伏，北京宮廷疲於應付。17 世紀 40 年代，滿族

勢力大舉入侵。在這種形勢之下，明朝政府根本無力顧及日漸混亂的沿海地區。此後，鄭芝龍勢力崛起，和盟友一起與對手們爭戰不休；伊比利亞人和荷蘭人之間在澳門和臺灣的爭奪也日趨激烈。雖然明政府意識到這些對他們的傳統政策構成了威脅，但他們面對整個沿海地區各種新的複雜形勢，也只能望洋興歎。

通常中央衰敗之時，亦是沿海強盛之日，下面僅舉一例。事實上，從 17 世紀 20 年代到 17 世紀 80 年代的半個多世紀，海洋中國可以說處於激蕩的形勢之中。鄭氏家族的船隊稱雄海上，使中國人在整個東亞和東南亞地區的貿易取得前所未有的主動權。此外，沿海省份居民還拿起武器，加入以吳三桂勢力為首的「三藩」集團，對已經取得中央統治權並向沿海地區伸展的新滿族政權形成牽制。

這對中國來說，是否是一次機遇，可以經過一段轉型時期，成為亞洲歷史上的重要角色？從日本、荷蘭和西班牙等外國的資料來看，對中國沿海地區的人們來說，似乎很快就要面臨一個嶄新的時期。但事實並非如此。清軍平定了「三藩」之亂，集中精力對付沿海諸省，以挫敗鄭氏海上力量，消除其對新政權的威脅。他們對沿海地區實行猛烈的焦土政策，直到相信中央政權得以集中，沿海邊緣地區再度處於從屬地位。同樣出身於沿海地區的施琅等人，在結束鄭氏集團在臺灣的統治並使之處於中央的牢固控制之中，起到了關鍵性的作用。陳倫炯的父親在其編纂的《海國聞見錄》中對海洋國家的記述，清楚地顯示了沿海地區舊日常態的恢復。在 17 世紀，海洋中國似乎經歷了最好的崛起機會。1683 年以後，沿海地區的經濟和政治意義得到清廷的認可，但是，儘管沿海居民野心勃勃，仍然被中國歷史集權主義的洪流所淹沒。

18 世紀下半期，中華帝國達到強盛的頂峰，而在 19 世紀上半期，其勢力一落千丈。人們通常認為世紀之交即 1800 年左右的變遷可以解釋為朝代更替時出現的正常的低谷時期。但這些變化可否進行更為量化的描述？比如分析貿易量的由少到多，或者由多到少？目前有部分論文討論了這個百年之中某些物量的變化發展。例如米價的上漲，白銀價格的波動，以犧牲澳門的利益為代價而不斷增長的與廣東行商的交易，臺灣和其他地區移民的增加等等。還有一些論文探討了東印度公司及其培養的商人成為中國沿海地區的支配力量的事實。但是關於沿海地區居民具體活動方式的質的變化的材料，即關於從一種形態向另一種形態轉型的清晰證據非常缺乏。相反，有一些論文意識

到中國南部似乎變得更為貧窮，更為混亂，行商陷於重重債務，中國海關的腐敗前所未有。任何能夠抓住機會，為中國南部沿海人民指出新的發展方向的集團或領袖人物出現的可能性微乎其微。

至於這個百年時期江南地區的狀況。18 世紀晚期是江蘇和浙江省經濟發展的良好時期，雖然到 19 世紀早期情況也變得惡化。如果將中國東部地區和南部地區進行比較，也許可以發現某些饒有意味的不同。但正如人們所料，這種不同並不能幫助我們確定海洋中國的輪廓，而只能再次說明雖然不同地區經歷各異，但其作為轉型時期的特徵大體相同。即使中央政權變得虛弱，而強有力的向心力仍然存在。

那麼在 1750～1850 年間，中國到底有無轉型期？也許在中國沿海地區並不明顯，但是出海華人居住的地區情況如何呢？巴達維亞的華人團體在 1743 年的大屠殺之後得以恢復，但在荷蘭人控制的其他地區的中國人繼續依靠勇氣和想像力面對當地的形勢，特別是在西婆羅、邦加—勿裏洞、三寶壟和中部爪哇，甚至滿剌加。在滿剌加，經過英國人災難性的佔領之後，幸存下來的中國人又受到西班牙人的奴役。儘管如此，王大海的《海島逸志》和謝清高在《海錄》中的口述還不約而同地描述了動盪時期仍然存在一些繁榮興旺的海外團體。我們可以認為這是一種遠離皇權之外的意識覺醒。在與勢力強大的外國官方、貿易團體和個體商人反覆交手的過程中，海外華人變得堅強，拋棄了自我壓抑的舊習。為在極為不利的環境下求得生存，他們不得不擴大血族關係網絡，最終形成新的力量。

還有兩種因素與社會轉型密切相關。一是在吞武里—曼新建的暹羅政權中，中國人扮演的重要角色；二是英國人在馬來半島（1785 年以後在檳城，1819 年後在新加坡）建立的自由貿易原則。由此形成了中國人在東南亞僑居的兩種主要方式。前一種方式在史料中稍為罕見：中國沿海居民逐漸移民到東南亞城鄉地區，並演變成與中國內地有著特殊關係的利益群體；後一種則是中國沿海商業團體在海外建立新型的貿易基地，移民海外的中國居民第一次有機會在遠離中國的地方建立在當地起主要作用的團體。本次提交的論文沒有涉及這兩個方面，但我意識到它們對認識轉型期的海洋中國的示範意義。這些海外的社會轉型超越了中國皇權的範圍，並會引發進一步的社會變革。沒有人可以預見在 19 世紀晚期會發生什麼樣的事，尤其是 20 世紀發生的革命性的變革，但是這些海外華人對自己所經歷的社會轉型過程一清二楚。可

以說，越來越多的中國南部沿海居民已經意識到，在中國本土使中國海洋化非常困難，因此他們選擇到海外實現自己的理想。

三、作為終點的海洋中國

　　對急於進入中國市場的外國商人來說，中國也是他們商業冒險的目的地之一。從外部世界來看，中國海岸是世界在東方的終點線，是亞洲沿海的一個完整的組成部分。與阿拉伯半島、波斯、印度和東南亞大陸的沿海港口地區一樣，中國沿海產生了許多精明能幹的商人和航海家，他們為亞洲海上世界提供源源不斷的活力。作為亞洲海上世界的一個終點，海洋中國應該有著與中國內地完全不同的結構，以適應不同的需要。它當然不只是一個終點，而應在亞洲海上貿易中起到樞紐作用。例如，如果中國人在東亞和東南亞地區之間的貿易中的關鍵作用得到強調的話，海洋中國就是一個重要樞紐。但是如果外國商人的地位更為突出，那麼中國就只能當作一個終點。而無論怎樣，勇敢勤奮的中國人足跡所至，都會與外國商人一爭高低。而且，只要中國內地的形勢需要，他們隨時會離開在亞洲的任何基地，或者在當地活動，為祖國服務。由此，他們從外部世界與中國內地的聯繫得以保持。對所有中外商人來說，海洋中國因向亞洲各地的伸展而繁榮。這依賴於一定程度的自由，以及由這種自由而產生的機動性和適應性，從而保持它的活躍地位和特定的經濟文化生活。

　　根據我對歷史上早期貿易關係的簡要描述，前往中國這個海上終點的外國商人在海洋中國的形成中有著積極的作用。但是從公元 9 世紀到 1368 年元朝結束，亞洲海域對中國商人的吸引越來越強，他們的造船工藝和航海技術也突飛猛進。中國人也因此急於到其他海岸進行探險。雖然明朝的禁令嚴重阻撓了這種積極性，但也使那些已經航行到海外的中國人留居當地，成為亞洲海洋上真正的沿海居民。稱他們為居留者或甚至是「旅居者」並不能反映他們仍然與中國保持聯繫的複雜方式，也不能說明他們在海外生活的諸多層面，也無助於我們理解他們被稱為「本質上的中國人」的原因。史料記錄表明，只是在歐洲人到來之後，經歷過一些早期的衝突和磨難之後，他們的角色才變得更加輕鬆和多樣化。這時的中國人不僅為當地的國王和王子所需要，也為其他外國人所需要。中國的帆船在充滿競爭與合作的海洋世界往來穿行，在擴展亞洲海域的貿易中扮演著自己的角色。

　　顯而易見，在整個 17 世紀和 18 世紀，中外貿易史上充滿著競爭和聯盟的無數曲折故事。本次會議提交的幾篇論文提到了各種複雜的商業關係，它們有時形成對海洋中國的壓抑勢力，有時則促成它的範圍擴展到中華帝國以外。簡而言之，作為終點或樞紐的海洋中國是變動不居的，其中孕育出中國人在東亞和東南亞的許多新形式的商業生活，超出了海洋中國總是依賴中國沿海形勢變化的傳統觀念。當然問題仍然存在：這個海洋中國是否在 1750～1850 年期間經歷了某些形式的轉型過程？例如，中國的經紀人和他們的帆船這段時期在亞洲海域是否獲得了更為重要的地位？

　　巴達維亞和馬尼拉大屠殺之後的迅速恢復表明，18 世紀末，他們已經具備了應付突發事件的新的能力。新加坡建立前夕，東南亞各處都有中國人的重要活動，如王大海在巴達維亞、三寶壟，滿剌加、廖內群島、蘇門答臘、檳城等地都有中國商人，這可以讓我們隱約看出巨大轉折時期的影子。這些中國人開始向歐洲人證明他們的重要性，他們似乎正在適應荷蘭和英國商人管理者的方法。當地的中國人掌握了西方的措施和法律，他們弄清了合夥與協作的細微區別，並將這種新掌握的知識用於同中國的港口建立所需的商業關係。1842 年的條約口岸開放之前的半個世紀左右，是「旅居者商業網絡」的黃金時期。正是在這段時期，海洋地區的中國人在荷蘭人和英國人的海上霸權之下獲得了一種自治的地位。在東南亞海域，我們可以看出一種質的轉變。這些在海上漂泊的中國人，遠離皇帝的控制，在 19 世紀中期以後的巨大變革到來之前，有著數十年的準備時期。1850 年代前後，大量的中國勞工不僅湧向中國南部海域，而且向太平洋和印度洋地區擴散，這完全改變了海洋中國的歷史概念。

四、整體性的海洋中國

　　在此還有兩種類型的海洋中國需要提出，一種是整體性的海洋中國，一種是理想中的海洋中國。「整體性」的海洋中國包括上述三種海洋中國的性質。也就是說，要同時全面考察海洋中國的片斷性、邊緣性和終點性。掌握各種史料的近代學者可以做到這一點。為什麼「整體性」的海洋中國在此值得特別注意呢？

　　我們都知道中國並不是一個海上帝國。中文史料將中國的海上關係僅僅看作整個朝貢的「世界秩序」的一部分。對中國來說，歷史上中國人在沿海

和海上取得的所有成績，相對於中央的各種事務來說，都是微不足道的，甚至後來的西文材料和其他材料也支持這個觀點。另一方面，外部資料傾向於將中國當成他們商業夢想的終點站，曾經有一段時期將注意力集中到中國沿海商人的活動上來，希望通過他們達到與中國貿易的目的。用我們現代人的眼光以及現在所掌握的各種歷史材料，我們不禁要問，有沒有超越片斷性、邊緣性和終點性的海洋中國？有沒有一個可以包括上述三種特性的海洋中國？

在不同的時間，根據不同的原因，對這個問題的研究常有一種或另一種固定的模式，從而先入為主地支配我們的歷史闡釋。這樣比較易於將海洋中國理解為只具有某一種特性。我們判斷 1750～1850 年間的轉型過程時也是如此。作為歷史片斷的海洋中國也許根本沒有轉型期，而作為外圍地區和終點的海洋中國則有轉型期的存在。我們在分別對上述三種特性的海洋中國進行分析之後，應該將三者結合起來，整體地看待問題。事實上直到近期，我們在這方面做得很少。

我們在研究時可能忽略了一些問題，在此僅提出一些建議。例如，這三種海洋中國之間可能有比我們從歷史材料中看到的更複雜的內在聯繫。此外，三種海洋中國在不同時期發生的突變和斷裂，當我們從整體上來看問題時，可能就變得沒有那麼重要了。例如，白銀的大宗貿易和銀價的浮動，英國海上霸權的確立和鴉片的擴散，曼的崛起，新加坡的建立，以及新的海上旅居網絡的出現等等。可以說，朝貢體系實質上的持續和中國官員的陸地觀念，比這段時期內所發生的可以測量的具體事件遠為重要。

我們可以以更宏觀的視野再次審視上述三種特性的海洋中國。

（1）作為片斷，海洋中國對整個世界是至關重要的，它在世界上的位置並非是形式上的，而是具有實質的意義。它對中國的整體性起著基礎性的作用，雖然表面上看它與中國內地的大勢並無直接關聯，因為 1750～1850 年間，外部局勢發生了劇烈的變化。但是中國只要有一個統一的政權，海洋中國的這種片斷性就不會改變。

（2）作為外圍地區，海洋中國自 10 世紀以來持續發展，收穫甚豐，但是必須從屬於中央的陸地政策。它的貿易渴望和需要，總是受到排斥，處於次要地位。

（3）作為終點，海洋中國隨著時間的推移越來越充滿活力，對中國與其

他地區以至全世界起著越來越重要的作用。它的人民表現活躍，加強了海洋中國作為經濟樞紐的作用，從而也鞏固了自己在中國整體發展中的至關重要的地位。

五、理想中的海洋中國

上文所述使我們最終提出理想中的海洋中國這個概念，也就是說，中國的權力和文明在陸地和海洋之間取得的一種理想的平衡。從理論上說，應當把海洋局勢和陸地局勢看得同等重要。中國古代文獻和當代學者的著作中都曾經對這種理想有過論述。

在中國古代文獻中，尤其在論及「陰」與「陽」的對立統一關係時，可以經常見到反映海洋和陸地平衡關係的詞語，例如「水陸」和「水土」等。這裡的水當然指的是所有江河湖海中的水。中國人干與濕和諧統一的傳統觀念似乎表明中國完全可以在陸地世界和海洋世界取得平衡。這也意味著他們在陸地上形成的精神和物質風俗習慣，同樣也可以適用於水上。

根據這種理想，中國 3000 年的歷史事實是海洋和陸地的非常的不平衡。只有將所有生活於河流湖泊附近的人與生活於沿海的人們一樣全部考慮在內，我們才可以說水陸世界是基本平衡的，才沒有陸地世界與水上世界的偏見，也就是說，才沒有故意將陸地資源看得高於水上資源的偏見。避開大片沒有邊界、沒有路線的海面，便無法形成真正的文明，古人一直有「到達天盡頭」的理想。情況正好相反，3000 年來，中國人生活於安全的內陸河流，在熟悉的村落和城市間穿梭，認為安於現狀已經足夠，不必遠渡重洋尋找新的世界，這樣的「統一」與「完整」會萬世不朽。

有證據顯示這種理想貫穿整個 19 世紀，直到 20 世紀初。但是，魏源在他的《海國圖志》及徐繼畬在他的《瀛寰志略》中提出了新的世界觀，與歐洲地圖所述大致相同，但是其中有無提到某種轉型期呢？上述兩部著作充滿矛盾之辭，使發現的喜悅變得模糊不清。尤其是魏源，他試圖將早期關於海上國家的知識重新整合，從而尋求一種實用的治國之道。我懷疑徐繼畬之所以沒有走魏源的老路，不是因為他打破了中國的世界觀，而是因為他不願意重複魏源的觀點。我在此並非批評徐繼畬沒有在著作中提出通向新世界的一種轉型期，而是理解當時並沒有明確的理由宣布新的轉型期已經到來，應該從傳統的理想主義轉到更為清醒的現實主義上來。無論怎樣，設計一個理想中

的海洋中國是沒有錯的，它至少讓魏源和徐繼畬等人意識到海上事務的重要，並力圖糾正嚴重傾斜的海陸平衡。

這種事先設定的理想使人們對各種轉型期的判斷變得更加困難，直到某個轉型期實際到來。在當代社會，當權力結構發生變化時，這種理想可能更有益處。舉例來說，20世紀80年代晚期，中華人民共和國年輕的激進主義者為中國在14世紀遠離海洋以及鄭和海上航行的結束而惋惜。他們認為海洋代表進步，而陸地代表落後，這極大地衝破了以往的思維習慣。在以後的辯論中，他們忽視了平衡的理想，也就是說，忽略了海洋和陸地的結合才是財富和力量的源泉。同樣，新一代的軍事戰略家重新審視了海洋力量的本質，更年輕一代的商業企業家則成功地利用陸地間的貿易優勢取得成功。關於「海洋超越」的新概念逐漸壓倒傳統的固著於土地的觀念，從而為平衡的理想提供了新的理論基礎。由此，通向這種平衡理想的過程，成為從充滿挫敗和誤解的過去中脫胎而出的過程。

最後，讓我對全文進行總結：

（1）作為歷史片斷的海洋中國反映出以朝貢體系為依託的世界秩序的冗長消亡過程，但是直到1850年代，並沒有出現明顯的轉型期。

（2）作為外圍地區的海洋中國，是以陸地為中心的外圍地區，當中國商人遇到可選擇的價值體系時，確實經歷了一些改變。但只要陸地的中心地位仍然存在，在這段時期就沒有真正的轉型期。

（3）作為終點的海洋中國到18世紀變得更為開改。在海外中國人的團體中，見多識廣的世界主義者網絡出現了某些轉型的跡象，但他們對祖國的人們影響甚微。在英國強權危及中華帝國的前夕出現的社會轉型，已經超出了中國人的控制能力，意識到時為時已晚。

（4）綜合考慮上述三種海洋中國，中國出現了一些相互交織的複雜觀念和措施，但其對中國中央和地方權力結構的各種影響，仍有待研究。

（5）最後，理想中的海洋中國是權力和文明平衡發展的結果，它推動社會的持續發展，減少激進變革的需要。以史為鑒，這種理想可以幫助中國今天的年輕一代認識已經發生的轉型是積極的，充滿希望的。

留學與移民：從學習到遷徙〔註1〕

程希譯　劉宏校

　　我很榮幸再次來到哥本哈根，這次是和夫人一起來。我們特別高興能在有著悠久歷史的艾爾辛諾（Elsinore）逗留。這個地方使我們回想起我們年輕的時候，那個時候我們尚不知將會在生活的城堡中「生存還是毀滅」〔註2〕。請允許我代表世界海外華人研究學會和在座的諸位，向朱梅（MetteThun）以及她的同事們表示祝賀，祝賀他們使這次研討會得以在歐洲成功召開。很久以來，世界海外華人研究學會就期待能到歐洲——這個吸引大量合法或其他各種華人移民的最有活力的地區之一——召開國際研討會。我們對過去數十年來歐洲在移民研究領域取得的新成就都有目共睹，我們也相信你們的知識和見解會使其他地區華僑華人的研究受益良多。

　　我今天要談的是關於留學生與移民之間的關係。這個話題既非僅指華人新移民，也非專論全球化，但與兩者都有關。首先我要說明我的兩點看法。

〔註1〕 這是王賡武教授在世界海外華人研究學會（ISSCO）第五次國際研討會上所作的主題發言。該研討會於 2004 年 5 月 10～14 日在丹麥艾爾辛諾（Elsinore）的 LO 學院舉行。本譯文由王教授授權發表。譯者程希，北京大學國際關係學院法學碩士，中國華僑華人歷史研究所副研究員，主要研究方向為「當代中國留學生與新移民」以及「中國的僑務與外交」。校者劉宏，美國俄亥俄大學歷史學博士，新加坡國立大學中國學系（Department of Chinese Studies）副教授，廈門大學東南亞研究中心、暨南大學華僑華人研究所兼職教授。文章刊發在《華僑華人歷史研究》2004 年 12 月（第 4 期）第 55～60 頁。

〔註2〕 艾爾辛諾（Elsinore）是莎士比亞名劇《哈姆雷特》所述故事的發生地。王教授此言引申自該劇中的著名臺詞：「To be or not to be, that is the question」（生存還是毀滅，這是個難題）。臺詞的深刻涵義在於啟發對生活意義和做一個什麼樣的人的理性思考。——譯者注。

第一，中國留學生不是移民。第二，一些學生確實想成為移民，這一現象也似乎正在出現。但我認為這只是表面現象，雖然對此我不能像第一點那樣說得那麼確鑿肯定。在過去 50 年中，成千上萬中國大陸、臺灣、香港、澳門，以及許多海外華人聚居地的華人子弟到國外去學習。隨著知識的日益全球化，他們時刻準備著到幾乎任何能去的地方，學習他們想學的東西和獲得他們想要的學歷。無論這一年輕人的潮流是否正在成為一種獨特的移民方式，以及這一潮流如何導致遷徙現象的出現，都不是未來幾年內就能明瞭的事。當然，「滯留」、「將來」成為移民或以其他方式移民的可能性還是存在的。正因如此，這是一個值得我們關注的課題。

眾所周知，一些亞洲和非洲國家的學生前往北美、澳大利亞以及他們在歐洲的前殖民宗主國學習並在那裡定居了下來。歐洲學生也同樣如此，這一現象已成為在歐洲舉行的一個研討會上頗令人感興趣的議題。歐洲學生前往美國也有數十年的歷史了。許多人一直待在那兒，他們選擇居留美國這一現象可以為有關華人和其他移民的研究提供參照。我們一定能夠從中揭示出可將華人與之相類比的經歷。而且，一旦學生成為移民，現代移民本身的複雜性問題也就隨之出現了。我認為這樣的問題不僅有助於我們瞭解某一類華人正在國外做什麼，而且也會使我們修正關於移民的概念。

我的演講將分為兩個部分。第一部分探討演講題目所包含的四個關鍵詞：「留學」、「移民」、學習及遷徙。第二部分考察二戰結束以來眾多年輕人到國外學習所呈現出的三個主要發展階段。

我先來談四個關鍵詞。「留學」是意指到國外學習的一個普通詞彙。我想它與「取經」或「求法」這樣的古漢語詞彙有著相似的含義，後兩個詞說的是走海路或陸路到印度從源頭汲取信仰之泉的中國佛教徒所做的事。「取經」即「取回佛經」，「求法」則是「尋求律法和教規」。這兩個詞都強調了身為教徒的神聖職責，他們必須立志不遠萬里為信仰而獻身。因此，我對「留學」這個詞從未被用在中國佛教徒身上而是成了一個日文詞彙──ryugaku──頗感驚訝。這個詞最早出現指的是公元 775 年隨遣唐使到中國並且留在中國學習的日本青年。「留學授業」（授業是傳授學業、給予指教的意思）這個詞組則更是暗含了學生需要居留一段時間從老師那兒釋疑解惑的意思。

然而，這一專稱術語的意義並未因中國佛教徒的事蹟──如法顯、宋雲、玄奘和義淨這樣的高僧曾輾轉印度、巴基斯坦、斯里蘭卡、尼泊爾、孟加拉

國及馬來群島的佛教地區──而得以昇華，這也是頗耐人尋味的事。這些高僧長年漂泊在外，但文獻只記載了他們帶回來的經書，對他們究竟學了些什麼或是和誰一起學的卻鮮有提及。到了近代，日本人用 ryugaku 這個詞專門指稱那些成千上萬步其從唐代開始前赴後繼西行至中國學習的先輩的後塵──到西方去的學生。相應地，在中文中也將「留學」這一同樣的專稱用於成百上千或直接到西方、或間接地從日本學習西方知識的中國學生。值得一提的是，在 20 世紀之交去日本的中國學生人數眾多，遠遠超過了去歐洲和北美學生人數的總和。當時的「留學」並未導致任何形式的移民。無論他們是「取經」還是「求學」，抑或是 ryugaku 還是「留學」，他們都是做了他們該做了的事，然後回家。

第二個詞「移民」現在通常也譯成「移居」（migration）、「移居者」（migrant）。這個詞也是古已有之，但原先僅指被官方從一地遷往另一地的人，他們往往是因為經濟原因或出於戰略考慮，為了他們自己的利益或國家的利益，整村整族地被迫遷移。在東亞，壓根兒就沒有個人或家庭的自願移民這一說。因而，「移民」和「留學」（或 ryugaku）都是緣於描述過去一個世紀中出現的事才產生的新名詞。第三個詞「學習」在這裡與「留學」是同義詞，但後者突出了一個「留」字，也就是「居留」的意思。它指的是為了接受不厭其詳的指教、掌握一門專科知識或獲得一種出眾技能而在國外待上一段時間的學生。那些僅是到學術研究機構作短暫訪問、進行速成培訓的人不在此列，但重要的公派人員可算作例外，因為他們將堪與律法或教規相提並論的現代科學知識帶回了家。這些學生中包括各個年齡段的人，相當一部分是力圖獲得新學歷或想要更新和增長既有知識的研究生。在多數情況下，這種「居留」會是 5 年或 5 年以上的離家在外。第四個詞「遷徙」需要多說一些。它是我今天演講所要圍繞的核心。我先下一個簡單的定義：「遷徙」是「移民活動狀況或本質」的反映。移民一詞在歷史上一度指的是廉價的、缺乏技能的勞動力，並被用以概括為他們的遷移模式。如今，該詞已成了泛指任何離家在外不打算回去的人，這些人也就成了所有國家移民政策、移民部門和移民官員關注的對象。學生在完成學業後留下來，將他們的身份合法地改變成僑民、（入籍）公民或永久居民，都不意味著他們就成了移民。相反，他們只是憑著專業人士或特殊技能擁有者的資格來維持一種像移民那樣的生活狀況。這就是我所說的「遷徙」。它不是對永久定居必須做出的一種決斷，而只

是使他們能介於學生和定居移民之間的權宜之計。在這一空間內，他們可以遊刃有餘於多種居留心態和生活狀況。比如，他們可以選擇使自己有遊子或流亡之感，他們也可以採取古人長期客居他鄉的方式，或者他們可以設法謀取一種現代跨國生存之道。雖然起因不同，但遊子、流亡者或客居他鄉之人都是相對於他們的老家以及他們對於回老家的願望而言的，而跨國主義者追求的則是出入國門和超越政治界限的自由。「遷徙」能涵蓋上述各種居留心態和生活狀況。但「遷徙」也是各種各樣和因人而異的，它經常表現為使得居留心態和生活狀況呈現出不確定性的一種主觀選擇。它既不一定回國，也不一定就是人員的流動或居所的變換。它是一種像是移民的充滿變數的狀況，但在一段長時間內它又可能是安穩的。

　　第二部分我將列舉這一情形的實例並探討隨著「留學」轉為「遷徙」而出現的變化。我們可以從近代歷史中找出這樣的實例來追溯與華人有關的變化。毋庸置疑，到海外學習本身即意味著變化，即有了移民的含義。讓我來簡短分析一下這一過程是如何開始的。中國沿海地區的開放使得中國人在概括出「留學」和「移民」這兩個詞之前就知道了到國外學習和移居國外這兩個新生事物。1847 年，容閎和他的兩個同伴跟隨他們的傳教士老師到了美國，這是一個開山拓路之舉，其後才有成千上萬的華人礦工、商人和其他體力勞動者狂熱地湧向美國西海岸的金礦。這些成千上萬的人肯定不會認為自己是移民，因為他們中的大多數人只是想去碰碰運氣，最終還是要回中國的。在座都知道，此前中國人僑居東南亞已有相當長的歷史了。但其間算得上是留學的只有一個例子，那就是廣東的幾個男孩於 1818 年至 1843 年到馬六甲英華書院（the Anglo Chinese College）學習基督教，這個學院是由蘇格蘭傳教士羅伯特·莫里森（Robert Morrison）建立的。所有這些男孩都回到了廣東，香港成為殖民地以後，一些人去了香港。此後的一個半世紀中便再無中國人到東南亞學習任何東西的例子。只是最近 10 年來才又有了大量中國學生到馬來西亞和新加坡學習的例子。雖然新加坡政府打算允許他們中的一部分人不定期地居留，但這是否會導致某種形式的移民仍不得而知。至於那幾個 1847 年到美國的男孩，更是還沒意識到移民是怎麼回事。從耶魯大學畢業以後，容閎歸化入籍成了一個美國人。他回到家鄉幫助中國科技和軍事的現代化，也幫助其他中國人到美國去學習。他一直自認為是中國人。儘管他為幫助中國而付出的許多努力都無果而終，他失望之餘在美國度過了後半生，但他從未

覺得自己是一個移民。

　　還有其他早期中國人到西方學習的著名例子，容閎到美國之後的 20 年，馬來亞吉打州（Kedah）（現為馬來西亞的一部分）年僅 10 歲的辜鴻銘被送到了蘇格蘭上學。13 年以後他回到了家鄉，以後他一直都在中國工作。也就是說，在他的祖先離開中國四代以後，他又回到並且留在了中國。他的例子讓人們看到了一個真正的長期僑居者，他也代表了一類（在精神上）從未真正離開過故土的中國人。

　　後來留學實際上成了官方的事。從 1872 到 1881 年，中國政府向美國派出了一個教育使團，120 名幼童被送到美國學習，但這一事業中途夭折了，他們中的多數人未能完成學業便被帶回了中國。較為成功的是派往英國、法國和德國培訓的海軍工程師及學習其他技術的人員。之後，又有數千名成年學生和學者被派到日本學習。那時日本剛剛打敗了中國，使中國蒙受了奇恥大辱，但這也成為對中國的現代化最有影響力的轉機。當然，它向中國領土擴張的野心也招致了中國的反日。其間，美國介入了，更多的中國人於是前往美國學習，儘管當時美國的移民政策是苛刻而蠻橫的。有意思的是，就在中國移民一度幾乎不可能進入美國時，中國學生卻是被允許進入的，雖然他們也並非總是受歡迎。這顯然加大了「移民」與「留學」之間的差異。當然，在早年移民美國的老華僑中，他們在當地出生的孩子有一些也可以進入美國大學讀書，但他們進的都是那些他們有資格進的學術研究機構。這是因為絕大多數留學生在完成學業後是回中國效力，而多數土生華人希望的是能融入美國主流社會。

　　如今的情形又怎麼樣呢？大家都知道，在第二次世界大戰以前，90%以上的海外華人，無論是僑居者還是定居者，都集中在東南亞。他們中幾乎沒有人是到他們所在的國家去學習的，在另 10%的人中，多數都是體力勞動者和商人以及他們的子女。只有微乎其微的中國人是到海外學習的，他們基本上集中在美國。沒有人會把這些學生與移民活動聯繫在一起。但是，1950 年代以後情況發生了變化。作為留學生接收國的西方和作為留學生派出國的中國在過去 40 年中都出現了最好和最開明的變革。來自這兩個方面共同的推動力已經使得留學和移民形成了相當的規模。如果這兩個平行的推動力進一步以新的、我們目前還不能預見的方式形成合力，也不會是什麼令人驚訝的事。審視這一變化過程的主要發展階段，將有助於我們把握這兩股力量是否會交

融匯合，或者這些發展是否可能會使我們對於「移民」這一概念本身進行重新定義。

我在前面提到過二戰結束以後出現了三個發展階段，這三個發展階段均導致了留學人數的大幅增長。第一個發展階段是殖民地和後殖民地時代的初期。第二個發展階段是 1950 年代到 1970 年代的冷戰格局所致，這一發展階段使得前一個發展階段多少有點兒黯然失色。第三個發展階段就在而今眼下，在這一發展階段中與全球化相聯繫的經濟「決定力」是核心要旨所在。前兩個發展階段以政治為驅動力，這一驅動力現已被技術和商業的發展所超越，而正是技術和商業的發展促使和幫助了越來越多的學生走向「遷徙」。到海外學習的理由或許不一樣了，但結果還是相同的。例如，一些因為政治原因到國外學習的中國人有可能主要是為了經濟狀況的改善而不再待下去。另一方面，也有可能是國內政治狀況好轉了，但缺乏在經濟方面發展的機會而導致人們去往他國。為了梳理從「學習」到「遷徙」的不同軌跡，我將把這三個發展階段分開來闡述。

殖民地時代的留學生，包括許多中國學生，前往大城市就讀於大專院校的人數從戰前開始就不斷增多。我覺得很難說他們是到國外去學習，因為從某種意義上說，他們並未出國而只是去了帝國的屬地，仍然在他們的「祖」國學習。不管怎麼樣，他們都想在學成後回去為帝國——英國、法國、荷蘭或美國——效力，他們中的殖民地華人也同樣如此。當然，也確有少數人在找到工作後會留下來並最終定居在當地，這些可以說是「遷徙」類型中的一種在早期的例子。

這一情景在脫殖民化進程開始後戲劇性地出現了變化。一方面，以前的殖民地屬民和新獨立國家的人民因為仍然選擇了在他們前宗主國的大專院校學習而成了真正的「留學生」。另一方面，一些新獨立國家的政治狀況並非總對這些帝國教育的「產兒」有利。對於來自印度尼西亞、馬來西亞和菲律賓等東南亞國家，來自西印度群島以及毛里求斯、斐濟這類新興國家的身為華人後裔的畢業生來說，尤其如此。只要有可能，這些華人後裔中總有一些人會在以後回到他們曾接受高等教育的國家。這無疑是被延期了的「遷徙」，因為在學習和再移民之間有一段時間的流逝。1950 年代以後，受冷戰在亞洲蔓延的影響，在這些前殖民地有更多的華人以準備成為移民的心態尋求到國外留學。適逢像英國和澳大利亞這樣除了對後殖民政治局面心懷惻隱之外，更

能在高等教育領域對其有所作為的國家，需要學有專長的畢業生而並不介意他們來自何地，因而他們的願望很容易實現。這些變化使得 1980 年代以後經濟作為決定性力量的重要性凸顯出來。

第一個發展階段是作為一個方興未艾現象的組成部分之一開始的，這個部分影響了來自印度、巴基斯坦、埃及和巴勒斯坦的其他學生，使他們也成為了突出的例子。對於多數華人學生來說，這些變化主要是東南亞後殖民時代發展的結果。但這一推力因素一度曾讓位於拉力因素，因為繼續在海外學習的華人學生發現還是留下更有利。然而，無論不回國的理由是什麼，先在他們學習的國家定居下來的決定都不會使他們自動就轉變成移民。從程序上說，當他們申請居留許可和找工作時，還得先從學生身份轉為移民身份。而獲得就業許可證和接下來的永久居留權也是必要的步驟。合法或得到行政許可，他們才算是成了一個移民。但如果不是（迫不得已）成為遊子、流亡者，或者是有意要做渴望回家但在等待機會的僑居者，那麼他們實際上就進入了一種「遷徙」狀態。在過去幾十年中，我一直與在澳大利亞的幾個馬來西亞華人社團以及幾個印度尼西亞華人小團體保持著聯繫。他們中有越戰後的印支難民，但已經沒有了 20 世紀之交時來自中國的勞工移民。他們中大多數都曾是留學生，後來選擇了留下來。他們都對移民應該有哪些權利非常敏感，但他們卻不願意與任何新來的移民為伍。從他們的言論和文章來看，我覺得他們正游離和迂迴於這樣一種狀態之中，即既不願意被按照種族來區分又不願意被同化。但他們又安於被人認為說不定哪天會一走了之這樣一種狀態，這也是「遷徙」的一種表現。

我再來談一下第二個發展階段。這一發展階段是作為留學的另類潮流開始的，主要是戰爭，特別是冷戰的產物。它先在歐洲為人們所熟識，二戰以後，則對不同的華人群體產生了巨大的影響。這一發展階段始於中國內戰的最後幾年中，許多天資聰穎的中國大學生在這幾年中被送到了海外。後來，這些人中有許多選擇了不回中國。隨著南京政府的倒臺和中華人民共和國於 1949 年的建立，還有大批難民湧向香港，其中包括攜家帶口的學者和商人。與早期一般的勞工移民相比，這些難民多數受過良好的教育。與此同時，還有人數更多的、同樣受過良好教育的人追隨國民黨政府去了臺灣。冷戰的作用由此可見一斑。在朝鮮戰爭結束後，韓國學生可以進美國最好的大學。無獨有偶，臺灣國民黨政府官員和專業技術人員的子女也能到美國去留學，儘

管為數並不多。

因為有了這麼一條路，在接下來的 20 年中，被送到海外留學的年輕人迅速增多。值得注意，也與過去不同的是，這些留學生中的絕大部分沒有回臺灣。其原因之一是美國作為肩負著世界反共半壁江山防禦使命的新的超級強國，迫切需要培養新一代反共精英。但另一個原因也是因為多數臺灣出生的留學生厭惡蔣介石政權，而那些出生在中國大陸的人則因為在臺灣生活時間不長，還沒有真正把臺灣認同為自己的家園。無論是什麼原因，都導致了中國「人才流失」現象的出現，而這對中國來說多少還有點兒新鮮。

「留學生」不想回去的念頭越強烈，在大學裏形成封閉的華人圈子或結社組團的研究生就越多，一種以中文從事創作的臺灣文學的新流派也應運而生。這是一個多層次的、探尋廣闊人生跨度的流派，但許多作品描寫的對象是受大學教育、主要來自臺灣的華人，對於一個「中國」一分為二或是合而為一的牽掛始終是他們揮之不去的鄉愁。這一文學流派的知名作家有張愛玲、白先勇、聶華苓。此外，還有世代祖居於臺灣的作家。其中尤以陳若曦的經歷最不尋常。在美國完成學業後，她選擇了回到中國大陸，成為「文化大革命」的受害者之一。她後又回到美國，雖然名義上是移民或再移民，但她最終又回到了臺灣。她所走的每一步都深受政治影響，她的彷徨躊躇也遠甚於其他人。在一些作品中，她是這樣描述這種彷徨躊躇的：

> 許多海外的中國知識分子都會經歷已上升為主觀意識的心理衝突……懷有人們所說的「中國情結」……所持的仍是「過客」心態。

對「留學生」的生活最為體察入微的作家是於梨華。幾乎她所有的短篇和長篇小說都是留學生題材的，她描寫他們的生活，從他們決定留下來到他們在美國的事業發展，在她細膩的筆觸之下均有生動的刻畫。從這些作家的作品中，特別是於梨華的作品中，我們看到的是一種永遠處於過渡期的生活狀態，一種也差不多就是「遷徙」的狀態。這些作家都以個人的經歷反映出一種類似遊子或流亡者的心境，但也使我們重新領悟了早期諸如僑居之類的概念，甚至還能將其勾勒成類似跨國主義的境況。毋需贅言，他們的心態不能與 1964 年以後因美國移民政策放寬而大量來自香港、臺灣及其他地方的移民相提並論。

而且，1960 年代和 1970 年代的 20 年間，也有從受冷戰影響的世界其他

地方，主要是東南亞，前往北美和澳大利亞的華人學生。他們也很少考慮回去的事，雖然他們有許多人的確回到了各自的所屬國。事實上，許多人都是帶著最終到別的地方安家立業的想法到國外去留學的。當這些早期華人移民的後裔再移民時，他們適應異國社會的經驗使他們在適應過程中產生痛苦的要少一些。但即便是他們，也會時不時地遭遇到底是留下還是走人的困惑與不安，他們希望能留、走兩便。這也就形成了臺灣移民所曾經歷過的那種與「遷徙」「神似」的境況。當然，對於臺灣人以及那些來自香港和東南亞的華人來說，他們沒有溝通交流的障礙；因而，在與國內家人之間定期和日益頻繁的接觸這一條件下，「遷徙」這一境況是可以接受的。

自 1980 年代初以來，來自中國大陸的更大一波留學潮奔向西方，主要是美國，其中到新加坡學習的中國學生也因有相當人數而形成一定聲勢。這一波留學潮，特別是奔向美國的，演繹出新的故事。迄今為止由這些留學生創作的作品與他們前一代的臺灣留學生的作品相比已顯露出更為坦率直白的風格。那些在美國的中國留學生的作品多是告誡中國人到海外留學的種種缺陷或者是他們認為與超級大國打交道所必須注意的事項——對對抗和緩和兩種情形的危險尤其著墨頗多。有一些學生和畢業生，與臺灣留學生早先所不同程度經歷過的那樣，也開始對長時間留在海外使他們處於類似「遷徙」的居留心態和生活狀況進行反思。但從整體上說，現在就斷言他們是否會長期有這樣的感覺還為時尚早。中國大陸與臺灣和香港不同，甚至與其他使華僑華人深諳個中滋味的居留地也不同。令人感興趣的是他們中的多數人將會或遲或早地怎樣做出留下或回去的決擇。正如目前所顯示的跡象，現在正是他們中的許多人反思「遷徙」狀態的好時機。

最後，第三個發展階段是經濟和技術全球化的產物。二戰結束以後科學的進步和全球自由市場的拓展蔚為壯觀。對於經歷著這一時代變化的中國留學生來說，將原有的移民概念套用在他們身上，或許是很不合適的。全球對於高科技技能的需求也許並不是針對這些留學生中的所有人的，但努力使自己符合這一需求的中國學生正在呈幾何級增長。這使得這些在國外接受教育的中國人有一部分得以不受傳統國家疆界的束縛。這些技能和才華出眾的人的活動會使人們聯想起歐洲的中世紀。如田中明彥所說，這意味著一個「新的中世紀」正在來臨，在這個「新的中世紀」裏精英學者們可以共享文明，漫遊世界。我不敢貿然預言我們所熟悉的民族國家的終結，特別是那些會涉及

到中國的預言。但是對於受過高等教育的人來說，新的商業和科技網絡的拓展確有可能使得移民的概念變得陳舊過時。

　　我只能推測到這裡了。從上述前兩個發展我們可以看出學生要成為移民是多麼的困難。它決不僅僅是一個合法性的問題或是能否為本土居民和先到的定居者接納的問題。現在全球對於現代化人才的需求很可能是旺盛的，因而中國人才的供給，就像印度一樣，也會為滿足這一需求而繼續攀高。需求和供給這兩個趨勢同時並進是很可能的。在全球化的新形勢下，受過國外教育的華人新精英的後代，特別是那些來自中國大陸的精英的後代，會很容易地把中國看成不僅僅是一個國家，而且是多極世界中位於歐亞大陸的一個樞紐，是某種能讓他們為之做出貢獻或是從中受益的力量。如果這有可能逐漸成為現實，那麼在完成他們獲得更高學歷的學習之後，「遷徙」就會成為一種可以接受的生活方式。服務於中國及華人族群還是服務於世界之間的選擇孰輕孰重也便會一目了然。表面上，這似乎又回歸為僑居的方式。但二者之間的關鍵差別在於僑居始終隱含著要回中國的心態和意識。而「遷徙」則不然。「遷徙」意味著家的概念和國籍是不定和隨時都會變化的。此外其他的變化發展則都是為了改變所有現行（接收國）移民政策而進行的努力。這些（接收國）移民政策中有很多都有著令人不堪回首的歷史，它們在 100 多年前是為了貶低和排斥華人而開始實行的，後來則擴展到了針對所有移民。現在該是改變這些旨在保護經濟和種族特權的政策的時候了。留學生使自己處於「遷徙」狀態這一情形有可能預示著一種新的流動性和個人使命。它並不是一種輕鬆的生活狀態，但隨著它在更多受教育者中的流行推廣，它會使得將來大可不必再有認為移民是一種罪過的看法。

中國文化本身就是多樣的〔註1〕

　　中華文化指的是獨一無二的中國文化組合。中國擁有多元的文化，其中有些相對重要一些。那種認為中國文化是一種大一統文化的觀點認為，每一個中國人都只是「分享」著同一種思想和制度的個體。其實相反，中國的民族、地域、社會和經濟環境的多樣性，長期以來，產生了若干不同的文化，是相當多彩的。何況還有許多「亞文化」支脈。這樣，就會知道，對於全體中國人乃至人類而言，文化的豐富性具有多麼重要的價值。

〔註1〕 2004 年，「世界中國學論壇」在上海國際會議中心召開。各國學者從「多元視野」觀照中國的歷史文化和現實，再次構築文化交流與對話的平臺。王賡武的發言選登在《淮陰師範學院學報（哲學社會科學版）》2005 年第 1 期第 14 頁。選登的其他學者發言包括上海社會科學院院長、上海市政協副主席王榮華、俄羅斯遠東研究所所長、研究員季塔連科、美國哈佛—燕京社社長、哈佛大學教授杜維明、北京大學哲學系教授、中國文化書院院長湯一介、中國社會科學院文學所比較文學中心主任、研究員葉舒憲、復旦大學歷史地理研究所所長、教授葛劍雄、臺灣大學政治學教授石之瑜、北京大學哲學系教授林毅夫、北京大學中文系教授、中國比較文學學會會長樂黛雲、上海社會科學院哲學所研究員俞宣孟、江蘇省淮陰師範學院中文系教授蕭兵、印度德里大學教授莫漢蒂、美國俄亥俄州立大學教授芮哲非、以色列耶路撒冷希伯來大學東亞研究系主任、語言學博士李希雅、英國謝菲爾德大學東方研究院院長、中國學研究教授韋立德、中國社會科學院國外中國學研究中心研究員黃育馥、上海社會科學院副院長、歷史研究所所長、研究員熊月之等。這些學者發言由蕭兵記錄整理，根據會議速記，未經發言人審查。

中國文化海外觀〔註1〕

蘇金遠、高亞妮、唐懿翻譯整理

　　中國在過去 25 年或 30 年中所發生的巨大變化，尤其是經濟領域的發展，使其成為一個日益受人矚目的國家。為應對全球市場經濟大背景下的新機遇，中國將計劃經濟轉變為世界上大多數國家所奉行的市場經濟，這一發展更吸引了世人的目光。許多人希望到中國來考察，探析中國的發展道路；一些人對中國的發展有了足夠的認識，並試圖學習、借鑒中國的經驗來發展自己的國家；當然，還有一些人對中國產生了恐懼感，於是就有了所謂的「中國威脅論」。

　　人們對「中國威脅論」的探討本身就是一個值得思考的問題。由於在近代經受了外國長達 100 多年的侵略和凌辱，又先後經歷了抗日戰爭和解放戰爭，中國在幾十年前還是一個令人同情的國家，而非一個令人羨慕的國家，更談不上是一個令人恐懼的國家。這種態度的轉變本身就是一個巨大的變化。

　　回顧歷史，我們會發現古代的中國文化一直為西方人所欽佩、敬畏，這種敬畏來自西方對中國意義上的「帝國」的誤解。直到明清期間，西方社會的發展與中國文明的相對滯後使中國文化在外國人心中的地位逐漸下降，19世紀末中日戰爭的失敗使中國文化在外國人，乃至中國人心中的地位滑到最低點。中國人對自身文化與文明的批判從「五四運動」一直持續到 20 世紀 80年代，自這時起，中國經濟領域的成就使世人的目光再次回到這個東方大國

〔註1〕本文是王賡武先生 2006 年 9 月 27 日在西安交通大學用英文做的學術報告，全文由西安交通大學人文學院碩士研究生蘇金遠、高亞妮、唐懿根據視頻資料翻譯，經王先生審查後同意在本刊發表。文章刊發在《西安交通大學學報（社會科學版）》2007 年 1 月（第 1 期）第 1～5 頁。

身上，值得中國注意的是，實現國家富強必須與發展民族文化並重。

一、燦爛的中國古代文化與「帝國」引起的誤解

對中國文化態度的變遷是與中國歷史的發展密切相關的。事實上，大多數外國人認為中國過去擁有令人自豪的文明。

從 2000 多年前第一個外國人抵達中國開始，外國人對中國的記載都充滿了對中國文化的讚揚之情，是中國文化使他們對中國產生了深刻的印象。這種良好印象源於優秀的政府、健康的經濟、繁榮的社會和輝煌的文明，漢朝和唐朝都因為繁榮的文化而享譽世界。相比通過貿易和其他交流手段輸往國外的精美物品，人們更加注重的是偉大的中國文化。

當時的中國非常強大，但這種強大方式並不同於工業革命以來當今強國的強大方式。過去中國的強大指的是她能夠保衛自己，提供給人民和平穩定的社會生活環境，保證人民的富足。做到這一點，人民會認為政府是一個成功的政府。

過去強大的中國被稱為「帝國」，但這不同於西方意義上的「帝國」。西方意義上的「帝國」（Empire）不同於中國意義上的「帝國」。Empire 一詞來自於歐洲歷史中的羅馬帝國（Roman Empire），它與冒進、侵略、征服、統治他人相聯繫。從這種意義上來說，「帝國」一詞並不適合於中國，因為中國向來不是一個帶有侵略性的國家。中華帝國的發展不是以犧牲他人的利益為代價的，中華帝國的統治者總是立志於保衛自己的領土，確保國內人民生活的幸福。但是今天的國外人依然會把歷史上的中國稱為「帝國」，比如說清帝國、唐帝國，這是有誤導性的。根據歷史記載，特別是孔子的著述，漢語中對「帝國」比較貼切的解釋應該是「天下」。它的意思與西方意義上的「帝國」有很大差別，混淆這兩個概念會誤導人們對中國的認識。中國目前所面臨的困難之一就是這樣的混淆所產生的不良後果。

從歷史上可以看出，中國並不是一個具有侵略性的國家，它不會沒有原因地侵略他國，也不會試圖征服其他國家的領土。漢武帝、唐太宗以及其他帝王所發動的戰爭都是為了保衛自己的邊疆、驅逐外敵，而從來沒有吞併他國領土的意圖，沒有通過吞併他國以保證自己安全的想法。這就是中國給人的印象：一個不帶有侵略性，而代表文化繁榮、人民富足、社會安定的文明國家。這就是孔子所說的「天下」。

自古以來，與其他文化的交流和碰撞一直伴隨著中國文化的發展。在古代，中國文化強大的包容性不僅融合了自己的民族，而且影響了他國文化，甚至還融解了外來侵略者。過去在中國的西部和北部，許多民族和部落，諸如匈奴、鮮卑、突厥、土番等，侵略了中國，但是，他們來到中國以後羨慕中國的文化——是中國的文明吸引了他們。他們當中有些人留了下來，最終變成了中國人；有些人回到馬背和高原上繼續他們的部落生活。中國西方和北方地區的土地等地理條件不適合發展農業，如西藏、西伯利亞、滿洲北部，那裡的人們一直在高原上過著游牧生活，他們不接受中國文化，而且頻繁侵略中國，如契丹人和蒙古人。這些部落聯盟到中國來是為了侵略中國，而不是帶走中國的文化，而一旦他們在中國定居，他們就會被中國的文明和文化所影響。

在這一點上，中國與東部、南部地區的關係卻不同。在東部，中國對朝鮮、日本都產生了巨大的影響。南部地區受北方文化的影響也較重。所以，自從秦始皇統一中國，南征廣東、福建、越南等地後的 1000 多年內，被他佔領了的領土逐漸接受了中國文化。許多中國人遷移到南方，並在那裡定居，中國文明也因此被帶往南方，並逐漸變成了本土文化。

二、近代中國文化的衰退

16 世紀，歐洲人乘船到達中國東部沿海地區。從傳統理論意義來說，乘船而來的人，不管是從南部還是東部，都會被中國的文化所影響，但歐洲人卻是例外。當時來到中國的歐洲人有非常強大的文化背景，他們的文化具有很大的差異性，並由他們自身的宗教所支配，如基督教。早期來到中國的歐洲人先後有葡萄牙人、西班牙人、荷蘭人、英國人和法國人，他們是天主教徒，並帶來了傳教士。這些人到了中國以後對中國文化印象深刻。利瑪竇等人對中國的記載大多是用拉丁文寫的，集中於中國的哲學、文化歷史、政治文化、製造業和經濟發展方面。他們對 16～17 世紀和 18 世紀早期的中國記載得非常詳細。這些記載被傳回歐洲，產生了巨大影響，歐洲人從中國文化中受到了巨大的啟發。

儘管早期到中國來的歐洲人的任務是把基督教、天主教帶到中國，但是事實上他們反而被在中國的所見所聞深深影響。那些沒有來到中國的歐洲人在閱讀到相關記載之後，深深地被中國發生的一切所吸引，以至於他們開始

研究中國，這也就是所謂的「漢學」研究。從那之後，歐洲人開始向中國學習，他們把中國的資料翻譯成法語、英語、德語等，以便越來越多的人閱讀。

直到18世紀末，歐洲人對中國的印象還是肯定、積極的，十分羨慕中國人在人性、社會價值、治國之道等方面的見解。他們對明代的士大夫階層以及清代的帝王將相的記載都充滿了讚許。但是，他們並不是讚揚中國的強大，也不是讚揚中國的財富，而最重要的是讚揚中國的思想、文化、價值觀和政府，以及中國人對幸福生活和生命意義的理解。

18世紀末，歐洲大陸發生了巨大的變化，而中國變化很小，這就產生了所謂的不平衡。歐洲發生的變化是工業革命，它不是偶然的，而是17世紀以來「科技革命」的結果，即科學思維和現代科技的結果。歐洲人在印度、朝鮮、日本和中國進行貿易，一些新觀念、新產品、新詞彙被帶回歐洲，應用於科學技術發明和經濟體制發展。歐洲人開始制定新的經濟體制，以應對更大的市場，直到今天，全球化經濟仍然在他們的掌握之中。工業革命在世界範圍內產生了巨大的影響。

工業革命時期，中國正處於清朝。中國人意識到歐洲人的與眾不同，他們擁有較先進的技術和較高的文明。明清時期的傳教士們帶來的數學、地理、算術、工程等方面的知識和歐洲的工業產品，給中國人留下深刻的印象。明末清初的中國人已經意識到歐洲人不同於其他的外國人，意識到他們擁有值得中國人注意的東西。但是18世紀的中國社會並沒有對這些挑戰做出迅速的反應，沒有充分利用西方人帶來的新知識，中國在技術、科學思維上開始落後。

如果說16～17世紀是歐洲的歷史轉折點，那麼19世紀則是亞洲的重要歷史轉折點。工業革命使歐洲在軍事、經濟上空前強大，使他們能夠統治他國。19世紀的中國是悲慘的，兩次鴉片戰爭、歐洲列強的多次侵略使中國開始在經濟、軍事上走向衰落。正是在19世紀，歐洲人開始蔑視中國文化，因為他們開始意識到中國文化的輝煌只是過去的，當時中國的文化與文明比不上西方。

歐洲人對中國文化的這個態度轉變的具體時間是存在爭議的。有學者認為自19世紀初歐洲人就開始懷疑中國文化的重要性，但另外有些學者卻能找出當時中國文化仍然受歐洲人尊重的證據。歐洲學者直到19世紀下半葉還在研究中國，翻譯中國的古典作品，如《論語》、《左傳》、《春秋》，但是這個群

體變得越來越小，他們成了專家。

直到 19 世紀末，歐洲人來到中國後發現中國是一個衰落的國家：人民貧困、政府腐敗、動盪四起。白蓮教、太平天國、捻軍等起義使中國變得窮困，歐洲人認為這是中國政府衰落的表現。他們認為，中國人已經無法掌控自己的國家，中國的文明和文化正在退步，窮困使他們無法欣賞自己的文化。對這個走向衰落的文明，歐洲人越來越不尊重，當時他們在很大程度上認為中國文化將無法生存下來。有趣的是，19 世紀的中國學者並不接受這一點。19世紀末 20 世紀初的學者的作品仍然充滿了對中國文化的自信。儘管他們認為中國需要改革，中國需要從西方學習軍事現代化和科學技術，但是他們認為中國的政治文化、價值觀、文化與文明在根本上是沒有錯誤的。

20 世紀初，中國的學者和中國人大體上還是相當的自信，許多歐洲人仍然羨慕中國文化的強大，這種自信和相信一直持續到清朝末期（學界對這一時間還有爭議）。有人認為，在中日戰爭失敗之前，除了一些歐洲人，沒有亞洲國家輕視中國文化，第一次中日戰爭（1894～1895）的失敗導致了日本人對中國文化的蔑視。日本從明治維新時期開始向西方學習，1895 年以後，日本人不再懼怕中國文化、完全放棄了向中國學習，甚至認為中國應該向日本學習。同樣，大多數歐洲人不瞭解中國，他們認為中國是一個窮困的將要被毀滅的國家。

也許從這個時期開始，西方人開始認為中國在世界上不再重要，中國文化正在衰落。在這個時期，尤其是科舉制度結束以後，許多中國知識分子去日本學習，帶回了教育、教學的新思想和新手段，更重要的是帶來了精神的革命。這種精神的革命可以追溯到孫中山的民族主義、同盟會、辛亥革命，一直到新中國等這些與清政府的滅亡有關的事件。從精神的革命這一意義上來說，五四運動是很重要的，因為它導致了部分中國人對中國文化價值的懷疑，尤其是那些受過教育的領導者。這些領導者開始越來越多地汲取外來文化，反對中國文明，特別是兩百多年來作為中國統治和道德支柱的一些儒家傳統。

在這個過程中，中國文化和外來文化未能很好地融合。領導者在拒絕自己的文化而接受與之差距很大的外來文化時，不能夠把兩者結合使其變得更為強大，形成看世界的一種新方式。這種反對傳統，學習西方的行為把人們分解為兩個方向，使中國傳統出現了斷裂，中國的文化形成了斷層。另外這

還導致了對中國文化價值觀的自信的缺失。在外國人看來，中國的平民還是非常的傳統，而領導階層反對傳統，轉向其他的地方尋找新觀念。

經過 40 到 50 年的現代知識引進之後，特別從 19 世紀 80 年代開始，這個現代知識與中國文化根源的差距已經很大了，這個差距對未來中國的發展是不健康的。外國人知道中國正在發生著變化，但是具體是什麼他們並不知道。

三、近代中國移民與中國文化

中國有超過 3000 萬的海外華人，他們大多出生在國外。雖然這些人已經完全融入國外社會，但他們大多仍然認為自己是華人，想和中國保持密切聯繫，對中國有濃厚的興趣，只要有機會就會回到中國。他們會因為中國表現出色而自豪，因為中國表現不盡如人意而沮喪。這種感情在海外華人中是相當普遍的。

過去，中國的移民都來自貧困的家庭，大部分都是勞工、水手、小商販，他們移民以後在國外靠做生意謀生，大多數移民都是這種情況。中國的士大夫是不會移民的，因為他們生活條件優裕。所以，中國到國外去的華人沒有帶去對中國文化的深刻認識，他們的文化是他們自己的鄉土文化、小傳統的文化，而不是士大夫的文化、大傳統的文化。他們帶去了家鄉的宗教、習俗和鄰近地區的鄉土文化，也就是鄉村文化和這個等級上的流行文化，尤其是廣東與福建地區。他們對更高層次的宮廷文化、文人文化並不是十分瞭解，他們為自己的鄉土文化自豪，和鄉村保持聯繫，如果可能會回鄉結婚，儘管大多數出國的年輕男子會在當地結婚，永遠不回來。但是大多數人都會與中國保持聯繫，以鄉土的方式生活，保留中國的文化、傳統、節日、習俗；即使和當地的女子結婚，也會讓他們的孩子和妻子學習中國文化等。今天泰國的華人，是 17～18 世紀移民的第六到第八代後裔，他們看起來仍然像中國人，可能他們不說漢語，但是他們保留著中國的文化習俗，從出生、婚禮、喪葬、過年和其他的節日等方面都可以看出來。他們盡最大的可能保留自己的文化傳統，以自己的方式展示自己文化的自豪，這些並不是士大夫文化。培養孩子時，讓他們始終記得自己是中國人，一代一代地保留中國的傳統文化，在穆斯林國家更是如此，如馬來西亞、印度尼西亞，在這些國家，他們在培養孩子的時候會刻意地保留中國傳統文化的部分。而在佛教國家，他們比較容

易本土化，這是佛教文化不同於穆斯林文化的表現。

明清政府是不承認這些新移民的，當時那些不回到中國的人被認為是叛國者，他們是被拋棄的，回來的則被認為是好人。他們一般情況下不允許百姓到外國居留，那些到國外做生意的只有在特殊情況下才被允許，並被要求在短時間內回國。在那種情況下，居住在國外的華人在中國不受歡迎，明清政府也從未給他們任何幫助或保護。他們不得不靠自己的能力讓中國的文化、傳統和節日生存下來。他們對當時的中國政府沒有好感。

比較明、清政府，當時的海外華人更加關心明政府。特別是對廣東人、福建人來說，清政府是自北方而來的「滿清」政府，是征服了中國的外國人、野蠻人。所以，他們總是反對清政府，就算在國外，他們也會依照傳統，組織「反清復明」、「私會黨」、「天地會」、「洪門」等秘密組織，實際上他們並不是「親明」，而是「反清」，這是一個非常深厚的傳統。孫中山之所以能夠獲得華僑群體的支持，主要是因為他在華僑群體中宣傳「反清」、「排滿」等流行口號，但他並沒有鼓吹「復明」。當孫中山談論革命的時候，革命對廣東人、福建人來說不是「民國」、「共和國」，而意味著「推翻滿清政府」、「排滿」。因此，孫中山被廣為接受。這就是國外華人在當時比國內人更願意接受「民族主義」的原因。閱讀歷史，我們可以清楚地發現，中國的「民族主義」主要在中國的沿海地區而非在中國內地流行。「民族主義」在海外華人群體中的流行一方面是因為它的「排滿」，另一方面則是因為他們在國外逐漸認識到他們在外國人中處於弱勢群體地位。居住在荷蘭人、英國人、西班牙人、葡萄牙人、法國人等歐洲人當中，在當地的統治下，他們意識到自己是「不同的」。因此，從歐洲或他們當地統治者那裡學來的「民族主義」使他們更願意理解孫中山給他們傳遞的信息，他們成為孫中山的忠實追隨者。

但仔細考察，他們到底怎麼看待中國文化呢？總體上說，他們並不明白士大夫文化，他們的文化是鄉土文化，他們堅持相信這種鄉土文化。清政府垮臺後，中華民國政府被建立起來，「民族主義」被廣為傳遞，海外華人對此積極接受，並肯定這種革命，因為對他們來說，這是反對過去那些不接受他們的皇帝王朝。所以，大多數海外華人（儘管並不是所有人）支持民族文化與中國文化，支持新思想的再次興起，而反對士大夫文化。

當時的海外華人在國外不被善待或被迫害，被迫向孫中山政府尋求保護，希望中國的政府能夠幫助他們在海外更好地生存。他們所尋求的是政治庇護、

經濟機遇、對在海外生活的支持，仍然不是文化。所以，華僑保持自己「中國人」身份的方式是通過保持中國的傳統，保持與自己村莊、家人、親人的聯繫，而不是通過回顧中國古老的歷史、文化的起源和士大夫文化。這些對他們來說非常遙遠，不被他們所瞭解。當然也有例外，例外是那些來自中國的新移民。19世紀後，許多中國移民是受過良好教育的士大夫階層的後代。他們到國外當教師、報紙編輯、政府或商業代表。他們知道中國文明意味著什麼。

四、中國人對自身文化的批判

過去幾十年內，人們十分關注中國政治、經濟的變化，特別是中國經濟的快速發展，但人們很少關注中國的文化，或者說還沒有開始關注。在國外人看來，中國在適應現代技術與經濟創新等方面的成就非常突出，這是觸目可及的；而相比之下，幾乎看不見有關中國文化的討論。這種對中國文化探討的缺失，一個重要的原因就是，自1949年以來的很長一段時間內「文化」在中國並不算是一個重要的詞彙。回顧中國從1949年到20世紀80年代的歷史，閱讀中國學者在這段時間內出版的書籍或者發表的文章，就會發現有關中國文化的資料很少。事實上，一些文章甚至是在批判中國的文化。

一般認為，中國對於傳統文化的批判開始於「五四運動」，並且長達幾十年。因此，國外對中國的印象是：從1949年到20世紀80年代相當長的時間內，中國一直在反對自身的文化，對中國文化缺少探討，很少提及「文化」、「文明」這樣的詞彙。我們所說的「文化大革命」就在這個時期。在外國人看來，這是對中國文化的顛覆，不是傳承中國的傳統文化，而是試圖用其他東西代替它。所以我們可以發現，國外人對此非常的困惑不解：「中國人對中國傳統文化的看法到底是什麼？」

中國人對自身文化的顛覆一直持續到20世紀80年代。自此之後，每年都有大量有關中國文化的文章和書籍發表出版，尤其是20世紀90年代至今的15年時間內。這與1949年到20世紀80年代對文化的忽視和消極的對待方式相比較，變化是顯著的。今天，人們更加關注中國文化，以積極的方式對其進行探討。

總結起來，我們可以發現國外人對中國文化的看法完全不同，並且是在不斷變化的。首先，在我看來，中國在過去幾千年來最重要的就是自己的文

明。理解中國文明的人會尊重它；對中國文化無知的外國人會輕視它。其次，當中國把她的文化當作首要任務時，人們會對它格外尊重；但當中國僅僅是一個強國的時候，外國人認為中國日後會成為一個非常富有的國家，這時候他們對中國的羨慕就需要加上一個問號，這時候的「羨慕」與「擔憂」或「憂慮」相左，儘管或許還沒有達到「懼怕」。一些人把中國的強大與西方意義上的強大相等同，與意味著入侵、征服、冒犯的「帝國」相掛鉤的時候，他們會感到懼怕。英語、法語中的「帝國」的意義始終在人們的腦海里，使人們認為一個「帝國」是值得懼怕的。有些人懼怕中國的強大會是歐洲意義上的強大，但中國並沒有這個傳統，察看中國歷史和文明，我們會理解這一點。如果中國不注重文化、文明，而只注重富強，並正在急速變成一個強國，那麼外國人，特別是中國鄰邊的小國人民，對中國的懼怕、擔憂就可以想像了。

中國和國際秩序——
來自歷史視角的觀察〔註1〕

劉小雪譯

真的有一個國際秩序嗎？

長期以來，要求中國遵守國際秩序下各種規則的呼聲不斷。儘管今天的一個普遍看法是，中國已經在按照大多數國際行為準則行事，〔註2〕但仍有人認為，中國還沒有完全擔當起國際舞臺上負責任國家的角色。國際社會正在對國際秩序的現實性及其意義進行公開討論。已經有不少關於聯合國改革的報告，其中有關安理會的部分最具爭議，因為這個機構的性質有可能被徹底改變。同時，最近有關人道主義干預以及帝國時代傳統的優劣的研究也有很多，特別是有關美國入侵伊拉克和對美國下一個入侵目標的猜測，都明確顯示出一些不確定性。儘管如此，有一點大家還是普遍認可的，那就是二戰後由勝利一方建立起來的國際制度，仍然是當下國際秩序的基礎。〔註3〕

〔註1〕 此文出處不詳。刊發在《當代亞太》2009 年 8 月（第 4 期）第 18～29 頁。
　　　 Journal of Contemporary Asia-Pacific Studies (Bimonthly)。譯者劉小雪的單位是
　　　 中國社會科學院亞洲太平洋研究所。
〔註2〕 美中經濟安全觀察委員會副主席 Carolyn Bartholomew 在提交美國國會的
　　　 2006 年度報告中表述的觀點。報告承認，中國針對國際組織的政策確實有一
　　　 些變化，但同時也建議，中國還應該做得更多。Alastair Iain Johnston 和 Paul
　　　 Evan 研究了自 20 世紀 70 年代末以來中國外交政策的調整。See Alastail Iain
　　　 Johnson and Robert S. Ross, eds., Engaging China: The Management of Emerging
　　　 Power 9 Routledge, 1999.
〔註3〕 在最近幾份針對聯合國改革的報告中，有一份就提出了對現行制度不滿的根
　　　 由。報告的題目是《平等的代表權和聯合國安理會成員的擴大及其相關問題》，
　　　 2005 年 7 月 6 日在第 59 屆聯大的第 53 項議題中被提交與會者進行討論。有

1945 年，中國成為了新的國際體系的一部分，對於能夠進入大國行列，它也曾感覺良好。但是到了 1949 年，當中華人民共和國迫使國民黨領導人退守到了中國臺灣之後，它就被這個體系拒之門外。直到 1971 年，聯合國大會才最終通過決議，承認中華人民共和國政府是中國在聯合國唯一合法代表。在此之前，中華人民共和國完全有理由指責這個把它排除在外的機構，不過除此之外，中國還花了 22 年的時間，試圖找到一個能夠取代它的東西。〔註 4〕

1971 年之後，情況發生了變化。為數不少的中國政府官員和學者參與了這個體系內各個組織的活動，他們變得越來越遊刃有餘。但是，直到文化大革命結束，中國對聯合國的態度才有了真正的改變，中國的外交官才開始更為積極地在不同層次上與這個龐大的組織展開接觸。緊接著，聯合國的各個機構和世界銀行也都開始在中國的不同地區開展工作，派出專家以幫助中國從中央計劃經濟向一種更能適應全球市場需求的經濟體制轉變。通過外部的觀察和在中國國內獲得的工作經驗，這些專家團隊系統地向中國介紹了世界其他國家的新見解，以及能夠幫助中國經濟快速發展的機制。儘管最初他們遭到了冷淡、懷疑和抵制，但在很多情況下他們還是非常驚訝於中國人能夠如此迅速和積極地掌握這些機構所提供的新東西。這些專家中有很多向世界介紹了他們在中國的經驗，使世界認識到中國正在經歷怎樣的轉變。同時，大量的中國官員也開始習慣用這種觀點去審視世界，並且掌握了國際體系中通行的各種語言和行為方式。當這樣做了之後，他們變得日益自信了，明白這個體系也可以為我所用。〔註 5〕

可以說，中國人所做的並不僅僅是遵守國際關係準則。在一些時候，中國甚至可能比聯合國的那些老成員國表現得更為純粹。中國對於其現狀大國地位的態度影響了外界對其行為的看法。以下的情況恰好提供了與此契合的事例。從 1949 年到 20 世紀 90 年代，那時候的中國急於改變於己不利的「現狀」，而現在，中國的表現則更像是一個力圖維持現狀的大國，希望不僅保持

關人道主義干涉的研究，See Rosemary Foot, "Introduction", in Rosemary Foot and John Gaddis, eds., Order and Justice in International Relations, Oxford Universtiy Press, 2003.

〔註 4〕1971 年 10 月 25 日聯合國大會第 2758 號決議，參見謝益顯主編：《中國外交史：中華人民共和國時期 1949～1979》，河南人民出版社 1988 年版。

〔註 5〕黃安余：《新中國外交史》，人民出版社 2005 年版。

國家邊界的現狀，還希望保持現有的全球結構不變。大部分聯合國的成員們都日益認識到，這就是中國新的國際行為準則。與此相反，美國主張單邊干預他國事務的立場，成為了各方批駁的靶子，特別是在美國國內。中國一直以來就公開反對這種做法，一些與它有同樣擔心的國家也對其主張做出了積極的回應。這並不是說，中國在國際事務中要比美國更值得信賴，而只是說，在這個或者與此類似的問題上，中國對國家主權的低調支持為其贏得了不少朋友。〔註6〕對於這個已經沿用了60年的框架，很多人認為這仍應是國際秩序的基石，而中國看起來是這一框架最忠實的支持者之一。

但是，我們有理由知道，中國是否真正地認可了這個框架。中國自己也經常觀察到，聯合國無法對世界不同地區發生的重大力量變化做出必要的反應，不能保護弱小國家的主權不受強鄰的侵犯，不能幫助窮國實現經濟發展，也不能在人為的衝突和自然災害面前拯救生命。因而，對於由現存國際法和國際準則構成的體系是否真的有效，中國也不是很有信心。所以，中國是以一種現實主義的態度，利用眼前這個居於主導地位的框架去保護和加強自己的國家利益。它可能不信任這個體系，也不準備費力地去維護這個體系。從目前來看，只要這個體系還適合他們，中國人就會採取支持態度。

對於中國在這個國際秩序中的地位，由外而內所作的觀察與由內而外的觀察，得出的觀點是不一樣的。比較這兩種觀點，看看他們是否重合，看看中國對國際事務的認知和行動是否開始以更有預見性的態度為指導，就顯得尤為重要。要找到中國人如何看待自己和外界如何評價其行為之間的確切聯繫並不容易。關於中國人認識世界的問題，似乎中國的領導人及其智囊團是以3500年以來塑造了他們的文明和國家的深層次結構作為出發點。他們不時地借助與外部列強打交道的所有歷史經驗，這是他們被引入西方主導的世界後積累下來的。在這些經驗中，可以發現一些始終不變的、基礎性的內容。由外而內看中國，其觀點則有著更為複雜和範圍更廣的歷史淵源。例如，蒙古和新疆草原上的游牧部落對中國的認知就與那些滿洲里叢林的人們不同，與那些從青藏高原進攻中原的人們也不同。這些從不同方向對中華文明展開的進攻又與那些自16世紀從海上而來的、好戰的西方貿易國家的進攻完全不同，與企圖分裂清帝國和中華民國的日本人和俄國人的行為更不同。在這裡，

〔註6〕郭樹勇：《論和平發展進程中的中國大國形象》，載《毛澤東鄧小平理論研究》
2005年第11期。

最重要的問題是新的國際秩序中的政治權力問題和外部關係問題。

在國際關係中，中國人的所作所為與兩個重要的因素不可分離。一是長期以來的文官武將都有戰略思考的傳統。現在及在未來相當長的時期裏，中國領導人會依然習慣於此。二是在中國人的思維中，一個最基本的看法就是世事無常，正所謂「世界唯一不變的就是變」。這種觀點取自《易經》，是 5000 年來中國人的最普遍的行動指南。〔註7〕在其綿延不絕的歷史長河中，有充足的證據支持這種觀點，也告誡中國的統治者要時刻做到未雨綢繆，當然也有一些統治者因為在變化面前措手不及而慘遭失敗，這種例子也有很多。

戰略思考最初始於春秋戰國時期，那是中國歷史上最具創造性的時期。從公元前 6 世紀到公元前 3 世紀這三百年間，不同城邦國家的國君都在向他們的大臣、官員以及哲學家徵求治國良方。這些城邦國家都面臨一個關鍵性的問題，那就是：如何應對頻繁發生的權力轉移？歷史的發展最終指向了唯一的答案——縮減邦國的數量。在幾百年的時間裏，數百個邦國減少到 7 個交戰的國家，最終只有秦國一國勝出。秦國國君自稱為天子，即上天的兒子。作為天子，他擁有至高無上的權力統率天下，即以文明為基礎的帝國。那一時期的戰略思想家們制定了各種各樣的戰術和陰謀，還留下了非常有價值的理念以及豐富的材料，為下一個階段的戰略思考提供了良好基礎。〔註8〕

秦以後的戰略思想發生了變化，首先是因為前提的不同，即不去侵略和吞併王國邊界以外的任何鄰國，但要確保天下（文明為基礎的帝國）——國家——不受攻擊，可能的話擴大疆土。對於秦漢以及之後繼起的王朝，需要文官武將去建立和維護的，既不是一個國際秩序，甚至也不是一個帝國秩序。相反，這些文官武將關注的重心轉移到了統一的價值體系上，而這正是幾個世紀以來城邦國家相互交往、不同價值觀相互融合的結果。對於政治精英而言，一整套統一的價值體系遠比國君、帝王甚至王朝的興衰更重要。所以，天子不僅僅是帝國的君主，而且也是使中國人有別於其他民族的獨特的價值體系的象徵。人們將天子比作救世主、比作天空中獨一無二的太陽，因而用

<hr>

〔註7〕對於《易經》最易理解的翻譯版本，See John Blofeld,trans.,The Book of Change:A New Translation of the Ancient Chinese I Ching, Allen & Unwin, 1965.

〔註8〕James I. Crump,translated and annotated, Chan-kuo Ts'e, Ann Arbor, Center for Chinese Studiest, The University of Michigan, rev, edn, 1996; 關於中國一些戰略思想的總結, See Richard Louis Walker, The Multi-state System of Ancient China, Shoe String Press, 1953.

這個世間最有權力的人及其王朝來象徵整個文明也就不足為奇了。這就導致權力集中到了君王手中，形成了寡頭政治，由此中國人民承受了深重的災難。〔註9〕但是，深受儒家思想影響的官員們，認為這些苦難是他們不得不付出的代價，因為他們深信，只有這種秩序和權力結構才能體現他們對中國文明的信念。

對於中國人而言，隨時為即將到來的變化作好準備並不意味著事情總是在變化，當然也不是說事情很快就要發生變化。這主要是一種預期，即世事無常、事事難料，即使人們認為絕對的、永不變化的那些價值觀和制度也會發生變化。基於此，人們得出了一個結論，就是不應該期望什麼事情是永恆的。這成為了中國人的基本生活態度，也常應用於他們對國際秩序的理解。

中國人從來沒有視任何一種政治秩序為永恆的，特別是一種秩序所包含的政體，即使現在是好的，並不意味著隨著時間的推移它永遠是好的。歷史教會了他們，好的制度或是好的想法，就是在其存續期間應該盡最大努力充分利用的東西。中國的統治者至多也就是在某種東西符合他們的利益的時候，盡可能延長其時限，完善它以便於不斷從中獲利。但他們依然想到它會發生變化。他們並不是進步狂，知道變化未必都是向好的方向發展。在這種背景下，今天中國人眼中所看到的根本不是一種國際秩序，更不是所謂的唯一的國際秩序，而不過是半個世紀之前列強相互競爭的結果。與之前國聯的實踐相比，今天聯合國強調主權平等和普遍適用的國際法和國際準則，是一個顯著的進步。然而，現實是雖然列強們之間更加平等了，而與其他國家相比，他們的優勢也更加明顯了。這樣一個體系必定是不完善的，因為1945年之後的大國關係是立足於前帝國的非殖民化以及隨後而來的冷戰，還有主導世界近四十年之久的兩個意識形態對立的超級大國之間的對抗。情況後來又進一步發生了變化，現在只剩下一個超級大國。因此，中國人不可能還視這個體系是永久不變的。

很明顯，這個在1945年設計出來的體系不可能到了21世紀還一成不變。所以，中國預料到會有變革，但它也知道所有改革的努力都會是艱辛的，而結果也總是難以令人滿意。改革總會令一些人歡欣鼓舞，而另一些人垂頭喪

〔註9〕關於中國帝王政治最好的論述，See Wm Theodore de Bary, "Introduction", Wm Theodore de Bary, trans., Waiting for the Dawn: A Plan for the Prince, Columbia University Press, 1993.

氣。中國人希望做到的，是改革進程一旦開始，就只能提高而不能降低中國在世界的地位。而當下，維持現狀也有一定的價值，如果中國人能夠學會更充分地利用現有體系，那麼他們就會更努力地去維護它。這個體系固有的一個特性，即安理會的設置──由五個擁有否決權的常任理事國所組成的機構，正好適合他們當前的「大戰略」。這樣一個機構奠定了多極世界的基礎。在中國人眼中，多極世界要比單極世界更穩定。〔註10〕

　　當然，我們還不清楚，當整個世界發生翻天覆地的變化之後，中國文化遺產的這些特徵是否也會發生改變。但是，即使全球化的進程已經使中國人遠離了自己的歷史根基，使他們不再僅僅關注於區域內權力的變化，中國近代史的許多方面依然充分證明了古人的智慧。簡單回顧一下中國人在 20 世紀的經歷將會有助於理解其戰略思考，也能夠更深刻地認識到他們對變化的現實主義預期以及對未來變化的合理期許，即何種變化能夠使他們從中獲益。

對於中國而言國際秩序的理念究竟意味著什麼？

　　中國有關世界新秩序的漸進式認識過程可以分為四個階段，每一個階段都威脅到要徹底摧毀中國人曾有的關於世界的認知，但是每個階段似乎又都引導著中國人更好地調整自身以應對外部壓力和向新的世界觀挑戰。最終，每個階段又都鼓勵中國人在面臨危險境地時審視自己的思維習慣和傳統行為模式。這個過程始於 19 世紀下半葉。兩次鴉片戰爭改變了中國人對於外部秩序的看法，但是由於他們並不認為自己習以為常的世界真地發生了永久性的改變，因而最初並沒有認真對待這種變化。他們不願意承認新的帝國秩序已經降臨到了自己身邊，而且有可能完全取代延用千年之久的朝貢體制。

　　隨後，中國人認識到確實有一種由主導世界的列強們所構成的新秩序。這些列強要麼是帝國、要麼就是有志於成為帝國的國家。儘管在中國人的眼中，個別歐洲強國更像是單一民族國家。對於中國人而言，在一般國家和那些侵害了中國利益的列強（包括帝國和渴望成為帝國的強國）之間仍然存在著一種等級。中國人認為有些國家太小以致無法成為帝國，他們的存在僅僅是因為受到了一種建立在主權基礎上的體制的保護。至於其他政體，則根本不是民族國家，而不過是一些被置於列強之下的殖民地、保護國或部落酋長

〔註10〕Alastair Iain Johnston, "Is China a Status Quo Power ?" International Security, Vol. 27, No.4, 2003, pp.5~56.

國等。無論如何，清政府將自己視為大國之一，同時也是一個帝國（用他們自己的說法，就是天下一統），與其他列強處在平等的地位。然而，中國的官員們也看到，那些活躍在中國的各個條約港口的列強們才是真正的帝國，他們的出現挑戰了清帝國對世界的看法。由於對自己的傳統體制充滿信心，中國認為沒有必要去做大的變革。秩序是基於對權力現狀的認同，以及對和諧、秩序和穩定的洞見。

事實上，歐洲國家發展了一套威斯敏斯特國家體系，該體系日益受到民族意識和在新的民族國家中出現的公民意識的影響。結果，最終形成的制度體系是中國所不熟悉的新的民族帝國，其建立並不單單基於封建制或者軍事的勝利，更是為了獲得貿易的好處，並且受到了民族自豪感和優越感的支撐。當時的新觀點是，民族國家是建立未來帝國更有效的機構。一些國家如荷蘭、英國、法國都是如此才形成帝國的，新崛起的國家德國和意大利也非常推崇這種模式。但是，當時的中國人並不為之所動。舊的「帝國秩序」——主要是中華帝國、俄羅斯帝國、奧斯曼帝國和奧匈帝國——都還存在，不過，他們正面臨來自英法新帝國、緊跟其後的其他歐洲強國、以及近代不斷擴張的日本的挑戰。儘管如此，清王朝依然故我、不思求新。

第二個階段開始於 1894 年～1895 年甲午戰爭中國敗於日本之後不久。中國人這時才意識到以往遭遇的挑戰是如此嚴峻，意識到原來通過朝貢體系向外傳遞的天下理念已經徹底瓦解。對日戰爭的失利打碎了中國人的幻覺，他們曾經以為中國面臨的困境只是暫時的，中國依然有時間使自己適應新的現實，而不會喪失在該地區的權力和威望。

緊接著是一段非常混亂和動盪的時期，這一特徵在歐洲更為明顯。當時根本沒有公認的國際秩序和準則。從 19 世紀末到第一次世界大戰期間，權力競爭非常激烈，新的列強拒絕接受由英、法、俄帝國利益所決定的全球格局。這些準帝國們不僅在亞洲、非洲而且在歐洲本土向那些帝國發出挑戰。

新一代的中國外交家們和國際法學家們開始意識到，中國的衰弱尤其在八國聯軍為解除對外交使節團的圍困而攻入北京之後，已變得昭然若揭。這些外交家們努力使中國在這個競爭的世界中獲得平等的一席之地，但是在清王朝結束之後，實現這樣的訴求變得越來越困難。〔註11〕新的共和國在 1912

〔註11〕關於兩代中國外交家所做努力的完整論述，參見顧維鈞，《顧維鈞回憶錄》（十冊），中華書局 1983 年版。

年成立不久就陷入內戰，其間又遭受了日本的入侵，戰爭狀態持續了近40年，直到1949年結束。如果中國人曾經有過一絲幻想，希望有朝一日能夠與其他列強平起平坐，那麼這個幻想早在1919就被《凡爾賽條約》擊碎了。

一戰結束後誕生了國際聯盟。不管是當時的北洋政府還是之後在南京建立的國民政府都發現，這個組織只是充分證明了國際秩序的無效。在國聯無法阻撓日本人在滿洲國建立傀儡政權之後，中國人就對這個組織徹底失去了信念。在蘇聯革命使蒙古成為俄羅斯人的附庸後，情況變得更為複雜。很快，沒有什麼能夠阻止日本人進一步蠶食中國領土，中日戰爭變得不可避免。此外，戰後的秩序也沒有阻止二戰的爆發。正是這些事件，使中國人對任何一種國際秩序都抱有懷疑態度。

這就是他們學到的所有東西嗎？1945年在盟軍取得了戰爭的勝利之後，中國人曾一度又燃起了希望。當國民黨政府重新回到南京之後，戰後建立聯合國的想法給他們留下了深刻的印象。當時中國的領導人開始認為，建立一個能夠讓中國在其中扮演重要角色的國際秩序是可能的。他們的外交家一直在與自己所認為的不平等條約做鬥爭，並且熟練地使用「民族平等」等話語來保衛國家的主權。作為新的中華民族國家的基礎，中國人一直高度關注由清王朝的邊界所確立的領土完整。他們希望新的秩序能夠承認這些邊界。國民黨在這方面的成功對於中國人接受新的國際秩序非常關鍵。〔註12〕中國人因而曾短暫地陶醉其中。

最初戰後的歲月是一段不穩定的間歇期。在中國共產黨1949年贏得了國內戰爭的勝利之後，中國外交發生了決定性的變化。在中國人眼中，特別是在朝鮮戰爭之後，冷戰和兩大超級大國所主導的國際秩序，使超級大國完全凌駕於任何國際秩序之上，也可以說是置身於任何國際秩序之外。毛澤東曾談到「天下大亂」。〔註13〕對於中國而言，這個秩序所要求的任何東西都是不可接受的，只有拒絕這樣一個體制才符合中國的利益，因此它一直致力於推翻這個體制，並建立一個可以取而代之的體制。事實上，中國一直擔心再度回到半個世紀前的無助狀態中，並被兩個超級大國所鉗制。為了抵制這樣的命運，在這種大的無序狀態中幸存下來，毛澤東領導的中國積極運用平等和

〔註12〕吳東之主編：《中國外交史：中華民國史記1911～1949》，河南人民出版社1990年版。

〔註13〕周恩來：《周恩來外交文選》，中央文獻出版社1990年版。

主權原則。同時，中國也在尋找著其他可能的選擇，例如，參加萬隆會議和不結盟運動；與新的盟友組成第三世界；向外傳遞一種真正的中國革命的聲音；推動在兩個超級大國中間保持自治的第三勢力的發展，等等。〔註 14〕在這一時期，中國人所學到的是不可能依賴其他列強。它不得不先思考自己的戰略利益，然後再努力去影響已有的國際機制。一直到冷戰結束的 1991 年，鄧小平領導下的中國情況依然如此。

第四個階段是從 20 世紀 90 年代開始的，我在前文已經描述過，這裡要說明的是，今天的中國領導人從前三個階段吸取了大量的經驗教訓，現在他們面臨的挑戰，就是如何將他們所遇到的有關中國人看世界和世界看中國的各種觀點，與他們認為文化遺產中仍然有用的部分結合在一起。

未來會怎樣？

這裡我要引用約瑟夫‧奈發表在 2003 年 6 月《外交》的文章。該文章總結了 2001 年出現的新保守主義的世界觀。這種觀點「主張一種『新的單邊主義』，即美國不僅要拒絕扮演『溫良的國際公民』的角色，而且要赤裸裸地追求自己的利益。對於大多數分析家而言，單邊主義和多邊主義不過是外交策略圖譜上的兩個端點。很少有領導人會僅選擇其中之一。但是新單邊主義者又進了一步。他們認為，今天美國政府所面臨的威脅是如此嚴峻，以至於它必須跳出多邊框架的束縛，而這個多邊框架正是美國在二戰後幫助建立起來的……他們更傾向於修改迪安‧艾奇遜那部名著的書名，把『參與創造』改為『參與毀滅』」。〔註 15〕

這裡描述的新秩序是以佔優勢的軍事實力為基礎的，這與以聯合國為基礎的國際社會形成了鮮明的對比，因為後者虛弱的實力根本無法在世界上建立秩序。現在需要的是一個有強烈責任心的大國來擔當世界合法的霸權者，以保護世界不致陷入無政府狀態。中國人能夠理解一個霸權國家處在防禦地位時的所作所為，正如他們過去在對付勢力範圍之內的近鄰時所做的那樣，那時它可以毫無顧慮地進行野心勃勃的擴張。但是，在內心深處，中國人並不相信那個用來滿足唯一超級大國利益的體制能夠保持長期

〔註 14〕 Wang Gungwu, "China's Long Road to Sovereignty", in G. Doeker-Mach and K. A. Ziegert, eds., Law and Legal Culture, Franz Steiner Verlag, 2004.

〔註 15〕 Joseph S. Nye, "U. S. Power and Strategy after Iraq", Foreign Affairs. Vol. 82,No.1, 2003, p.64.

穩定。另一方面，中國不會向那個強國發出挑戰，也不希望其他國家那麼做。〔註16〕那麼，中國認為，作為一個更有秩序的世界，其基本架構應該是什麼樣的呢？

19世紀前後以及20世紀的戰略經驗使得中國人主要關注三個領域，而這三個領域已經包含在了「體制」之中。中國人希望盡其可能加強這三個已有的制度框架。這三個方面是：

1. 一個平衡的、受到一定限制的多極體系；

2. 一個建立在規則基礎上的全球市場經濟，其中的所有成員在越來越多的層次上相互依賴；

3. 一個由多個現代的、理性的、世俗的文明組成的世界。

關於第一個方面，儘管上文已經進行了足夠的論述，但必須強調的是：中國人認為，聯合國安理會的常任理事國可以為未來的多極世界提供一個可行的模式。中國人願意盡他們的一份力量來使這個機構變得更有效率。

第二個方面也沒有必要再闡述了。中國在過去二十年中的經濟崛起已經得到了充分的分析，表述相關希望和恐懼的文獻也已經汗牛充棟，將來還會更多。目前中國對以規則為基礎的全球市場經濟的貢獻仍然有限。但一個統一的、穩定的中國，憑藉其日益強大的國力和龐大的人力資源，在未來更長的一個時期內必定會對世界經濟的健康發展做出更加重要的貢獻。明確的一點是，中國已經與其他東亞經濟體，包括韓國、中國臺灣和新加坡一起為世界提供了可供選擇的不同的發展模式，而這些模式實際上要比世界銀行或IMF提供的模式更為有效，至少他們可以提供一些具有更細微差別的刺激和支撐經濟增長的手段。政府這只「看得見的手」在幫助和引導市場這只「看不見的手」方面可以發揮更大的作用，這個觀點已為各國普遍接受。儘管中國政府的「手」並不總是那麼明顯可見，但在經濟改革方面，國家的作用卻一直是非常積極的。現在中國堅持的一個重要原則就是在戰略層次上精心培養國家的長期利益，因為這將有助於其經濟增長。〔註17〕它決定通過積極建立一個和平的戰略環境以保障自身的發展。如果成功，那麼它向發展中世界

〔註16〕鄧小平：《鄧小平文選》，香港三聯書店1996年版。

〔註17〕王紹光曾經分析了中國政府在經濟中作用的有限性，並對「看得見的手」的影響及範圍進行了界定，參見 Wang Shaoguang and Hu Angang, The Chinese Economy in Crisis: State Capacity and Tax Reform, M. E. Sharpe, 2001.

提供的這個模式將會有更多的追隨者。

第三個、也是確定性最少、近期最不可能實現的方面，就是關於世界將由多個現代的、理性的、世俗的文明組成的理念。這樣一個世界是中國領導人所願意看到的，部分原因在於這將有助於證實中國在世界歷史中曾享有的歷史地位，同時，還在於他們知道，如果能夠形成這樣一個由多文明組成的世界，中國人將會變得更加幸福和快樂。而且，通過將當代進步的價值觀與自己原有的社會道德體系相結合，中國可以為世界提供一種更新、更有價值的理念。

許多中國當代精英們以樂觀進取和持之以恆的態度，努力保持文化和文明議題的活躍性，因而他們能夠利用下述方法去構建一個現代的、理性的、世俗的世界：

1. 新儒教精神的回歸。新儒教是以儒教主義為核心，同時兼顧佛教、道教以及在此基礎上形成的大多數民眾喜聞樂見的流行文化產品。「理性」一詞是這種文化遺產的核心，它解釋了現代科學之所以在 20 世紀能夠迅速被幾乎所有人接受的原因。

2. 中國的「世俗主義」應該更準確地描述為「塵世主義」，因為在中國從來就沒有過西方國家所經歷的教堂與國家的分離，因而「世俗」這個詞更適用於西方。中國人更強調的是人類自身的理性，這與另外四個強國在 18 世紀經歷的啟蒙運動相一致。換句話說，中國人認為，他們的文明如果不是與西方相同，那至少也是相似的。他們因而相信，對於他們而言，吸收現代的價值觀不存在多大的障礙。此外，中國人有著與眾不同的社區價值觀和家庭理念，這對於現代文明是一種有益的補充。〔註18〕

3. 現代性符合「變」的原則，而「變」是所有中國哲學都強調的一點。變化是所有文明生長、成熟的力量源泉。但是在過去的百年中，中國經歷的動盪使其文明承受了巨大的得失。也許最重要的就是，中國在 20 世紀失去了三代思想家和文化的傳播者。之後，幸存者又對本以為可以取代舊文化遺產的毛澤東思想失去了信念。他們怎麼還能理所當然地認為未來的變化不會進一步破壞文明的連續性？而這種連續性正是其文明所需要用於保持自身可靠性和自尊的關鍵。中國人知道，如果他們要評估從外部接受到的東西，自身

〔註18〕Wang Gungwu, "Secular China", in Gregor Benton and Hong Liu, eds., Diasporic Chinese Ventures: The Life and Work of Wang Gungwu, RoutledgeCurzon, 2004.

就需要擁有一定的文化沉澱。〔註19〕如果他們希望對國際秩序做出貢獻的話，他們就更需要這種積澱。這看上去是一種期望，但如果一種國際秩序不能幫助新中國提供更多的文明選項，那麼，等待它的就有可能是更大的損失。

在與西方世界進行了 150 年的互動之後，中國人已經充分地融合了外部和內部的觀點，開始對未來國際秩序的建設做出自己的貢獻。但是，他們能夠取得多大的成功，並不僅僅取決於他們自己。在未來的幾年中，中國必須要使他們在海外的行為方式更加可靠和更具感召力。總之，中國要想對建設一個真正具有吸引力的、和平穩定的國際秩序有所貢獻，還有很多工作要做。但是，看起來中國的領導人已經決心建立這樣一種國際秩序：這個國際秩序將不僅有助於提高中國人的安全感和福利，同時，還將確保中國在其中擁有一定的領導權。

〔註19〕目前關於這一問題的文獻很多，能夠主動把握中國現實文化需求的學者是李慎之。李慎之：《二十一世紀的憂思》，《風雨蒼黃五十年》，香港明報出版社 2003 年版。

東南亞的政黨和國家〔註1〕

吳宏娟譯　吳金平校

一、引言

　　在過去的 200 年裏，民族國家作為一種政治制度，在全世界佔有支配性地位。為了不自外於世界主流，任何國家都必須或者最終走向民族國家之路。有人認為，民族國家這種政治制度正受到全球化進程的巨大挑戰。但是，仍有無數例子表明，民族國家是所有外交關係的基礎。儘管地區主義與全球化的衝擊不小，民族國家制度仍保持高度的適應性，毫無式微之象。本文集中考察民族國家的一個方面，即二戰後政黨在東南亞國家建構過程中的作用。它同時也在思考，這種作用是否總是有益的？政黨是否也可能使業已存在的分歧永久化，甚至進一步破壞國家賴以存在的基礎？

　　1945 年，民族國家在東南亞還是一種新生事物。二戰結束時，東南亞有一些或多或少可與日本、韓國這樣的同質化國家相比較的原生民族。最明顯的例子就是越南，另外還有泰國、老撾和柬埔寨。至於其他地方，則未發現一絲一毫民族國家的痕跡。東南亞政體可分為兩種：一種是完全放棄殖民時期的國家架構，努力去尋找一種能建立民族國家的政治架構，例如印尼和緬甸；另外一種是，保留帝國勢力遺留下來的國家架構，並試圖通過自己的政

〔註1〕原文載於 Millennial Asia: An International Journal of Asian Studies, India: Association of Asia Scholars, Vol. 1, No.1, 2010, pp.41-57。經王賡武教授授權翻譯並審閱發表。文章刊發在 SOUTHEAST ASIAN STUDIES《東南亞研究》2012 年 8 月（第 4 期）第 4～13 頁。譯者吳宏娟，暨南大學國際關係學院／華僑華人研究院《東南亞研究》雜誌社編輯；校者吳金平，暨南大學國際關係學院／華僑華人研究院教授。

黨建立新的民族國家，就像菲律賓、馬來西亞和新加坡。因此，與歐洲或世界其他地區於 19 世紀至 20 世紀初建立的民族國家相比，東南亞國家有很大的不同。例如，在莫里斯・迪韋爾熱（Maurice Duverger）關於政黨的權威研究中，他只是考察了政黨在原生民族以及那些已經建立了民主制度的國家裏的作用，而對於還沒有建立民族國家的地區的政黨，卻並未涉及；同樣地，他也沒有論及那些在殖民者離開之後才開始民主化的後殖民國家〔註2〕。

在「還沒有建立民族國家」，或者「在殖民者離開之後才開始民主化」的東南亞後殖民國家裏，1945 年以後主要存在三種不同的政治形態。第一種是，政黨之間完全互不信任，政府凌駕於政黨之上，只允許「王室」政黨存在，例如某一時期的泰國和文萊、軍人主政的緬甸以及 1998 年以前的印尼。第二種是，主張革命的共產黨獲得勝利，例如越南和老撾，柬埔寨也差不多如此。第三種情形出現在菲律賓、馬來西亞、新加坡以及現在的泰國、印尼和柬埔寨。在這些國家，儘管不同政黨對於民主的理解不同，但都有著強烈的民主訴求。在這些案例中，一個、兩個或者更多政黨，包括多黨聯盟，都有其實踐國家建構的空間。

1945 年，東南亞的領導人都在慶祝戰爭結束與殖民統治在東南亞開始終結。雖然這些前殖民帝國都力圖重返東南亞，但它們當中有些已更清醒地意識到：其重返東南亞將是暫時的。對於反殖民者而言，由國際聯盟向聯合國的轉變意義非凡，它象徵著對民族國家這一世界體系的重申。這樣，一整套可供未來的民族國家用以對照自身的標準被建立起來了，以一種能被國際社會廣泛接受的方式去「認可」與「被認可」具有了可能。

人多數新獨立的國家都意識到，它們繼承的只是國家的某些形態，但還遠不是歐洲經典模式的民族國家。不過，每一個國家都成立了政黨或者可能發展成政黨的組織。每一個政黨的領導者都希望自己的政黨成為治理國家的工具，最終塑造國家的命運。在他們看來，這些政黨肩負著終有一天把他們的國家建設成為成熟的民族國家的使命。

那麼，政黨是什麼？莫里斯・迪韋爾熱認為，現代意義上的政黨脫胎於西歐國家的民主化進程，由傳統意義上的組織演進而來。而傳統意義上的組

〔註2〕Maurice Duverger, Political Parties: Their Organization and Activity in the Modern State (translated by Barbara and Robert North), 3rd revised edition, London: Methuen, 1969 (first published in 1954).

織由享有共同利益的人們組成，他們行動一致，並對其所在社會施加政治影響。根據這一定義，在 1945 年的東南亞，尚未存在這樣的政黨。事實上，東南亞語言中的「政黨」一詞是由英語「party」翻譯而來的。至於翻譯的方法，有的是在當地語言中尋找大致等同的詞語；而在很多地方，則只是簡單的音譯，用當地語言的拼法拼寫出「party」的讀音。用前一種方法翻譯，一些被選用的當地詞語本來就有其特有的意義，甚至可能與歐洲「政黨」中所內蘊的民主假設相矛盾。例如越南語中用以表示「政黨」的詞語，就來自日語和漢語中的古詞語「dang」。而在這兩種語言中，「dang」的原始意義都與「派系」有關，其構詞隱含秘密與共謀之意，與歐洲「政黨」概念中的民主假設是直接衝突的。

迪韋爾熱的研究考察了當時已知的各種政黨及其結構，以及政黨制度在 19～20 世紀各個國家的發展情況。雖然在東南亞並沒有出現所有類型的政黨，但是迪韋爾熱呈現出來的這幅政黨「全景圖」對於東南亞已經出現的政黨是一個非常有用的參照。不過，還有許多可能的情況是迪韋爾熱還沒有考慮到的，並且這些「可能的情況」在亞洲新的政治條件下已經變得非常重要。迪韋爾熱沒有將政黨與國家建構聯繫起來，也即，在尚未建立民族國家，而其政黨領導人又希望通過政黨塑造國家未來的地方，政黨發揮的是什麼作用，迪韋爾熱對此並沒有研究。他沒有論及一種可能性，即一個國家（nation）可能並不僅僅是民族國家（nation-state）或者國家民族（state-nation），還可能是政黨國家（party-nation）。他也沒有注意到，歐洲的一黨制國家是法西斯和共產黨為了改變主流的民主政黨而建立的，而在亞洲的一些國家，類似的政黨從一開始就在其力所能及之處掌握了主動權，而一旦它們掌握國家權力並且成為國家政治制度的核心，國家就開始形成。還有一點不同的是，歐洲的軍隊在很大程度上可以接受被任何執政黨控制，而不會建立自己的政黨，而在亞洲，只要一有機會，軍隊就會趁機建立自己的政黨。

二、政黨與國家建構

本文並不準備討論政黨的概念在東南亞的全部內涵，在此筆者將集中探討幾種主要類型的政黨，並且直指一個問題：這些政黨對其誓要建立的那種國家產生了什麼影響？首先，這些政黨從何而來？有一些可追溯到 20 世紀早

期，而更多的是 1945 年以後才成立的〔註3〕。政黨組織主要有三種來源，但關注一些政黨在過去半個世紀裏如何改變其結構和功能，是一件有趣的事情。造成這種變化的一個主要原因在於，那些政黨領導人試圖領導和管理的國家的國情，特別是他們在建構新國家的過程中將要發揮的或沒有發揮的作用。

東南亞最早出現與最普遍的是各種各樣的利益團體，包括宗教的或者種族的地方性團體、對當局表達不滿的協會，以及反映各種社交與知識分子聚會觀點的非正式社會團體等。荷屬東印度群島有幾個明顯的例子〔註4〕。這些團體並沒有像政黨那樣組織運行，因為在其成立之時，其所在的地方尚未具備民主的可能。然而，在一些關鍵時刻，一些團體開始在政治上變得積極，經常與其他志同道合的團體聯合，在全國範圍組成更大的組織，以施展它們的政治抱負。它們雖然代表的是存在已久的深深植根於傳統社會的利益，但其逐漸發展成能更有效地發出自己聲音的社團機構。但是，這些團體還只是「原生政黨」組織。

到了 20 世紀 30 年代，為了在討論國家事務的會議上陳述觀點，東南亞一些主張以歐洲現代國家為榜樣、走歐洲政黨發展之路的地方出現了新的政黨。在歐洲，一些政黨是從早期（19 世紀之前）上層社會群體之間為爭奪權力而建立的「前現代」政黨發展而來的，但它們最終都順應民主意識的覺醒，適應正在變化的政治形勢而做出改變。在法國大革命後的一個時代裏，許多歐洲政黨完成了其現代轉型〔註5〕。與前述這些政黨不同，18 世紀末北美 13

〔註3〕最早參與管理國家的政黨是 1907 年成立的菲律賓國民黨（The Nacionalista Party）。其領導人馬努埃爾·奎松（Manuel L. Quezon）是東南亞地區第一位發表下列觀點的人：「當我開始忠誠於國家的時候，就不再對政黨忠誠了」。見 Teodoro A. Agoncillo, Filipino Nationalism, 1872~1970, Quezon City: R. p. Garcia, 1974.

〔註4〕最好的例子是成立於 1908 年的至善社（Budi Utomo）和成立於 1911 年的伊斯蘭商業聯盟（Sarekat Dagang Islam，後稱「Sarekat Islam」，即「伊斯蘭聯盟」）。但是，這兩者都沒有明確的政治目標。相反，1914 年由荷蘭人授意發起的印尼社會民主聯合會（Indonesian Social Democratic Association）實行一種新的政治領導，並最終於 1920 年發展成為亞洲第一個共產黨——印尼共產黨。見 Ruth T. McVey, The Rise of Indonesian Communism, Ithaca, N.Y.: Cornell University Press, 1965; Akira Nagazumi, The Dawn of Indonesian Nationalism: The Early Years of the Budi Utomo, 1908-1918, Tokyo: Institute of Developing Economies, 1972; Deliar Noer, The Modernist Muslim Movement in Indonesia, 1900~1942, Singapore: Oxford University Press, 1973.

〔註5〕Guido De Ruggiero, The History of European Liberalism (translated by R.G.. Collingwood), Boston: Beacon Press, 1959 (first published in 1927).

個殖民地對英國統治的反抗最終導致了一種獨特的平民主義政黨的產生，這也是後來現代政黨的主要模式之一。類似的例子也出現在 19 世紀的澳大利亞。在那裡，英國《1832 年改革法案》發展起來的模式衍生出了許多典型分支〔註6〕。

　　美國和法國革命也促使了其他類型政黨的產生，而這些政黨成了現代革命黨的先驅。這種政黨，無論是以法西斯主義、共產主義還是其他名義，都自認為比早期的政黨更民主，並且常常以人民的名義推翻壓迫性政權來奪取權力。在 19 世紀歐洲的民主化進程中，這些政黨對政府構成了挑戰。革命者們認為政府的所謂民主有名無實，政府由代表著中產階級以及新興資產階級利益的政黨所控制，而這些政黨是為了剝削在英國和法國產生的工人階級而建立的。因此，革命黨必須糾正這種不合理的現象，必要的話，在可能的地方，使用武力〔註7〕。

　　在回顧 1945 年以來東南亞發展中的種種問題之前，政黨的性質與作用值得更密切關注。在大多數國家都被捲入的國家建構的背景中，這是一個特別重要的問題。這些政黨是什麼樣的？它們在這些國家裏發揮著怎樣的作用？為了建構國家，政黨對國家機器的利用或改變達到了什麼程度？政黨又是如何改變其性質以適應國家變化的？本文僅僅是對這些問題的一個初步考察，其他更大的問題，筆者將只是簡單涉及。例如，筆者本應該從國家的文化、社會和宗教方面去探尋政黨性質的歷史根源。而且，把「經濟增長改變了政黨的性質及其所處的環境，使它們在全球化的壓力下變得脆弱」作為貫穿全文的主要思路，也應該是重要的。然而，筆者主要關注的是，政黨與國家之

〔註6〕Alexis de Tocqueville,Democracy in America (new translation by George Lawrence), N. Y.: Harper & Row, 1966; Seymour Martin Lipset, The First New Nation: The United States in Historical and Comparative Perspective, N. Y.: Basic Books, 1963; Rudolph M. Bell, Party and Faction in American Politics: The House of Representatives, 1789~1801, Westport: Green-wood Press, 1973; Dean Jaensch, Power Politics; Australia's Party System, St Leonard's: Allen & Unwin, 1994.

〔註7〕第一個革命黨產生於 17 世紀的英國，接下來的產生於法國和美國革命之中。之後的亞洲政黨，例如中國孫中山創建的革命黨，不是做仿法國，就是做仿美國。但是，1917 年之後直到 20 世紀 80 年代，俄國革命催生了一批新的政黨。見 Christopher Hill, The English Revo-lution: Three Essays, London: Lawrence & Wishart, 1949; Georges Lefebvre, The French Revolution, 2vols, London: Routledge & Kegan Paul, 1962~1964; Gordon S.Wood, The Radicalism of the American Revolution, N.Y.: A. A. Knopf, 1992; E. H. Carr, The Bolshevik Revolution, 1917~1923, London: Macmillan, 1950.

間的關係，以及它們是如何改變或者彼此維持的。

三、革命黨與國家建構

在已形成的眾多類型的政黨中，筆者選擇了三種過去 50 年裏在東南亞地區占支配地位的政黨，它們都在國家建構中發揮了作用。第一種是革命黨，第二種是軍隊主導的政黨，第三種則是在那些或多或少民主化或者追求民主的國家裏出現的各種各樣的政黨。在每一種案例裏，政黨都與國家有著一種獨特的關係，而這個「國家」可能業已存在，也可能尚未建立，或者是政黨要參與建立的。

在二戰後短短幾年內組織得較好且最引人注目的是印尼與越南的革命黨。它們學習歐洲政黨的民主模式，在反殖民和自治運動中誕生。在這兩個案例中，日本和中國的寬鬆民主政黨在政黨的組織方面對其有一定影響，日本於 1942～1945 年間佔領印尼則對蘇加諾（Sukarno）的政黨最終領導反抗 1945 年荷蘭殖民者重返的軍事行動起了很大的作用。在當時的不利條件下，一個賦予軍隊特殊地位的革命黨就這樣產生了。與印尼不同的是，越南當時已經具備了建立一個獨特國家的種族與文化基礎。於是，越南革命黨控制並且利用國內民族主義運動，先後反抗法國與美國的殖民統治，走上共產主義的道路〔註8〕。相比之下，印尼還強烈地需要糅合幾個潛在的民族要素，才能形成一個統一的國家。因此，當務之急是給予這個新國家一個可靠的身份認同，這是激發尼迪克特·安德森（Benedict Anderson）的「想像共同體」觀念最迫切、也是必須的步驟〔註9〕。

印尼和越南都曾經走過共產主義道路，共產黨在這兩個國家的出現都很早。在越南，共產黨取得了勝利。除了別的原因，主要是因為它取得了中國大陸的幫助，中國大陸從國民黨統治轉向共產黨的勝利，越南革命也走上了這樣的道路。在 1955～1975 年這 20 年戰爭期間，越南共產黨在其周圍聚集起了一批小的政黨及民間團體。現在，它以一個大聯盟，也即越南祖國陣線（The Vietnamese Fatherland Front）的名義統治國家。這樣，越南共產黨視自

〔註 8〕 David G. Marr, Vietnamese Tradition on Trial, 1920~1945, Berkeley: University of California Press, 1981; William J. Duiker, The Communist Road to Power in Vietnam, Boulder: Westview Press, 1981.

〔註 9〕 George McT. Kahin, Nationalism and Revolution in Indonesia, Ithaca: Cornell University Press, 1952; Benedict R.O'G. Anderson, Imagined Communities: Reflections on the Origin and Spread of Nationalism, London: Verso, 1983.

己為國家的代表，並且為鞏固自己的權力而創建了相應的國家架構。相反，印尼共產黨失敗了，因為它未能展現革命戰爭所需要的建設國家的熱忱，相反，它運用以階級為基礎的國際主義辭令，與自認為是革命的真正領導者的民族主義武裝分子展開爭論。最後，印尼共產黨發現自己被其不能控制的國家結構與想像的民族共同體所排斥——在這兩者的形成過程中，它沒有起任何作用。

東南亞地區還不乏像印尼共產黨這樣最終失敗的例子。其中最有名且實力最強的是馬來亞共產黨，它與中國、印尼、越南、泰國以及沙撈越的共產黨都有聯繫。儘管其民族主義的對手從來都不怎麼強大，馬來亞共產黨也極力宣稱自己的最終目標是民族主義，卻還是成為剛剛開始國家建構的多元社會的犧牲品。一個地方如果不具備形成國家的要素，政黨及其軍隊再有勇氣，做出再大的犧牲，都不足以彌補這一缺陷，馬來亞共產黨認識到這一點已經太晚了〔註10〕。

在泰國和菲律賓，還有一些作風溫和卻值得注意的共產黨，而緬甸則有革命黨。越南共產黨從一開始就為法屬印度支那殖民地的其他地方建立類似政黨提供指導，特別是柬埔寨的紅色高棉（The Khmer Rouge）和老撾的人民革命黨（The Lao People's Revolutionary Party）〔註11〕。此外，國際主義思想促使它們在亞洲向中國或者越南尋求幫助，而後來發生的事件迫使它們，特別是緬甸共產黨和柬埔寨共產黨改變了方向。這些國家的政黨都接受了國外共產黨的幫助與支持，其中唯獨老撾借助「手足情深」的越南共產黨的幫助奪取了政權。這些政黨是沒有能力奪取國家政權的，不過，這些政黨的激進主義事實上已對各自國家政府建構新國家的努力造成了影響。至少，它們為反殖民主義的產生做出了貢獻，還在各自國家激起了工人與農民的平等主義意識與爭取社會公正的鬥爭。這些政黨的實踐給予我們的啟示是，在尚未具

〔註10〕最近出版的著作有：Chin Peng, My Side of Histor, As Told to Ian Ward and Norma O. Miraflor, Singapore Media Masters, 2003，而 C. C. Chin 與 Karl Hack 編輯的 Dialogues with Chin Peng: New Light on the Malayan Communist Party (Singapore: Singapore University Press, 2004) 一書則為早前的研究增加了另一個維度。

〔註11〕Thomas Engelbert and Christopher E. Goscha, Falling Out of Touch: A Study on Vietnamese Communist Policy towards an Emerging Cambodian Communist Movement, 1930~1975, Clayton: Centre of Southeast Asian Studies, Monash University, 1995; Martin Stuart Fox, Laos: Politics, Economics and Society, Boulder: Lynne Rienner, 1986.

備形成國家要素的地方，為了建構國家，革命黨應該首先轉向民族主義運動。

四、軍事政權與國家建構

第二種政黨是軍隊主導的政黨，即便它們實際上不是由軍隊建立的。在歐洲，軍隊主導的政黨還稱不上一種特定的政黨類型，而更多只是政黨在發展中的暫時偏差〔註12〕。但是，在東南亞的一些地方，軍隊在非殖民化的過程中發揮了重要作用，它們即使不能直接掌控國家，也要求自己的聲音能被聽見。這種軍事政權出現得很早，甚至在民族主義開始獲得廣泛關注之前就出現了。那就是在泰國，1932 年軍隊幫助推翻了絕對的君主統治。新政權以「新泰國」之名建立，此後在其控制中央政府的努力中經歷了諸多沉浮起落。在與官僚體制的配合中，軍隊其實並不一定需要政黨。1945 年以後，軍隊雖然被迫建立或者支持一些政治組織，但這些政治組織並沒有得到更多的支持。20 世紀 70 年代以後，軍隊統治制度不得不讓位於民主制度。軍隊統治失敗的原因涉及國家經濟的發展以及一個接受更好教育的社會的出現，但更深層的原因在於，強大的中產階級建立起了一套新的國家標準。這是軍隊精英們不願意接受，更不準備去實現的。改變的壓力來自於軍隊領袖們所不能控制的外部事件，但最終導致其垮臺的，是他們自己不能領導國家去適應變化。相反，那些能夠調整自己去適應變化的政黨，得到了國內外的認同〔註13〕。這種得之不易的認同目前正在經受嚴峻的考驗。

然而，在緬甸，截至 20 世紀 60 年代，軍人控制了整個國家，並且試圖取締此前所有的政黨。他們建立了自己的權力體系，並以此統治了這個國家 40 多年。有意思的是，軍隊領袖們給保證其權力的組織冠上各種各樣的名目。總的來說，他們避免使用「政黨」一詞，強調其所要扮演的一種在他們看來超越政治的民族角色。然而，很明顯地，它們就是政黨，而且實行的是一黨專政的國家體制。儘管 20 世紀 80 年代以後，緬甸軍方被迫重開「黨禁」大

〔註12〕在拉丁美洲，歐洲殖民者建立起了牢固的軍事政治。對於這個現象，目前已有很多很好的研究。例如，Abraham F. Lowenthal 和 J. Samuel Fitch 編輯的 Armies and Politics in Latin America (N. Y.: Homes & Meier, 1986) 一書就是對這一內在問題的有用調查。而美國在菲律賓部分地方的統治似乎及時遏制了這種類似的趨勢。

〔註13〕Suchit Bunbongkarn, The Military in Thai Politics, 1981~1986, Singapore: Institute of Southeast Asian Studies, 1987; Donald F.Cooper, Thailand: Dictatorship or Democracy ? London: Minerva Press, 1995.

門，並受到來自全國民主聯盟（The National League for Democracy）的直接挑戰，但軍隊領袖們還是堅持認為，國家的命運太重要了，不能交到政客及其政黨手中。正是以國家與國家團結的名義，軍人掌控著這個國家。可以說，對於軍人而言，他們的目標並不是民族國家，也不僅僅是由國家塑造的民族。儘管並沒有成立自己的政黨，但他們集體所做的，就像是統治一個政黨國家——所有一黨制國家所致力要做的事情〔註14〕。

　　軍事政權在印尼的發展可以拿來與上述國家做一比較。1965年以後，印尼由軍隊掌權，但其發展軌跡卻有所不同。雖然不像泰國、緬甸那麼明顯，但是在長達20多年的時間裏，軍隊主要官員充當著專業集團黨的根本基礎，而該組織是蘇哈托政權建立的，它發揮著執政黨的作用。不過，與泰國和緬甸一樣，印尼當局也極力淡化專業集團黨作為政黨的觀念，將其塑造成一個代表所有人的民族精神的團體。另外，雖然從來沒有大肆宣揚，印尼當局的潘查希拉思想代表的就是專業集團黨已經著手建構的國家的本質。這是專業集團黨為保證其對國家發展道路的掌握所做的一種努力〔註15〕。這些軍事集團是否稱得上一種特定類型的政黨，目前還存在爭議。不過，事實表明，只要形勢需要，軍隊精英們是有能力組成政黨的。在某些情況下，例如二戰前的泰國，就受到日本軍國主義影響。日本軍隊以天皇的名義掌握了國家政權，顛覆了新生的民主制度〔註16〕。另一方面，泰國軍隊也沒有尋求民主支持便以「新泰國」的名義奪取了國王的權力。在緬甸，由於民主政黨的分裂與軟弱，軍隊宣布接管國家，緊接著便開始建構他們自己的權力制度。也許有人會說，這樣的一種制度一點也不需要政黨參與其中，但是，對1945年以後的東南亞而言，必須引起注意的是，這些軍事集團就是軍隊主導的政黨，要求在國家建構中發揮重要作用。

〔註14〕 Aung San Suu Kyi, Freedom from Fear, and other Writings, N. Y.: Viking; 1991; Josef Silverstein, Burmese Politics: The Dilemma of National Unity, New Brunswick: Rut- gers University Press, 1980; Robert H. Taylor, The State in Burma, London: C.Hurst, 1987.

〔註15〕 Leo Suryadinata, Military Ascendancy and Political Culture:A Study of Indonesia's Golkar, Athens, OH.: Ohio U-niversity for International Studies, 1989; Damien Kingsbury, Power Politics and the Indonesian Military, London: Routledge-Curzon, 2003; Angel Rabasa, The Military and Democracy in Indonesia: Challenges, Politics, and Power, Santa Monica: RAND, 2002.

〔註16〕 Herbert P. Bix,Hirohito and the Making of Modern Japan, N. Y.: Harper Collins, 2000; Peter Wetzler, Hirohito and War: Imperial Tradition and Military Decision Making in Pre-war Japan, Honolulu: University of Hawai'i Press, 1998.

五、民主政黨與國家建構

　　最後，第三種政黨就是民主政黨，它們的存在需要或多或少的民主條件。目前東南亞地區已經出現了一些這樣的政黨。菲律賓 1945 年獨立後的幾年間，出現了試圖像美國那樣實行兩黨制的自由黨和國民黨。但是，一些激進的政黨對它們形成了挑戰，其中包括無法接受這兩個政黨所代表的狹隘階級利益的工人和共產主義組織。而且，由於成員的流動性以及政黨路線存在諸多交叉之處，這兩個政黨之間的差異逐漸被模糊了。不久之後，費迪南德·馬科斯（Ferdinand Marcos）從自由黨轉向國民黨實現了「一黨」的跨界和交叉，最終導致了這種雙重性與兩黨制的終結。可見，兩黨制在菲律賓受到質疑，以至於被不斷湧現的短命政黨或為了贏得選舉而暫時組成的政黨聯盟所取代〔註 17〕。

　　有證據表明，在菲律賓，西班牙的政治傳統並沒有完全為美國的政治傳統所代替，而且，受拉丁美洲政治運動影響，軍事政變也變得頻繁。但是，美國殖民遺產仍然影響很大，民主制度在菲律賓生存了下來。菲律賓的國家建構似乎並不依賴政黨，組織完備且實力強大的社群組織，尤其是天主教會，發揮著更重要的作用。然而，其他由少數民族（例如摩洛穆斯林）或者經濟實力強大的華人領導的力量，惡化了政黨政治的問題，而政黨政治曾一度被國家寄予厚望。例如，基督教穆斯林民主力量黨（The LAKAS Christian-Muslim Democrats），這個由前總統拉莫斯（Ramos）創立的政黨聯盟，表現出了學習在其他地方尤其是在馬來西亞取得成功的聯合執政模式的跡象。

　　這使筆者聯想到馬來西亞和新加坡所實行的政黨制度。它們都宣稱這兩種政黨制度是借鑒英國議會制度而來的。1945 年，這兩個地方政黨制度的開端並不起眼。當時，英屬馬來亞各地的種族騷亂和武裝暴動加速了英國殖民者離開的步伐，但建立政黨的有意義的嘗試卻主要是受外部影響。其中，有來自中國國民黨和共產黨的影響，也有來自印度國大黨（Indian National Congress）的支持，更近一點，還有與當時已經開始自稱「印度尼西亞人」的荷屬東印度群島民族主義者的聯繫。不過，殖民當局對馬來封建君主和貴族的支持以及不斷增長的移民貿易利益延緩了當地政黨的建立，同時也削弱了

〔註 17〕 Jennifer Conroy Franco, Campaigning for Democra-cy: Grassroots Citizenship Movements, Less-than-democratic Elec-tions, and Regime Transition in the Philippines, Quezon City: Institute for Popular Democracy, 2000.

國家認同的形成。所以，當 1957 年馬來亞聯合邦（TheFederationofMalaya）獲得獨立時，關於應該建構一個什麼樣的國家，眾說紛紜。這些說法要麼互不相干，例如不同族群的不同理想，要麼目標相反，例如上層階級及工人階級各自的政黨。此外，英國通過英式教育為整個馬來亞培育人才的努力對於塑造新的國家精神而言，也顯得杯水車薪，並且太遲。而且，這樣的做法事實上也對在方言學校就讀的學生起到了離間效果，深化了種族與階級隔閡。1961～1965 年，以一個新的、更大的馬來西亞聯邦（The Federation of Malaysia）統一馬來亞聯合邦及新加坡殖民地的努力失敗後，這兩個國家的政黨制度不可避免地走上了不同的發展道路。

在馬來西亞，由三大公共政黨組成的政黨聯盟於 1957 年領導國家走向獨立，從此開始了對這個國家的統治〔註 18〕。後來的國民陣線（The Barisan Nasional，BN）是在最初三個政黨的基礎上擴大而成，並試圖讓更多的反對黨也加入其中。目前國陣由超過 12 個政黨組成，其中有些非常弱小，甚至是分裂的。至於剩下來的反對黨，它們也嘗試組成另一個政黨聯盟，以戰勝國陣。最近組成的反對黨聯盟已經對執政黨構成了嚴重挑戰。就「只有另外成立一個政黨聯盟才有希望打敗執政黨聯盟」這一點而言，馬來西亞可以說已經形成了一種獨特的政黨類型，即聯盟政黨。當然，這並不是什麼新事物，但是在東南亞地區，還沒有別的政黨聯盟比馬來西亞的政黨聯盟存在時間更長，而且，除了內部的一些政治鬥爭，也沒有別的政黨聯盟比其更穩定。當然，更沒有哪一個政黨聯盟像馬來西亞政聯盟這樣，一心一意地要建立一個以「在馬來人土地上的馬來人至上（Ketuanan Melayu）」為宗旨的民族國家。

事實上，國民陣線作為政黨的性質是由馬來人領袖認為可行的國家類型決定的，而這種類型的國家之所以可行，主要依據在於馬來西亞的人口結構。也就是說，政黨聯盟這一途徑，並不僅僅是為了無限期地保持某一政黨或者政黨聯盟的執政地位，而是為了保證一種關於國家形態的構想能夠有機會以非暴力、不流血的形式實現。但這並不意味著政黨聯盟制度本身就是更令人滿意的，組成聯盟的每個政黨都是一種理想的政黨，或者其政治家相對其他政黨更無私、更廉潔。到目前為止，這種制度使國家的建構者可以克服多元社會傳統可能導致的分裂傾向。因此，馬來西亞的發展道路顯示了，東南亞

〔註 18〕 Cheah Boon Kheng, Malaysia: The Making of a Na-tion, Singapore:Institute of Southeast Asian Studies, 2002.

地區的特定政黨可以將國家置於政黨之上，而其成功取決於一個強大的、能夠使行政體系有效運行的國家制度〔註19〕。

在泰國自 20 世紀 70 年代中期開始的民主化進程中也能找到可以與此做一比較的政黨聯盟。在泰國，我們可以看到，一些聯盟類型的政黨先是取得國家權力，爾後在選舉中落敗，存在時間最多不過幾年。即便是平民主義的泰愛泰黨（Thai Rak Thai party），也不得不通過與其他較小政黨組成聯盟來統治國家，然後被另一個同樣不穩定的政黨聯盟推翻。到目前為止，以君王為象徵、得到官僚精英支持、但強調民主政治的泰國，已陷入全面癱瘓狀態〔註20〕。這使得泰國政黨的立場更接近於歐洲那些既不為國家建構所需要，亦不對國家團結起關鍵作用的政黨。因此，它們可以自由地代表地方的或者其他小集團的利益。

現在討論 1998 年以後印尼政黨的作用還為時過早。目前印尼有如此多的政黨，而各黨成員改變黨籍的現象似乎相當頻繁。印尼新的總統制度建立在普選的基礎上，總統不得不長時間依賴有相同政見的政黨聯盟。不管怎樣，這可能是必須的。很簡單，因為任何單一的政黨都沒有足夠的人力去統治一個幅員如此遼闊的國家，也無法代表其複雜多樣的社會群體利益。不過，如果可以將馬來西亞視為榜樣，那麼聯盟政治不失為一種典範。很難說這樣的一種聯盟是否穩定，但是更難想像的是，單一的政黨能夠獨自或者與其他單一政黨一起建構一個大多數印尼人想要的國家。為此，需要一套權力影響廣泛的國家機器。這提醒我們，一個國家如果沒有強大的國家機構，將會長期處於混亂無序且脆弱的狀態。對於印尼這樣一個幅員遼闊、人口眾多的國家來說，強人的國家機構的缺失將導致其政黨難以形成建構新國家所必需的黏合力。因而印尼面臨的巨大困難在於，它既不是國家民族，也不是政黨國家，而被迫在想像中飛躍成為民族國家。或許，僅僅為想像中的國家所鼓舞，印尼的領導者們就會知道印尼應該成為什麼樣的國家，

〔註19〕Francis Loh Kok Wah and Khoo Boo Teik eds., Democ-racy in Malaysia: Discourses and Practices, Richmond: Curzon Press, 2002; Diane K. Mauzy, Barisan Nasional: Coalition Gov-ernment in Malaysia, Kuala Lumpur: Marican & Sons, 1983.

〔註20〕Pasuk Phongpaichit and Chris Baker, Thaksin: The Business of Politics in Thailand, Bangkok: Silkworm Books, 2004; Likhit Dhiravegin, Political Attitudes of the Bureaucratic Elite and Modernization in Thailand, Bangkok: Thai Watana Panich, 1973.

擁有什麼樣的政黨〔註21〕。

　　至於新加坡，其情況與東南亞地區其他任何國家完全不同。新加坡執政黨人民行動黨（People's Action Party，PAP）一開始是歐洲很多國家都有的那種左翼社會民主黨，但是，1961年以後，它開始從大眾型政黨向精英政黨轉變。造成這一轉變的原因是複雜的，外部的政治壓力包括越南戰爭以及共產主義運動是一種解釋。不過，從政黨的領導能力這個角度來看，人民行動黨敢於改變路線，建立一種有助於鞏固權力的國家結構也是一個重要原因。改組後的人民行動黨吸取了歐洲類似政黨的教訓，不過更直接的教訓可能來自其他地方，尤其是俄羅斯和中國的組織嚴密、根植於革命黨的精英政黨。因此，與馬來西亞的聯盟政黨相比，新加坡政黨的發展道路無疑是截然不同的〔註22〕。

　　英國試圖為其殖民地和保護領地建立的馬來亞殖民國家，就這樣創造了兩種如此不同的政治制度，並且其兩個部分分別由國民陣線和人民行動黨這兩個不同的政黨主政，這幾乎讓人難以置信。不過，在1961～1965年間，人民行動黨確實企圖在它支持的馬來西亞聯邦（The Federation of Malaysia）中協商得到一個特殊的角色，但是，對其而言，與一個它不能也不準備加入的政黨聯盟共存，其中的矛盾可想而知。事實上，合作的失敗使人民行動黨尋求獨自開拓一條新的道路變得更加必要，而這條道路通向的是它能保衛的國家。人民行動黨與至少6個反對黨共存（還有一些仍登記在冊但不再活動的政黨）。從1965年開始，為了保證其建國計劃持續推行，人民行動黨利用它所繼承的強大國家政權的一切手段，擊敗了反對黨。目前，新加坡這個國家似乎仍在其既定軌道上，而掌權的人民行動黨決心要保證這條道路的暢通。人民行動黨為自己設定的目標似乎是可行的，這一方面是因為新加坡是一個小島國，另一方面是因為，在新加坡人口的種族構成中，有一個明顯占主導地位的多數族群——華人。忠貞不二的人民行動黨已經為新加坡的未來做好了不止40年的規劃。如果說東南亞地區有一個主要由單一政黨建成的國家，

〔註21〕　Bob S. Hadiwinata,The Politics of NGOs in Indone-sia: Developing Democracy and Managing a Movement, N. Y.: Routledge, 2002; Edward Aspinall and Greg Fealy eds., Local Power and Politics in Indonesia: Decentralisation and Democrati-sation,Singapore: Institute of Southeast Asian Studies, 2003.

〔註22〕　R.K.Vasil,Governing Singapore: Democracy and National Development, Singapore: Allen & Unwin, 2000.

那麼，那一定就是新加坡〔註23〕。

上述案例提醒我們，政府的民主制度是可以由不同類型的政黨來推行的。在此我們可將柬埔寨包含在內，儘管其政黨比不上新加坡或者馬來西亞的，也很可能不會發展出自己的政黨制度。柬埔寨政黨的混合性非常明顯。柬埔寨人民黨（The Cambodian People's Party）仍然保持著其革命傳統，民族團結陣線（The United National Front）或者說奉辛比克黨（Funcinpec）則是保皇主義、官僚主義以及平民主義的奇特混合物。還有一個以其領導人森朗西（Sam Rainsy）的名字命名的森朗西黨。只要柬埔寨繼續沿著現在這條通向民主的道路前進，那麼這些不同的政黨終將會以一種特殊的方式集合起來。柬埔寨政黨證明了它們與外國殖民者遺留下來的民主制度進行合作，並且對其加以改造以滿足自己特定需要的能力。接下來使它們為人稱道的是，它們衡量建構國家所需要東西的方式，以及它們如何利用所繼承的國家架構來實現自己的目標。接著，它們可能會宣布成為具備民主合法性的政黨，以使自己變得更加有效與獨特〔註24〕。

六、結論

東南亞的政治領導人，包括其反對者，都將歐洲的政黨模式視為衡量一個政黨成功與否的標準。莫里斯·迪韋爾熱及其他學者的相關研究，即使還算不上「指南」之類的，但也就如何組織政黨，及其應該或者不應該做什麼等問題，提供了指導。然而在實踐中，許多政黨發現，它們都不得不各自面對「未經教科書批准就出現」的新挑戰，包括所期望的國家尚未存在這樣的關鍵性事實。當這些政黨為了保證生存而臨時靈活調整自身的時候，借鑒歐

〔註23〕 Chan Heng Chee, The Dynamics of One Party Domi-nance: The PAP at the Grassroots, Singapore: Singapore Univer-sity Press, 1976; Lee Kuan Yew, From Third World to First: The Singapore Story, 1965~2000, N. Y.: HarperCollins, 2000; Garry Rodan ed., Singapore Changes Guard: Social, Political and Economic Directions in the 1990s, Melbourne: Longman Cheshire, 1993; Lam Peng Er and Kevin Y. L. Tan eds., Lee's Lieutenants: Singapore's Old Guard, St. Leonard's: Allen & Unwin, 1999.

〔註24〕 Sorpong Peoued.,Cambodia: Change and Continuity in Contemporary Politics, Aldershot: Ashgate, 2001; The U-nited Nations Transitional Authority in Cambodia (UNTAC): Debriefing and Lessons, Report and Recommendations of the In-ternational Conference, Singapore August 1994, Boston: Kluwer Law International, 1995; David P. Chandler,The Tragedy of Cambodian History: Politics, War, and Revolution since 1945, New Haven: Yale University Press,1991.

洲政黨模式其實對他們幫助不大。那麼，關於前面提出的問題，即政黨能在多大程度上決定國家所要發展的道路及時實現，筆者已經說明了，這也取決於非殖民化後遺留下來的國家架構的狀況。對於殖民時期的國家制度遺產，東南亞地區的人民是接受還是拒絕以之為建國的基礎？他們是否認為這是保衛國家所必需的？對於目前的國家情況，他們是否認為既不是「民族」，也不是「民族國家」，而更像是一個必須以國家形象來塑造民族的「國家民族」？通過考察執政黨的性質，這些問題可能會得到解答。無論如何，要對東南亞國家政黨做出概括與歸納似乎不太可能。在獨立時就確認存在原生民族的地方，例如越南，是民族決定其所需要的政黨類型，以確保民族團結以及為國家服務。但是，在尚未存在民族而不得不從零開始建構國家的地方，就像東南亞其他的大多數國家，尤其是印尼、馬來西亞和緬甸，各種不同的政黨或者政黨制度都有可能出現。在這些案例中，問題主要在於哪個政黨會成功奪取國家權力並且利用國家制度推動國家朝著自己想要的那種形態發展。值得注意的是，越南和印尼的革命黨發揮了非常不同的作用。越南勞動黨（The Vietnam Workers' Party），也即現在的越南共產黨，很明顯地獨自決定了國家的命運，其他所有政黨，或被破壞，或為環境所迫不得不與其合併。由此看來，單一政黨可以宣稱代表國家，而確定符合新的國家需要的國家形態則是這個政黨的責任了。

而在印尼，革命催生了很多政黨，它們都認為，政黨在未來印尼國家塑造中發揮著關鍵作用。鑒於將要組成的印尼國家的國土面積和人口構成的複雜性，這樣的發展是頗為符合現實需要的。取得勝利的革命黨可以選擇像1965年之後那樣採取軍事途徑，或者反映多種族與多中心的多樣化要求，走上民主道路。而當時印尼作為一個民族尚未成形的事實也要求，不同的利益在國家制度中得到適當的體現。沒有一個單一政黨可以獨自承擔建構國家的工作。目前，印尼人民在兩種不同的政黨之間獲得了平衡，但是，有趣的是，如果這兩種政黨混合，以軍人為民主制度之首，會不會也行得通？但問題在於，印尼大多數領導人所理解的國家目標的性質實際上能否塑造出一種能長久統治國家的政黨？到目前為止，對於印尼來說，還沒有一個政黨可以有足夠長的時間利用國家制度去確定其想要建構的國家類型。

如果我們轉向討論不穩定的軍事政黨，那麼老生常談的問題就是，政黨是否應該一直控制軍隊？或者軍隊是否應該操縱政黨？在越南，就像中國一

樣，政黨控制軍隊依然是一個信條，並且很可能會持續下去。而軍隊操縱政黨，在東南亞的其他地方更加普遍。我們已經看到，軍隊是多麼頻繁地成功操縱了政黨，即使它事實上並沒有控制政黨。軍隊對政黨的操縱總是不穩定的，即使在緬甸這樣的已被軍隊控制了很長時間的國家。而如果專制軍隊對權力的濫用激起了憤恨以及強烈的民主反對，軍隊的所謂建構國家的口號也就不足信了。

但是，是否那些堅持民主的政黨在國家建構中就做得更好呢？目前在泰國活躍的政黨並不像歐洲的任何政黨。直到 21 世紀，它們都還是太年輕、太反覆無常，因此，除了推進國家機器實施的或者平民大眾要求的政策之外，做不了多少事情。到目前為止，在泰國南部以及東北部的國家建構中，它們做得並不比軍事政權好。更有甚者，許多泰國人都不認為執政黨是為國家服務的。很多人懷疑，它們中的大部分人只是政客們以國家利益為代價中飽私囊的工具。不過，在菲律賓，我們可以看到一種相反的趨勢。菲律賓的政黨可能滿足了特定社會集團的需求，也符合某種選舉民主的標準，但是，它們也削弱了許多國家制度的作用，其中包括那些致力於發展經濟與維持法律和社會秩序的制度。由於不能有效實施國家制度，菲律賓政黨也在那些已經在國家建構進程中被忽略的群體中失去了威信，特別是南部的穆斯林少數民族。如果說，一套行之有效的國家制度是國家繁榮所必需的，那麼，菲律賓政黨體制在這方面還做得不夠。

馬來西亞和新加坡掌握國家前進韁繩的兩個政黨似乎都表現得比較好，但是，對它們來說，是什麼構成國家，這仍然是個不易解決的難題。因此，核心問題就在於，控制和培育國家制度。通過國家制度，政黨可以明確什麼是它們可以或者不可以向人民傳達的，而這又是政黨鞏固其威信和合法性所需要的。如果它們能夠有規律地做到這一點，那麼它們就贏得了建構國家所需的時間。不過，沒有人會知道，這兩個國家最終各自建立起其所期望的國家還需要多長時間。

東南亞地區的政黨種類幾乎與國家數量一樣多。但是，沒有一個與西方傳統的政黨相似。在那些民族意識已經形成或者即將形成的地方，政黨表現得更像一個準備好去完成這項任務的組織；而在民族意識尚未形成的地方，政黨則有一系列可以扮演的角色。它們要麼描繪未來國家的藍圖，要麼防止已開始出現的國家分裂，要麼為終將出現的國家創造更好的條件。很多東西

取決於政黨能否充分利用時間將其努力完全付諸實踐。然而，正如前文案例所顯示的，政黨所能利用的國家架構的狀況才是最主要的因素。印尼與馬來西亞的對比是鮮明的。當繼承下來的國家架構軟弱無力時，政黨就需要付出更大的努力並且要求更大的權力以保證事情完成。反之，政黨就能很快取得很大的成就。除此之外，還有其他的變量，例如多元社會裏的種族融合、貧富差距的懸殊、外界壓力的強度等。但是，可以肯定的是，無論狀況有多複雜，對於政黨來說，與其為不可預測的國家建構去努力，不如為既有的特定民族服務，那樣會更有好處。這給予我們的啟示是，東南亞地區的大多數政黨仍然在國家建構的道路上摸索著。與此同時，東南亞地區想要建立自己國家的人們，應該將目光越過政黨而看得更廣更遠。實際上，他們已經以積極參與更大範圍組織的行動來付諸實踐了。通過培育民主生態環境，他們不僅有機會直接為國家建構做出貢獻，還有機會使將來政黨角色合法化。

國際金融危機與亞太國際關係 [註1]

　　我們在東南亞生長的人很早就非常關注云南的發展,中國西南部和東南亞的關係向來都非常密切,具有很長的歷史。二戰結束之後,東南亞逐步擺脫了帝國主義的殖民統治,並建立起了很多新興的獨立國家,他們對中國的發展非常關心。除了關注中國的發展,東南亞也在加強自身的完整、統一、穩定和發展。東南亞國家建國的過程非常艱辛,不同國家的領導人對如何建國和建國後走什麼道路具有不同的看法。冷戰時期,東南亞國家面臨著很多複雜的問題,並被冷戰格局分裂成兩個(甚至可以說是三個)大的部分。冷戰結束後,世界發生了新的變化,從目前來說,中國在世界上的地位、中國與世界的關係與以前相比,也發生了巨大的變化。近一年來,我注意到許多學者對 2008 年爆發的國際金融危機的分析,他們的見解也使我開始考慮金融危機對世界尤其是中國與世界關係的影響,而且將來的發展趨勢更值得我們大家研究。

一、2008 年金融危機與歷史上經濟危機的比較

　　從歷史角度來看,2008 爆發的國際金融危機在世界範圍內並不是第一次。全球性的首次經濟危機是 1929 年至 1930 年出現的。當時的經濟危機和現在的金融危機相比,有什麼相同的地方和不同的地方,值得我們進行分析。不同的地方在於:當時的經濟危機影響著全世界,世界上所有國家都受到了很大的衝擊;但此次金融危機主要對發達國家造成巨大的衝擊,而不同的發展

〔註1〕此文出處不詳。刊發在《思想戰線》2010 年 7 月(第 4 期)第 37～40 頁。

中國家具有不同的經驗，受到的衝擊較小。對亞洲來說，金融危機對東亞、東南亞、南亞具有不同的影響，不同的國家對此反應不同。總之，此次金融危機的影響沒有 1929 年經濟危機的影響那麼大。為什麼會產生不同？根本原因是歷史背景不同。當時的歷史背景是幾乎所有的亞洲國家都處在帝國主義殖民統治之下，深受殖民主義的影響。由於西方國家經濟的不景氣，直接影響了西方國家、西方跨國公司、西方殖民政府控制的亞洲地區的經濟。我的父親當時在荷屬印尼爪哇島的泗水縣做華僑中學的校長，經歷了世界性經濟危機對印尼經濟的影響，當時印尼的經濟幾乎基於崩潰，受荷屬東印度公司控制的很多當地企業都先後垮臺了，這場危機也導致了當地的華商企業舉步維艱。由於當時泗水的華僑學校幾乎都靠華人捐資建設，經濟危機重創了華人企業，直接導致他們無力捐資創辦華校。由此可見，當時的經濟危機就是對一個學校的影響都非常大。

而 2008～2009 年的金融危機對亞洲的影響不像 1929～1930 年的經濟危機一樣大。其根本原因是因為亞洲的經濟已經基本獲得了獨立，基本擺脫了對帝國主義的依附。目前亞洲的經濟力量已經很強大，尤其是東亞經濟在世界上是非常重要的。儘管南亞面臨的挑戰很多，但是印度 10 多年來經濟發展非常迅速，他們也能夠在困境之下抵制金融危機的影響。可見，此次金融危機對亞洲的影響與 70 年前經濟危機對亞洲的影響是大不一樣的。

二、國際金融危機對亞太地區政治文化的影響

（一）亞太地區存在三種政治文化傳統

當然，從亞太地區的形勢來看，將來經濟問題不是一個太嚴重的問題。將來的問題還是在政治、文化方面。所謂的政治文化是什麼意思呢？1929 年的經濟危機發生時，多數亞洲國家處於帝國主義的殖民統治之下。2008 年金融危機爆發時，亞洲雖然已經擺脫了帝國主義的統治，但是帝國主義的影響尚沒有完全消除。在政治文化方面，在軟實力、國際關係、國際制度等方面，西方政治上的影響還是比較大的，而且將來可能會比經濟問題還要嚴重。目前的亞洲國家能夠比較好的處理經濟問題，但在處理政治文化問題時，還存在許多不足之處。目前的美洲和歐洲基本上都具有基督教為主的歷史背景，所以，他們的政治文化具有深厚的基督教宗教底蘊。而在亞洲的中東大部分、南亞和部分東南亞國家具有伊斯蘭教，伊斯蘭教對西方政治文化的反應不同。

而東亞的傳統主要是受儒家思想影響的，儒家文明在日本、韓國、朝鮮、東南亞都有不同程度的影響。很明顯地，過去 10 多年來，政治文化之間的矛盾和鬥爭越來越明顯。這三種政治文化傳統就非常值得關注，因為這三個政治文化在將來可能比經濟因素的影響還要大。而且世界上還存在其他的文化傳統，如非洲、東歐、中亞、西亞等地區的文明。

（二）引發亞太地區政治文明矛盾鬥爭的地中海淵源

政治文明矛盾和鬥爭是有相當淵源的，以上說的兩大政治文明主要來自地中海主區域的古代文明。這裡就非常複雜，有亞洲的一部分、北非的一部分、歐洲的一部分，可以說是亞非歐的地中海政治文明。我曾經在其他場合闡釋過關於造就地中海歷史與眾不同的特性的四個關鍵性因素，通過這四個因素的組合，地中海模式不僅擴散到海岸之外的其他地區，而且這種傳播也使自己在世界歷史上佔據了一席之地。這四個因素分別是：

1. 地中海是多元文化發展和傳播的交匯點；
2. 地中海優良海岸吸引了大量的人口遷移以及商業活動；
3. 地中海地區出現了強大的以海上優勢為特徵的帝國；
4. 地中海地區一貫奉行的帶有進攻性的宗教信仰和意識形態信條決定了該地區作為一個整體的政治和經濟方面的關鍵性變遷。

他們這種外向型文化非常願意以武力去解決相互之間的矛盾，幾千年來，地中海文化之間的鬥爭在歷史上表現得非常清楚。不管是北非的埃及，還是中東的巴比倫，再加上希臘、羅馬文化，他們都在為宗教間矛盾不停地鬥爭。在 14 至 16 世紀，基督教與阿拉伯伊斯蘭教兩個大的勢力開始鬥爭。從那時起，他們就開始向外擴張。從亞洲來看，以前不管是印度洋也好，還是印度洋邊緣國家也好，太平洋西海岸的不同文化還是不同政權，相互之間沒有比較大的矛盾，相互之間主要靠貿易和經濟而來往。相互之間能夠容忍，通過經商的方式維持了比較好的社會秩序。

16 世紀之前，東南亞地區具有「半地中海」性質的貿易、遷移和政治文化特徵，馬來人在自己的群島上更加忙碌的遷移，建立了屬於自己的政權組織，領土延伸至三佛齊古國，後來又到達滿者伯夷王國和馬六甲王國。其他跨越大陸的遷移活動是由越南對占婆的佔領和泰國對大城府的統治所引起的，這些遷移行為向南推進，而大城府擁有足夠的海上實力來對馬六甲施壓。少數的印度和穆斯林商人繼續自西邊而來，但是西侯拉皇朝的入侵也如蒙古

人以及鄭和遠洋一般，並未持續多久。中國人在該地區大量進行商貿活動，在歐洲人到來以前，他們的商業活動增長迅速並已到達馬來群島的所有角落。而歐洲人在此停留後培養了新的並最終可以與中國王朝相抗衡的力量。

從 19 世紀開始，他們就走出了使該地的「半地中海」特徵更趨向「地中海」特質的步伐。儘管中國人表現得日益活躍並且與日本人、朝鮮人取得了聯繫是一個不爭的事實，然而穆斯林商人也擴大了他們與蘇門答臘島上的第一個伊斯蘭王國、馬六甲王國直至爪哇島、婆羅洲島、蘇拉威西島甚至更遠地方的貿易。但是，直到與荷蘭、英國東印度公司基於新的貿易條款進行貿易往來之前，這種貿易的性質都沒有發生根本性的改變。這些長途跋涉開展貿易的公司是從基督教徒和地中海摩爾人幾個世紀的鬥爭中所形成的商人行會和城邦國家演變而來的。

（三）地中海文明的全球化步伐

15、16 世紀之後，地中海的外向型文化開始向外擴張。先是越過大西洋到達南北美洲，把鬥爭轉移到西部地區，之後再轉到太平洋地區。當時的西班牙、葡萄牙、英國和法國都相繼到了太平洋地區。他們把其文化之間的鬥爭也轉移到了太平洋和印度洋地區。地中海文化之間的鬥爭就變得全球化了。地中海發展的潛力從葡萄牙人和西班牙人首次在歐洲驅逐他們的摩爾人對手並在亞洲向其進行挑戰時開始。西班牙橫跨大西洋，與荷蘭、英國和法國相抗衡的道路可以被描述為是地中海模式的擴張，也有幾分把太平洋變為「西班牙的湖泊」的意味。第一次改變來自於西班牙將把地中海模式推入大西洋，接下來又推向太平洋。當其他的力量更有組織並且更堅決地加入他們的行動時，中國海地區一個新的未來開始初見雛形。關鍵的發展取決於在歐洲強國和清王朝之間出現新的力量平衡，儘管後者很難接受這種轉變。19 世紀發生的兩次鴉片戰爭也改變中國海區域的「半地中海」性質。

地中海是一個競技場，許多文明古國在這裡為了權力而相互競爭。這個海域在幾個世紀以來塑造了海洋貿易、殖民活動和權力此消彼長的景象。之後，葡萄牙和西班牙人打破了基督教王國和伊斯蘭王朝在該地區對峙的僵局，他們發現了橫跨大西洋、途經印度洋和太平洋最後到達印度和中國的新航線。穆斯林商人控制了到達亞洲市場的路線，歐洲人對此毫無辦法。長期以來把他們限制在地中海地區的這種令人難以忍受的緊張氣氛最終超越了中世紀的科技極限和宗教界限，1492 年，特別是 1498 年之後，歐洲人終於可以直接與

穆斯林商人競爭了。這一事件並不代表歐洲歷史的斷裂，相反，它是一種強大的歷史體系的擴張，這種體系已經連接了三個大洲的歷史並開始向美洲擴展。

使地中海體系得以在全球範圍內擴展的變化過程取決於歐洲國家對海上力量的運用。這種改變開始於縱跨地中海沿岸的三個大洲：歐洲、亞洲和非洲的權力中心的交替。最終發展成了產生希臘—羅馬—基督教世界和阿拉伯—伊斯蘭信徒之間從未間斷的鬥爭的改變樣式。基督教和伊斯蘭教兩股力量交替控制地中海地區，這就明顯地區別於中國海地區權力不對稱的情況。

由於地中海地區的文化鬥爭被這些國家轉移到了太平洋和印度洋地區，地中海文化之間的鬥爭也就變得全球化了，這個情況就影響了印度洋、南中國海和東南亞地區 300 年的歷史，亞洲每個國家都受到非常大的影響。但仔細去看，這個時期他們之間的文明鬥爭還是地中海文明之間的鬥爭。在基督教為主的西歐和伊斯蘭教為主的北非以及中東政治上、戰場上僵持後，他們就開始向外擴張。通過對具有優勢的海上力量的使用，16 世紀後，西歐人成功地把地中海模式帶入了亞洲地區，這就決定了亞洲地區政治和經濟形態在未來的轉變。16～17 世紀之間，他們爭得最厲害的地區是印度洋地區，他們之間的鬥爭的根源基本上還是基督教背景的東印度公司與伊斯蘭教之間的矛盾。許多對 17 世紀葡萄牙與荷蘭及之後的英國與荷屬東印度公司之間鬥爭的研究都表明，歐洲人已經控制了南海地區的所有貿易往來。但是，這些研究並沒有對該地區的本土政權依然存在的現象、該地區的其他商人是否來自於印度洋或中國、日本等的情況進行充分闡釋。然而，新的海上帝國紛紛在中國海地區出現，它們依託荷屬島嶼、西班牙控制的菲律賓以及葡萄牙佔領的澳門等地的重要港口，尤其是英國在南亞次大陸建立的貿易範圍可以延伸至中國海、最終成為世界最強大的海軍基地的港口而形成。後來的英國等運用武力去爭奪商業上的權利、控制和壟斷當地的貿易，歐洲力量試圖進入中國卻沒有獲得成功，但是歐洲人日益增長的對中國海航線的主導權對於中國而言卻是一種不詳的徵兆。到 18 世紀末，清王朝的陸上優勢已經被海上貿易公司完全抵消，這些貿易公司不僅倚仗新興的民族國家，而且有強大的金融機構和軍事工業支撐。在這期間，全球化基本上是由地中海的勢力轉向全世界。

三、對亞太地區現在和將來政治文明衝突的思考

（一）太平洋：亞太的地中海

未來亞太的區域關係，將和以前有很大不同，當前和將來的亞太區域關係非常值得我們去研究。之前，我們都認為太平洋非常大，沒有誰能夠控制。但隨著科技的進步、交通的便利和信息交流的擴大，太平洋在縮小，太平洋已經變成亞太地區的地中海，我們就可以從這個角度去考慮問題。這種思考角度的靈感來源於安東尼・瑞德（AnthonyReid）教授的研究，他對貿易時代作出了定義，肯定了法國歷史學家費迪南德・布羅代爾（Ferdinand Braudel）在地中海研究方面所做的努力。布羅代爾博士的巨作使許多後來的學者重新審視中國海地區所具有的類似地中海形態的條件：爪哇海、波羅的海、加勒比海甚至是把印度洋分為東西兩個部分的並不具有明顯海洋地區特徵的南亞次大陸。這些研究是具有激勵意義和卓有成效的，安東尼・瑞德著作的上下兩卷《季風吹拂下的土地》和《擴張與危機》都證實了地中海模式對中國海地區所產生的巨大影響。

如果追溯歷史，地中海地區的矛盾現在很明顯的在亞洲地區表現出來。在馬來西亞，基督教與伊斯蘭教有顯微的矛盾。馬來西亞飛快的伊斯蘭化進程帶來了新的改變，印度教─佛教統治者和境外伊斯蘭商人的互動最終把信仰佛教的大陸從日益增長的穆斯林影響中分離出來。這種以宗教信仰進行劃分的方式可以與具有地中海特徵的劃分方式相媲美，但卻被這個時期到來的歐洲人和他們所帶來的基督教文明所打亂。而菲律賓幾十年來的內戰就是天主教與伊斯蘭教之間矛盾的一部分。在其他地方，尤其是中東的伊拉克、阿富汗、以色列都帶有地中海原有的政治文明的矛盾。之後，隨著現代科學和世俗價值觀的誕生，歐洲人在中國海地區的影響變得更為強大。最引人注目的就是隨著日本政治力量的覺醒，使日本出現了該地區強大的海軍力量。19世紀末期，日本和西方勢力聯合起來向中國古老的價值觀和習俗發起挑戰，也鋪就了可以走向完全改變該地區的新的意識形態體系和民族主義革命的道路。

（二）全球化之後亞太地區的政治文明鬥爭

全球化以後，政治文明之間的鬥爭也全球化了。以前冷戰時的矛盾主要還是世俗上政治意識形態的矛盾，避免了宗教上的矛盾。而現在是公開地提

出了政治性的宗教問題。在冷戰的幾十年時間裏，中國海成為分界線，類似於中世紀以來歐洲基督教世界和非—亞—歐洲穆斯林世界之間的意識形態分界。有跡象表明一些冷戰的主要參與者希望把這種劃分變成永恆。然而，冷戰的結束也使新的分界更加複雜，尤其是當伊斯蘭教從印度洋傳播至東南亞地區以來，以宗教和意識形態來進行劃分的現象依然存在。1978 年鄧小平復出之後，中國經歷了從未間斷的經濟改革，這個過程現在仍在持續，這最終會將怎樣改變中國海地區的政治和經濟權力格局，現在下定論還為時過早。但是，很清楚的事實是，中國將不會回到從前忽視海上力量培養的狀態，而是堅定地向成為一個海上強國發展，以維護自己的主權、保衛海岸安全、保證向國內經濟增長提供必需資源的航線保持暢通。這樣強大的海上軍事實力對中國海地區未來性質的影響仍不甚明朗。當中國以一個海上強國的面貌重新出現，中國海地區將在全球競爭中面臨更多的挑戰。通過對位於太平洋和印度洋之間的中國海地區使用地中海模式的類推法，可以知道為什麼亞太地區國家的一些戰略家面對中國的力量崛起時，會考慮形成新的從日本延伸至東南亞群島、大洋洲的澳大利亞，甚至跨越孟加拉灣到達印度的島鏈來對它進行鉗制。從這一點看，在討論後金融危機時代中國與世界的關係時，我們要考慮亞太這個觀念的來源。剛才我說的地中海政治文明擴展到大西洋、印度洋和太平洋，當時的影響還比較小。而現在和將來，隨著科技的再發明，交通更加方便，太平洋將會更加「縮小」。現在，科技的進步壓縮了整個世界的地緣政治，中國南海地區很有可能被視為老牌海上強國對付處於上升態勢的中國的前沿陣地。如果這種更大的基於太平洋（現在已經包含了印度洋在內）的綜合體系可以與擴大的地中海理念相比較，那麼地中海模式在歷史上所經歷過的深刻的劃分也將成為東南亞未來的一部分。當新科技使世界的聯繫更為緊密時，距離也就不再是一個限定性的因素。從中國的角度看，與東南亞地區形成友好鄰里關係的需求，將會促使中國領導人致力於東盟一體化進程，以防止該地區成為潛在的在各個方面都對自己不甚友好的力量。如果中國獲得成功，東南亞地區形成全面的一體化，東盟將會獲得在維持更大的地區（不但包括中國海領域甚至延伸到太平洋和印度洋）和平方面扮演關鍵性角色的權力。如果一個強大的中國能使它的鄰居們相信這只不過是和平力量的恢復，對於所有利益攸關者而言東盟的一體化都將是一種獲益。新崛起的印度也將尋找這樣可以被人完全認可的一體化地區。因此我們要把太平洋

看做是亞洲的地中海的文明之間的矛盾，會不會影響更大。除了經濟、金融危機，會不會有政治文化危機。

（三）中國與世界

雖然西南論壇表面上是講中國西南與南亞、東南亞的關係，但我覺得現在的世界不是那麼簡單，不能用小型的區域概念去分析問題。不管在南方、還是西南、北京，說到論壇，我們就要考慮整個中國和世界的關係。但是我們選擇的出發點可以不同，我們可以從西南的角度去考慮和研究印度洋、南中國海和將來亞太地區的發展和過去幾千年政治文明的矛盾等種種關係和問題。

中國情結：華化、同化與異化〔註1〕

　　今天參加紀念費孝通先生誕辰 100 年的學術會議並作為第四屆「費孝通紀念講座」的主講人，我感到非常榮幸。因為我在海外生長，對中國的鄉土環境瞭解很少，看了費先生的書，才稍微瞭解一點中國傳統的紳士社會和社會結構。後來我開始研究華僑社會的時候，進一步瞭解社會學、人類學對我們海外華人社會研究的貢獻是如何重要。

　　費先生在晚年時倡導中國人的「文化自覺」。從我的出發點看，海外華人其實很早就有一種「文化自覺」，但與國內漢人的「文化自覺」性質不同。這是因為海外華人和當地人在一起時，無論是做生意還是平常來往，在交流時明顯感覺到自己是一個中國人或者是漢人，或至少是來自中國的人。在早期的來往中，就會有這種「自覺」。但這個「自覺」並沒有人很好地寫下來，也沒有人注意。但是在外國人寫的材料裏提出了這樣的概念。他們的報告和記錄的材料裏，認為這些從中國來的人——工人也好，商人也好——至少從他們的觀點看是有特殊的地方，因此記錄下來。這不能算是中國人自己的「自覺」。但是外國文獻記錄下了中國人自己所認為的他們的文化和風俗習慣到底是怎麼回事。

　　所以，這牽涉我們在海外看到的一個很有意思的現象，就是外國人從一開始，就把這些華人叫做 Chinese，來自 China。但是，這個 Chinese 和 China 這兩個字，當時在中文裏很難找到一個適當的翻譯。因為在漢語裏說到中國

〔註1〕 本文為王賡武教授 2010 年 11 月 10 日在北京大學中國社會與發展研究中心主辦的第四屆「費孝通紀念講座」上的主題講座，根據錄音整理並得到作者審定。文章刊發在《北京大學學報（哲學社會科學）》2011 年 9 月（第 5 期）第 145～152 頁。

人時，有很多詞彙都可以用，每個朝代、每個地方都有自己的稱謂、自己的說法。但這些與外國人的所謂 China、所謂 Chinese 都有區別，要去認真地考慮 China、Chinese 到底是什麼意思，如果要去翻譯，會感覺有困難。

　　我特別注意到，在外國人的文獻裏只有這麼一個詞。不管是來自什麼地方或什麼樣的人，只要是從那邊來的，就叫做 Chinese，那個地方就是 China。至於 China 到底在什麼地方，China 多大，China 是怎樣一個國家、怎樣一個文明，他們不一定說得很清楚，但都用這樣一個名詞。我特別感興趣的是，不管哪個語言（可能俄文除外）都用這個詞。在東南亞，所有的語言——馬來語、印度語以及西亞語言，一直到歐洲語言，都用這個詞。但是，這個詞很難翻譯。因為，在中國人的文獻裏，談起這些出國的人，會說是閩粵的人，也就是福建人、廣東人，因為他們都是從這裡出去的。清朝的時候說有些人是明朝的遺民，是明朝時候出去的，不肯效忠滿清。這是我們在材料中所看到的。但是怎麼翻譯這個 China 和 Chinese，現在有許多困難。最後我們習慣地用「華」字。為什麼用「華」呢？最早這個字是用在「華僑」、「華商」、「華工」的稱謂裏。這些詞裏用「華」，因為用這個「華」字表示的並不一定僅指漢人，也可能是滿人。到海外去的那些所謂「華人」基本上是漢人，但也有少數民族，也有回族或滿族，所以不能叫「漢人」，就叫「華人」。

　　更有意思的是，在我小時候，在華人社會中，用廣東話也好，用福建話也好，他們自稱為「唐人」，根本不用「漢人」這個名稱。所以，我小的時候就有點奇怪，因為我自己的父母是從江蘇出去的，他們反而習慣用「漢人」來稱呼，但到了南洋去，發現根本不用「漢人」這個詞，都叫「唐人」。他們在廣東話、福建話裏自稱為「唐人」，而北方人到南洋去，自稱為「漢人」。由於在海外也有少數民族，也有滿族，都摻雜在海外華僑社會裏，所以後來就用「華」字。「華」就比較接近於所謂 Chinese、China。「中華」就代表 China。但其實也不能完全代表，在中國話語裏分得很清楚，但是外國人不能分得那麼清楚，從 China 來的，所有的人都是 Chinese。

　　從這裡出發，我今天想談幾個詞。這幾個詞也是從「文化自覺」的觀點來看的。我用三個詞，一個是「華化」，一個是「同化」，一個是「異化」。下面就簡單介紹一下為什麼用這三個詞與文化自覺有關。

一、「華化」的概念

　　先講「華化」。剛才已經談到，「華人」是與 Chinese 最接近的一個詞，但是還不能夠完全反映出 Chinese 的含義。「華」字在很早的時候就被海外華人接受了，但並不是自稱。從有文字記錄的材料上看，自稱還是以自己的家鄉為主，都是某某州、某某縣、某某村的人，沒有一個共同的名字，除了「唐人」之外。從來自己不用「華」字。這個「華」字是官方語言稱呼他們為「華」：「華工」、「華商」。但是為什麼我用「華化」這個詞呢？換句話說，到了海外之後，大家在一塊工作、一塊做生意時，就瞭解到他們之間有共同的地方，雖然來自廣東、福建或廣東某個地方，不管是廣府人也好，客家人也好，潮州人也好，還是福建人、閩南人、莆田人、福州人或福建的客家人，他們大家就有一個共同的經驗，就是別人稱他們叫 Chinese，就用這同一個字，但他們自己的叫法是不同的。如果他們自稱是「唐人」的話，為什麼不說是「唐化」呢？或者因為有「漢人」，為什麼不講「漢化」？因為根本就沒有這個概念。

　　那麼為什麼用「華化」呢？我現在就先介紹一下，為什麼「華化」這個概念是可以接受的。它不僅被認為是一個民族，而是來自中國，都是 Chinese。這就需要找一個共同的稱呼，最後還是在清朝末年 19 世紀的時候，從官方找到一個正式名詞，就是現在我們大家用慣了的所謂「華僑」。

　　「華僑」並不是他們自己稱呼的，而是官方文件裏稱呼他們為「華僑」。由此就開始使用「華」字。從滿清政府的出發點來看，「華」這個字是很適當的，因為它代表的不僅是漢人，也包括滿人和其他族。我看到的許多中國國內文件檔案裏都以「滿、漢」作為區分。但是，為什麼在海外不用「漢人」，也不用「滿人」，而是用「華」字，就是因為它包括漢人，也包括滿人和其他少數民族。

　　關於「華僑」這個概念，我寫過好幾篇文章來考證這個概念的來源。官方認為這些在海外的「華人」，如果是僑居在外面的，認為他們常會回到家鄉去，就稱為「華僑」。從 19 世紀開始，雖然政策上實行海禁，但基本上是很寬鬆的，許多華工、華商經常出入，回家鄉去。海禁並沒有嚴格地去處理。

　　所以，當時僑居似乎並不是不對的。許多那些所謂的僑居者其實在海外已經居住好幾代。土生的華人已經有好多。在 19 世紀初的時候，在海外的大概都是土生的，到 19 世紀中葉以後，鴉片戰爭後，出洋的勞工人數越來越多。從

1850 年代開始，大量到海外去，不僅到東南亞，還到澳大利亞、北美和南美。

從那個時候開始，從中國出去的人數比出生在海外的人數要多。19 世紀末的時候，可以說大半都是出生在中國，而出生在當地的是少數。在這 100 年間，移民人口的數字，從現在的觀點來看並不算太多，每年可能一兩萬人。我們沒有正式的數字，大概如此。到 20 世紀初時，比較可靠的數字顯示，至少在南洋，華人已經有三四百萬人。海外華人的數量一直在增加，其中土生華人的比例在降低。

土生華人，我覺得特別有意思。尤其在荷屬東印度和英屬馬來半島，在這些地方，他們建立起相當強的華人社會。這與其他地方不同。為什麼這裡就建立了這樣規模的社會呢？這與荷蘭和英國的殖民政治有直接關係。荷蘭東印度公司和英國東印度公司想跟中國做生意，希望利用這些海外華人，讓他們回到廣東、福建幫助他們打開市場，和當地商人做生意。由於官方限制得很厲害，所以找這些華人幫忙，使他們至少可以打開一扇小窗——大門是打不開的——到廣東、福建去做生意。因為有這個政治目的，想利用這些華人，所以在各方面優待他們，承認他們有特殊的地位，跟當地的土著分別得相當清楚。尤其是荷蘭東印度公司，在嚴格地控制華人的同時也給他們好處。在這種情形下，這些華人就建立了一種可以說是中間社會的集團。一方面比土著的社會地位要高，同時也承認政權、軍權還是在荷蘭東印度公司、英國東印度公司手中。在這種情況下，建立了一個華人的社會。

為什麼會有這樣的特點呢？在英屬、荷屬殖民地建立起來之前，大多數去南洋的華人都漸漸地融入當地土著社會，接受土著人的風俗習慣和宗教。至少幾百年前，就我們所知這種情況很普遍。因為一般來說，只有少數人出去，多半是單身漢，婦女根本沒有出海到國外去的機會。那麼單身漢出去，與當地的婦女成家生子，就留在那裡，不再回中國。兩三代之後，基本上與當地的土著不能區分了。很自然地就成為當地這些國王的臣民，同時也為當地政府服務。他們也做中國的生意，但基本接受當地的風俗習慣，接受他們的宗教，如泰國佛教、西班牙統治下菲律賓的天主教、爪哇的伊斯蘭教等，華人基本上都能接受。

但是，由於荷屬東印度和英屬東印度的政治關係排除了華人被土著人「同化」的現象，華人建立了自己的華僑社會。在這種情況下，「華化」這個概念就是表示他們如何維持、保護、保衛他們自己的風俗習慣和宗教。他們的集

團——華商的網絡——也就建立起來了。同時，不管是從西方的觀點，還是從土著的觀點，都把華人看成是一個民族，就是「華族」。但沒有用這個詞，而用 Chinese。不管是哪種語言，都用 Chinese，這就是一個民族。中國沒有這個詞，中國也不承認他們是一個民族。他們都是各地方的人口即廣東、福建的人，從北京和朝廷的觀點來講，他們不是一個獨特的民族。他們不過就是在外面做點小生意，來來回回。朝廷允許他們做生意，但是不承認他們有什麼身份和地位。在那種情況下，他們在海外反而有地位，被外國公司和殖民政府承認，當地土著雖然不甘願，但也承認他們是一個特殊的民族，就是 Chinese。在這種情況下，「華化」就有一種特殊的意識，就是一種文化自覺。他們認為，如果能夠保衛、延續他們從中國帶來的文化，就能夠保持他們的身份，商業網絡也好，風俗習慣也好，社會集團也好，宗教集團也好，都要依靠這種文化自覺來保護。在這種情況下，「華」字就很有意義。所以，在 19 世紀末官方用「華僑」這個詞的時候，就認定他們是有組織、有族群、有社團，而且有相當的勢力，尤其是有相當經濟勢力的。所以，官方就承認他們是一個特殊的集團，用「華僑」這個詞來稱呼他們。「華」字本來是已經可以用了，又加了一個「僑」字，就是表示他們是暫時在外，希望他們與中國保持聯絡。所以，官方的態度就改變了。以前是根本不重視，而且還相當地輕視，認為他們是漢奸或不忠不孝、逃亡到海外的人，不歡迎他們回來，他們如果回來的話，不小心就要被處罰。在這種情況下，很多海外土生的華人根本就不敢回去，和中國的聯絡也沒能很好地保持。

　　儘管他們跟中國沒有什麼關係，連中國話都不大會講。尤其是那些土生華人，中國字看不懂，中國話不會講，父親可能還會一點兒，母親是當地人，過了兩三代之後，基本上就與中國沒什麼聯繫了。但是，風俗習慣還保留著，宗教還是信仰三教，也知道一點儒家的倫理道德。風俗習慣還保留著祖輩、父輩所保留的風俗，也就是閩南或廣東的風俗習慣。在家庭中，雖然妻子是當地婦女，但子女儘量與其他華裔或土生華人通婚，儘量地不再與當地土著繼續來往，儘量與後來從中國出來的「新客」來往，與他們的兒女通婚，儘量地保持、保衛中國傳統價值觀。只有一點難以維持下去，就是文字語言，其他的風俗習慣則儘量地能維持多少就維持多少。這就是我所謂的「華化」。「華化」就是在文化的意義上還保留了「華」的概念，但是沒有語言文字。除了語言文字之外，保留了其他的風俗習慣。

　　這與「漢化」不同。我所瞭解的「漢化」是北方漢人到南方去，如廣東、福建等地，把當地少數民族「漢化」，使其成為後來的「唐人」，這是「漢化」。漢人到西南去，如廣西、貴州、雲南，這也是「漢化」。但這些在海外的華人不是「漢化」，因為他們的語言文字都沒有延續，基本上保留下一些風俗習慣和社團組織，這個叫做「華化」。我認為，這就是一種「文化自覺」——不完全自覺，但至少在風俗習慣上還是有相當的自覺，而且保持得相當好。這已經有三百多年了，到現在為止，印尼、馬來西亞和新加坡這三個地方還有不少土生華人跟以前一樣，保留中國的傳統風俗習慣。中國話也不懂，中國字也不看，也沒有興趣，但是保留風俗習慣，而且是真的認為這些是中國傳統文化，並認為是很值得驕傲的。到現在為止，還是如此。

　　這些土生華人也保留了自己特殊的文物和檔案，他們用馬來文寫下的東西，他們寫信用馬來文寫，他們把一些中國傳統的故事如西遊記、三國演義用馬來文寫下來。看的人都是當地的華裔，所以馬來話很熟。他們的服裝、家具、建築都是遵循著中國的風格。他們沒有直接的經驗，但總是照著那個方向學習。無論如何，要建造像中國那樣的房子，要保留中國的服裝。尤其是男人要保留中國的服裝，婦女倒不一定。飲食方面多多少少還保留了一些中國人的飲食傳統，還有其他的風俗習慣，如結婚、生、死的這種儀式還是保留著，而且認為這是真正的中國的傳統風俗習慣。

　　最近我特別感興趣的是，這樣的一批文物帶到巴黎去舉辦了一個展覽，就是「土生華人的文物展覽」。在巴黎很受歡迎，許多東西寫得還是不錯的。許多東西到現在還保留著，這是真正的「華化」。雖然與中國已經沒有關係了，但是用他們自己的自覺來保留他們所謂的中華文化。這就是他們所認為、認同的中華文化，與中國本土近一百年來的中國文化基本上沒有任何關係。這是我要講的第一個概念：華化。

二、「同化」的概念

　　第二個概念就是「同化」。我為什麼用這個概念呢？「華化」和「同化」的不同在什麼地方？聽了費先生講的「文化自覺」理論後，自己有了一點想法，並不成熟，需要再深入地考慮。

　　「同化」這個概念，中國傳統裏是沒有的。後來我才知道，「同化」是一個西方的概念。在傳統裏，我們用的詞是「感化」或「教化」。這些詞的意思

就是要用中國的文化去教導這些少數民族、教育這些層次比較低的人群，感化他們，使他們能夠接受高一層的文化。這些概念是從上到下的。而「同化」這個概念與之不同的地方就是，民族之間不一定有什麼上下之分，可以共同互相地交流，互相地感化，也許將來可以融化成為一種新的文化。

這樣來思考，「同化」概念的內涵就模糊一點，不像「教化」和「感化」那麼清楚。「同化」的概念其實是翻譯過來的西方學術詞彙，是民族學、人類學的詞彙，就是 assimilation。這個詞從概念本身看，和「漢化」有點像。但「漢化」是單向的，而「同化」可以是雙向的。那麼這個概念怎麼用呢？在早期海外華人歷史裏，在頭兩百年，沒有這個概念。單身漢出洋，與當地婦女養下孩子，被當地土著同化，加入他們的社團，接受他們的宗教，成為他們的成員，這樣的「同化」是有的，但人數不多。並且由於同化之後就不是華人了，我們也不知道規模究竟有多少，完全沒有數據。但的確有這種現象。

在我最早看過的一些風土記裏面，就提到過這個事情。中國人到海外去，生下的孩子就變成當地土著，有這樣的記錄，但到底這個過程是怎麼回事，心理上有什麼自覺，記錄裏完全沒有。

所以，到了 19 世紀末或者 20 世紀初，才談論「同化」的問題。最初可能也很少談，因為清朝末年中國的民族主義強盛起來，從孫中山談民族主義之後，民族的概念就顯明了。從前的「反清復明」中也有民族的意涵，但民族主義的概念並沒有那麼顯明。到 20 世紀初的時候才開始顯明。對海外華人來講，是從 20 世紀初的時候，就是孫中山到南洋去之後，開始談革命，談反清、反滿，談漢人打天下，建立中華民國。之後也談「五族共和」，根本就不再談漢族，也不談「華」。「中華民族」、「五族共和」這些概念都出來了，但是民族主義的概念很強烈。到底民族主義是以漢人為主？還是不談種族和少數民族地位，整個都是中華民族？這些都不大清楚，也不常討論。最主要的是，China 成為在政治上有意識的一個地方，Chinese 成為在政治上有意識的一個民族，就是從那個時候開始的。不管是漢族、唐人、漢人、華人，這些名稱都不要緊，都是 Chinese。所以，這個 Chinese 更加重要了，很顯明地是一個民族、一個國家。這與西方的民族國家理念有直接的關係，是一個來自西方的概念。西方的概念就是一個國家是一個民族，而且一個民族最適合的政治形式是建立自己的國家。這是西歐的經驗帶到亞洲來。在亞洲人反帝國主義、反殖民地主義的時候，也有同樣的要求。就是你們的民族主義，我們也應該有，你

們是一個民族一個國家，我們也應該是一個民族一個國家。在反帝運動裏，說得也很響亮。在這種情況下，民族主義越來越顯明，在海外華人世界裏也越來越被重視。同時「華僑」這個名稱也越來越響亮，變成一個口號了，就是所有華人都團結起來，抵制帝國主義，抵制殖民地主義。同時與土著明顯地區分開，這就是「華僑」的主要概念。就是把華人團結起來，響應中國的現代化，響應中國的新的政治、新的民族主義、新的國家、新的中華民國。就是從那時開始，「華僑」這個概念可以說是相當地政治化、相當地具有政治背景。在這種情況下，「華化」的意思就改變了。

「同化」這個概念在南洋的應用，我現在還分不太清楚，只是有這樣一個想法。就是「同化」就是要使海外土生華人的這部分也成為華僑。這是「華化」呢，還是「同化」呢？這還不敢斷定。這裡面兩種成分都有。換句話說，「華化」是說我們要夠資格當華人，不懂得中國字、不會講中國話的人，怎麼能叫中國人呢，所以不能叫華人。你要真正「華化」的話，中文要學好，中國話要會講，才能算是「華僑」。這個壓力相當大。我們看到，現在印尼、馬來西亞的土生華人中，從他們自己的文獻中就能看到，他們也很關心這個問題。他們自己不會講，孩子也不會講，不知道從何學起，而且也不願意學。因為他們有自己的組織、社區和風俗習慣。他們當中有些人已經接受了外國的文化和語言文字，而且學得很好。他們在印尼的，印尼文、馬來文、爪哇文很好；在馬來西亞的，馬來文和英文也很好。同時再讓他們學中文，他們學不好，有些也不願意學。這裡就有相當多的矛盾。

在這種情況之下，「同化」的概念有兩層含義。一個是不允許你被當地的土著和外國人同化，同時要把你們同化為真正的中國人，而不是這種僑生的、不東不西、不懂得中國話、不會看也不願意學的這種所謂的 Chinese。像這樣的標準，壓力就相當大。但是，我們如果仔細去看，南洋有好幾個國家，每個國家都有不同的現象。總的來說，趨勢是各種壓力都有。一方面是西方的壓力，也就是這些殖民地政府的，他們有語言學校，要求用殖民政府的語言去交流。另外，華人要在當地生存，就必須要學土著語言。無論是馬來話、泰國話、越南話……都要學當地的語言。這是另外一種壓力。再加上中國人之間的壓力。因為中國的「新客」——從廣東、福建新近到南洋去的，他們會說，你們不是真正的中國人，一定要把你們好好地教化過來，教你中文，讓你的孩子上華文學校，重新「再中國化」。可能這是「同化」的概念，把你同化成

為真正的中國人、真正的華人。所以存在幾方面的壓力，華人也不知道如何
去處理。但是那時帝國主義、殖民地政府對中國的民族主義也非常反感，當
地的土著同時也發展他們的組織，反對帝國主義和殖民主義，也講他們自己
的民族主義。土著人的民族主義對中國的民族主義也非常反感。就是上面這
三方面：中國的民族主義、當地土著的民族主義、再加上西方政府的教育、
法律、政治各方面的導向，讓華人學習西方文化、接受西方政治法律制度和
西方教育。在這種情況下，「同化」的概念就相當地複雜。到底「同化」到哪
個方向，怎麼樣「同化」，很難說清楚。

　　但是就我現在瞭解的，也是「文化自覺」這個概念讓我想到的，就是有
個總的趨勢很有意思。在這各種壓力之下有一個共同點，就是現代化，接受
科技教育。在科技工商方面、在跨國貿易等各方面的影響下，現代化的概念
越來越強。當然，現代化和西化不一定分得清楚。但不管是西化還是現代
化，總的趨勢大家都開始認識到這是一個新的選擇。不一定是「華化」，不
一定是和土著同化，也不一定是全盤西化。這些都不是必須走的路，但是現
代化大家都接受，連中國也接受。這點很重要。也就是說，中國從辛亥革命
建立共和國起，到五四運動之後，新文化的總趨勢就是接受科學主義，接受
新的現代化的東西。就意識形態來講，還有國際主義。這些大家都看到了。
所以，所謂「華化」，所謂民族主義，這些都是一部分而已，現代化的概念
則更廣一點。

　　「同化」還有另外一個選擇，就是「同化」中摻入了現代主義，是現代
的同化。這個現代同化可以說是共同的。西方帶來一部分，中國接受一部分，
從中國也帶來一部分。在東南亞，所有新辦學校所用的課本都是從中國來的，
基本上都是上海出版的書。這些課本裏所講的，除了一些傳統的概念外，基
本上是講科學。教科書和學校所有的課程裏，都在講現代化。

　　所以，「同化」不一定是同化於中國傳統文化，文化自覺與現代化又接軌
了。所以，「同化」這個概念特別複雜。我的意思就是說這與「華化」不同。
「華化」有保留原來中國的傳統文化的意思在裏頭，而「同化」是接受共同
的、大家都能夠接受的一些現代的、先進的、進步的思想、進步的價值觀。雖
然帶一點民族主義，帶一點傳統的文化，但是基本方向是朝著進步的、先進
的、科學的這條路走。所以，「同化」概念就摻雜了這許多東西。

三、「異化」的概念

最後一個概念是「異化」。這個概念是什麼意思呢？我是這麼想的，「異化」這個詞，在我們傳統思想裏面，雖然沒有這麼講，但已經有了這樣一個概念，就是一種不忠不孝的概念。不接受傳統的那些道統，有反抗的意識，有反叛的想法。不忠不孝就是一種「異化」的概念，是文化裏一種反正統。在中國傳統裏面，像走江湖、參與邪教活動，這些可以說都是一種「異化」。當然，這種異化和現代社會的異化性質不同，但在過去，這個概念本身已經存在，雖然沒有這個詞。如果我們考慮到傳統社會已經有「異化」的這種現象，如果用這麼一種普遍化的概念來講，我們現在有沒有「異化」呢？

現在從海外看，最近這幾十年來，從「中國」這個概念成為一個政治的概念、民族的概念、國家的概念，已經不完全是文化的概念了。剛才我講的「同化」概念，都有政治意識在裏面。「華僑」就是一個政治的概念。那麼這樣一來，政治鬥爭、中國內部鬥爭也帶到外國去。海外華人對中國的政治一點都不懂，但是海外社會裏也分成不同的集團。受到中國政治的影響，海外社會裏這種政治上的區別，各有各的黨派，各有各的組織，互相鬥爭，有些鬥爭得還相當厲害。

因為有些從中國來的概念，帶到海外去以後和當地情況接不上去，一點都不能融合，有的時候根本就把當地社會搞亂了。這些概念在當地的社會並沒有適合的需求，可以說是一種人為植入的，不是從海外社會自然發生出來的，而是從國內帶來的，一直沒有被好好地解釋清楚，但是它直接受中國政治的影響。在這種情況下，許多海外華人就生出反感。有一種反感，是不願意參加中國內部的鬥爭，另一種反感是認為中國的那種革命的、反傳統的運動，從五四運動開始，他們就不知道怎麼去瞭解，因為他們所帶出去並一直保留下來的仍是中國傳統文化。所以，他們對中國排除許多自身的文化傳統覺得不能接受。所以，這種「異化」的成分就很多，有各種不同的現象。一方面，不理解為什麼中國傳統的東西都被批評、被排除、被消滅，至少從外部看是這樣的現象。另一方面，把與他們沒有直接關係的國內政治帶到他們那邊去，使他們在海外的生活受到影響，使他們在海外與其他民族之間產生許多新的矛盾，使他們在做生意和做其他事情時遇到許多新的困難，和當地政府有許多新的政治衝突，這些矛盾使他們在海外很困窘。

在這種情況之下，「異化」就漸漸地表現出來了。就是認為中國的政治、

中國的文化演變不一定適合他們這些在海外的華人，尤其是土生華人。這種「異化」情況到底重要不重要？到現在為止，我還不太清楚。因為他們雖然不接受中國的政治指導，至少不完全接受，有些地方還堅決反對，但同時他們的經濟運營與中國的關係非常重要，需要經常與中國做生意，經常到中國投資、做買賣、進行交流。但是，他們在政治上、意識形態上、文化觀念上與中國漸漸有距離了。這個人數有多少呢？我不敢說，但至少在土生華人中，這個現象是相當明晰。這一百多年來，土生華人越來越多，尤其在南洋，現在土生華人已占到 80%以上。那麼，既然在當地出生，在當地受教育，而且所受的現代教育不是以前殖民地時期帝國主義學校裏的那種教育，而是當地民族主義教育、當地民族國家的國家教育，這就使他們對中國的態度受到當地政府與中國的外交、貿易、經濟等各方面關係的影響。在這種情況下，這種「異化」比較特殊，可以說是文化和認同上的「異化」，但並不影響他們到中國去做生意和投資。所以，情況相當複雜。

我用「異化」這個詞是有一點保留的。現在還有一種新的現象，即現在的新移民，近二三十年來去美國、歐洲、澳大利亞等地，這些新移民在心態上和中國的情結還是非常接近的，不同於東南亞的華人。那些在海外出生長大的東南亞華人，跟中國的關係本來就不深，而且越來越淺，所受教育是外國的教育，學講中國話很勉強，至少南洋的這些土生華人中，能自然地講中國話的越來越少，除了馬來西亞還有一些人進華校之外，受過華文學校教育的學生越來越少。在這種情況下，怎麼樣思考這種「異化」的現象？和「同化」、「華化」相比，如何瞭解這個概念？有許許多多問題我還正在考慮。我目前沒有什麼結論，主要就是想提出問題來供大家思考。

四、中國情結

我最後提出的這幾個問題就與「中國情結」有關係。剛才我講的「華化」和中國情結的奧妙關係就是：「華化」的背後是一種保留中國傳統文化的努力，它不是真的要瞭解中國，也不是真的要被劃入原來的中國或者是現在的中國，它是要在它生活的社會裏面保留它所謂中國傳統文化這樣一種概念，這與新的中國有什麼關係呢？我認為，這個「情結」還是保留著的，這個「情結」還是很寶貴的，在這個「情結」之下，它的腦子裏就有一個「中國」的概念。這個「中國」的概念，與中國人、中華民族與現在的中國的概念還是有相當的

距離的。如果還自認為中國人，屬於中華民族，自認為是華人、華裔，認為這個傳統的文化與他們還有相當的關係，儘量能夠保留，這些人對中國還保持有相當的熱情。他們並不要完全學中國，也並不要回到傳統的中國，他們只是要保留他所認為的中華傳統文化，這就滿足他的需要了。那麼這類人，是否在將來還會存在？他們的「中國情結」會不會使其慢慢接受新中國和新中國的文化，而且因為新中國的文化是現代化的文化，是中國的現代文化，是不是更容易被他們接受？因為他們有中國情結，自認為是中國人的後裔，這個情結是否能把他們原有的「華化」的概念轉變為一種新的中華文化，這是個大問題。中國的崛起對這些人會有一定的影響，但究竟是什麼樣的影響，現在還言之過早。我認為，「情結」這個概念可能還是有它的作用的，希望因為有這個「情結」，中國這個概念能夠保留著。將來中國崛起了，中國的新的現代文化能夠形成了，成為一種很可愛、很值得尊敬的、大家都能夠接受的文化，那麼這種「情結」還是有可能使他們漸漸接受新中國的現代文化。是不是會這樣，我不敢說，我只是提出這個問題。是過去的「華化」就這樣保持下去，還是會從新中國這樣一個概念傳下去？但無論如何，仍然基本上是文化概念。根據我的理解，絕對不會有政治、意識形態在裏面。這些持有當地國家護照的華人，絕對不會承認自己是中國公民，他們還是外國人，但是中華文化——現代的中華文化可以接受。

　　至於「同化」這個概念，是希望通過中華文化使這些人保持這一傳統，同時不被外國人同化。事實上是爭取不被完全同化，同時能夠維持華人的地位。如果新一代的華人傳統能夠維持下去的話，他們將來還是與「中國情結」有直接關係。「中國情結」能夠使得他們始終關注中國的發展、中國文化的傳承、中國政治文化的傳承。我想，在「同化」的這種背景裏頭，這是很可能的。對這一點，我的信心大一點。對於「華化」，我不敢講，因為對這些土生華人來說，可能很難。但是，在一兩代之後，在「同化」的背景裏，部分或全部接受中國的傳統文化，而且能夠接受中國新的政治文化，基本上還能夠接受中國的政治制度、政治思想。在「同化」這個範圍裏頭，因為他要避免被別的國家和別的文化同化，那麼，由於這個「情結」維持與中國的關係，儘量接受中國新起的文化，尤其是中國文化如果與他們自己所謂的先進的、進步的文化（如科技、工商管理、財政經濟方面）能夠接軌的話，他們基本上就能都接受，而且連政治文化都可能接受。這是「同化」的這一部分。

　　最後「異化」的問題就比較多，不容易說清楚。我感覺最有興趣的一點，就是現在這些「異化」的人，他們可能不會接受中國的政治或者說中國的制度，但是他們會接受中國現代化發展的成果，會非常地羨慕和非常地嚮往。經濟方面也好，科技方面也好，學術方面的交流，他們都非常願意和中國更多地來往。所以，「異化」的程度可能就會漸漸地沖淡。

　　我最後的想法就是，現在海外有一個新的發展趨勢是很有意思，但這還是一個初步的過程，我看得還不太清楚。就在這三四十年間，中國沿海跟東亞——不管是日本、韓國、中國臺灣和香港地區、新加坡、馬來西亞——這些華人之間的文化關係越來越近，交往的機會越來越多，而且文化的共同點比較顯明，互相影響，彼此接受。尤其是年輕一代，不管是馬來西亞華人也好，香港地區的華人也好，還是中國沿海大城市的這些市民也好，尤其是年輕一代之間的文化交流似乎越來越廣、越來越深。這個趨勢將來怎麼樣，我還看不清楚。這個趨勢與將來的所謂「中華現代文化」有沒有直接的關係，有什麼分別，會不會出現一種「東亞性」，恢復整個東亞的共同的一種先進的、進步的、科學的新文化，有沒有可能？「異化」的這些年輕人，在我看來他們對這個趨勢是能夠接受的。這是一種不講國家、不講民族、不講民族國家的文化，是一種共同的東亞文化、先進的文化，好像他們能夠接受。這只是我的猜想，我覺得有這個趨勢。他們這些年輕人在互相交流的時候，在各方面，文藝方面也好，文學方面也好，電影、服裝、建築等各方面共同的地方好像越來越多，而且好像沒有什麼爭議，都能夠互相接受、互相欣賞。是否能夠長久下去，現在還看不清楚。那麼這個在這些「異化」的海外華人之中，是否能夠用這個方法來避免效忠於任何國家、效忠於任何民族文化，而朝這種跨國性的、區域性的東亞文化的這個方向走，好像有這樣一種趨勢。我現在就是借這個機會把這幾條不同的路指出來，將來到底會怎麼樣，會演變到什麼程度，會怎麼樣去發展，尚有待觀察。

　　還有最後一句話，我現在所講的基本是亞洲的這一部分，東亞、東南亞、南洋這一部分的現象，歐美和其他西方國家的華僑、華人的現代社會，他們怎麼處理他們的文化矛盾或者說文化選擇，還不太清楚。其他這些國家對民族文化的影響也不清楚，西方文化這一百年來在世界上的影響是相當大的，但是以後是不是會照樣控制世界文化，影響世界各地的先進文化，這現在已經成為一個疑問。歐美的文化畢竟是西方的現代化，華人在歐美文化這種環

境裏面，是不是會長久地接受這種文化，還值得考慮。我在和其他一些學者討論的時候，他們也覺得那裏的環境到底與東南亞的環境不相同。所以這種區別將來怎麼樣的發展，現在還不太清楚。但是至少，我現在可以用這三個概念——「華化」、「同化」、「異化」，先把南洋和東亞這部分、在日本和「四小龍」這個經濟圈裏的新的文化，這裏的影響到底是怎麼樣的？把這些問題提出來，進行一些初步的分析和討論，希望引起大家的思考。